U0573814

法与规

践行中国学校法治核心路径

JIANXING ZHONGGUO XUEXIAO FAZHI HEXIN LUJING

FAGUI

爾立文從

柴纯青 林清华 谢建华 主编

北京师范大学出版集团
BEIJING NORMAL UNIVERSITY PUBLISHING GROUP
北京师范大学出版社

图书在版编目(CIP)数据

法与规：践行中国学校法治核心路径/柴纯青，林清华，谢建华主编．—北京：北京师范大学出版社，2017.11
（尔立文丛）
ISBN 978-7-303-22747-1

Ⅰ．①法…　Ⅱ．①柴…　②林…　③谢…　Ⅲ．①中小学—学校管理—社会主义法制—建设—研究—中国　Ⅳ．①D922.164

中国版本图书馆 CIP 数据核字(2017)第 216062 号

营 销 中 心 电 话　010-58802181　58805532
北师大出版社高等教育分社网　http://gaojiao.bnup.com
电 子 信 箱　gaojiao@bnupg.com

出版发行：北京师范大学出版社　www.bnup.com
北京市海淀区新街口外大街 19 号
邮政编码：100875
印　　刷：保定市中画美凯印刷有限公司
经　　销：全国新华书店
开　　本：787 mm×1 092 mm　1/16
印　　张：16.5
字　　数：287 千字
版　　次：2017 年 11 月第 1 版
印　　次：2017 年 11 月第 1 次印刷
定　　价：36.00 元

策划编辑：郭　翔　　　责任编辑：陈佳宵
美术编辑：焦　丽　　　装帧设计：焦　丽
责任校对：陈　民　　　责任印制：陈　涛

尔立文丛

总 序

亲历与推动

陶西平

1987年，《中小学管理》杂志创刊，到今天她已经走过了30年的历程。应该说，《中小学管理》的创刊顺应了我国教育改革的大趋势。1985年《中共中央关于教育体制改革的决定》的发布，以及1986年《中华人民共和国义务教育法》的颁布实施，成为我国教育持续改革开放和教育现代化的新的起点，开启了中国教育发展史的一段新的历程。

这个历程是国家推动教育治理体系建设和具体领域改革的过程，是“提质量、促公平、增活力”的价值追求不断落实的过程。在这一历程中，转变教育发展方式的理念得到了更加广泛的认同，城乡之间和学校之间的教育均衡状况在逐步改善，在“管办评分离”要求下学校办学自主权的保障力度也在加大，教育管理、育人模式、考试评价等各个领域的改革也得到不断深化。促进每一个学生生动活泼地发展，增强学生的社会责任感，培养学生的实践能力和创新精神，成为中国社会的共识。

在这一历程中，《中小学管理》始终是亲历者和推动者。

翻看创刊30年来的杂志，我们可以看出，《中小学管理》的选题策划和刊载文章随处都体现了创刊时的定位，即办成“扎根教育一线的学术刊物”。梳理这些年的选题，我认为体现了《中小学管理》几个明显的特点。

一是重视“学校”。学校管理理念与策略、组织、制度、课程、教学、教研、评价、作业、资源保障等领域内容都得到了持续的关注。这些领域中的问题是随着教育改革而不断变化的，而《中小学管理》的编辑们也随时跟进这些变化，将发生在基层的最新改革案例提炼并传播出来。与此同时，《中小学管理》还围绕现代学校制度和政校关系建设等主题，不断回应国家政策和基层学校的双向要求，并深度报道了很多的地区改革样本。

二是重视“人”。对校长、教师、中层干部、教育行政人员等主体的理念更新与能力提升的关注，是《中小学管理》的一条主线。如杂志在各个不同时期，对校长与教师的任职标准、胜任力、领导力、核心素养等进行了充分探讨，几乎每年都会组织相关选题。“学生”更是关注的重点，《中小学管理》较早地发起了对学生的重新研究，无论是对拔尖创新人才的早期培养，还是对流动儿童、留守儿童生存状态的关注，我们都能从中看出杂志在认识和观念上的变化。

三是重视“学术”。如果说刊物在早期更重视经验总结的话，那么现在的刊物则更重视价值的引领。若干年前，《中小学管理》就倡导教育研究者回到一线做真正的研究。这一倡导已经被明确描述为具有“助推本土教育理论创生”的价值。很多选题体现了前瞻性，如“校长思维方式研究”“‘80后’管理者研究”“女性领导特质研究”“校长空间领导力”“学校中间组织变革”“班本课程”“核心素养与课程转型”“走向云管理”“供给侧结构性改革”等主题，体现了一本学术期刊的引领作用，符合一线工作者的专业需求，彰显了编者的专业追求。

“30年弹指一挥间，未来任重而道远。教育的发展总是会不断出现新的问题，不断产生新的困惑，不断提出新的挑战。”当前中国进入了深化教育改革、提高教育质量的新阶段。传统的教育体系将逐步被更新，很多顽固的教育问题将通过新的教育理念指引下的实践来逐步解决，我们正走在变革的途中。因此，我期望，《中小学管理》能够继续坚守办刊宗旨，保持对中国的教育问题的高度关注，以前瞻性的思想和丰富的表达形式，编辑刊发更多的好文章，为中小学管理者提供更优质的服务，与中小学管理者一起，助推中国教育的改革和发展。

（本文作者系《中小学管理》编委会主任，国家教育咨询委员会委员，国家总督学顾问，亚太地区联合国教科文组织协会联合会主席）

彰显专业的力量：《中小学管理》30 年

柴纯青

20 世纪 80 年代中后期，中国教育开始向现代化迈进，呈现出前所未有的开放格局。教育公平与质量、教育法治、课程与教学改革、教育治理等现代化主题的提出与完善，构成了教育持续至今的发展主线。理念、政策与现实问题的反复交互，演绎了中国当代教育异常丰富的变革图景。

创刊于 1987 年的《中小学管理》，是这段历史的亲历者和推动者。当时，全国还没有一本“专门谈基础教育管理”的期刊，因此，它成为填补中华人民共和国以来教育期刊空白而特批公开发行的刊物。30 年来，几代人艰苦奋斗，不断开拓，把《中小学管理》办成了中国基础教育管理领域的领军期刊，在很好地承担了学术责任的同时，也赢得了读者的尊重和喜爱。与此同时，《中小学管理》还在媒体大变革的挑战中不断实现对自身的超越，努力从优秀走向卓越。

一、定位坚守：从扎根一线到理实相生

从 1992 年到 2014 年，《中小学管理》连续七次入选《中文核心期刊要目总览》。这对于面向实践工作者的期刊而言，殊为不易。创刊伊始，陶西平先生即提出了“扎根教育一线”“为一线实践提供理论指导”的办刊宗旨。教育管理学是实践性很强的学科，它的发展和进步有赖于学者与中小学实践管理者之间的良性互动，因此“有价值”的教育管理研究文章一定是来源于实践，且能有效提高实践理性的文章，一定是理论与实践深度结合的文章。这类文章不仅应该是一线校长喜欢读的，也应该是满足核心期刊评选标准的。然而，从现实情况看，一线校长不喜欢或没时间阅读篇幅较长、较为抽象的理论文章，但这类文章恰恰易被转载和引用，易满足核心期刊的评选标准。为了弥合两者之间可能产生的矛盾，《中小学管理》一直努力在“读者喜欢看”和“保持学术影响力”之间

寻找平衡。

1. 让编辑从“专门”走向“专业”

2004年，《中小学管理》在教育类期刊中率先推出“主题化运作”方式，这对编辑队伍的选题策划能力和专业水平提出了巨大的挑战。在“以专业的精神做专业的杂志”的核心价值观引领下，编辑队伍经历了从“建学习型团队”到“建研究型团队”“做专家型编辑”的转变过程。一方面，编辑要结合栏目分工，深入中小学现场，发现问题；另一方面，要能基于这些问题，跟踪相关领域的研究成果，形成自己的思考框架和观点，站在一定的学术高度上把握需要策划的“话题”。编辑要具备与高端作者对话的能力，具备向一线管理者诠释内涵的能力，具备对各方进行追问的能力。在此过程中，很多编辑完成了从“专门”走向“专业”的转化，乃至初步具备了“学术生产”的能力。

2. 用“问题”架起“理”“实”之桥

大多数中小学管理者更愿意阅读那些操作性较强的、能“拿来就用”的指导“一招一式”的文章，但他们也应该明白“一招一式”背后的那个“理”，为此，我们采取了一些策略。其一，搭建校长与学者直接交流的平台。我们经常邀请和推动各领域学者到中小学校管理现场去，直面困扰校长们的问题，聚焦某一管理问题进行讨论和诊断。其二，将实践问题交给学者。如北京师范大学的高鸿源、褚宏启、张东娇、赵德成等教授，经常收到编辑从一线管理者那里采集到的问题。他们根据实践者面临的难题写就的文章，不仅讲“事”，更讲“理”。其三，邀请学者主持特定栏目。例如：我们曾邀请南京师范大学的张新平教授主持“领导理论系列谈”，邀请北京师范大学余凯教授主持“国外教育管理新作导读”等子栏目。学者的学术造诣和专业影响力，能够有效地促进多方力量的有效互动，提升稿件的学术水准。

3. 倡导“到中小学去研究教育管理”

随着编辑队伍研究理性的提升，我们开始在各种场合上倡导理论工作者深入学校，“到中小学去研究教育管理”。这种倡导得到了很多理论工作者的正面回应。随后，我们又明确了“助推中国本土教育理论创生，陪伴管理者专业成长”的办刊追求，希望能够推动中国基础教育研究与本土丰富、多元的教育实践实现更深度的融合，从而创造基于中国本土的教育理论。

二、“专业”内涵：从经验呈现到价值引领

翻阅30年的《中小学管理》，封面设计几经改变，版面语言不断调整，而较之形式变化更为重要的是，文章内容逐步超越了简单的经验呈现，有了更多的价值与方法引领的意味。

1. 寻求对“经验”的超越

价值引领，需要经历发现事实并找到事实背后价值的过程。在关注众多校长办学经验的基础上，编辑们不断寻求对这些“经验”本身的超越，以实现在更高层面上的价值引领与方法引领。除了在每一篇文章的选稿、编辑过程中，注意深挖经验背后的价值与意义外，我们还将价值与方法引领的用力点放在重头栏目“本刊视点”的选题策划与组稿编辑中，如“校长价值领导力”“校长思维方式研究”“基于诊断的学校改进”等“本刊视点”中的一组组文章，重在引导读者关注经验背后的价值与方法，这就使得经验增加了质感与分量。

2. 增强选题的前瞻性

价值与方法引领还体现在选题的前瞻性上。如“校长空间领导力”选题即基于如下的预判：随着课程改革的深化，学校空间愈益成为一门课程，成为整体育人的重要元素。为此，编辑们约请中国大陆、中国台湾地区和国外的学者与校长，共同为这个“本刊视点”撰文。文章刊出后，引发良好的、持续的反响，甚至催生了一本以学校建筑空间为主题的刊物的出版。再如，《中小学管理》2007—2014年，共策划完成了四期有关教育行政改革的“本刊视点”，2006—2013年，共策划完成了四期有关学校中层管理的“本刊视点”，体现出很强的前瞻性。

3. 以更宽阔的视角看教育

价值引领还体现在以更宽阔的视角看教育。进入21世纪后，《中小学管理》的关注视角不再囿于“学校内”的教育，不再仅就教育看教育。例如：“上学记”“名家进校园”“絮语”等栏目的推出，都力图让读者更深刻地体悟到，教育应当充满人性的光辉；而“‘80后’管理者研究”“女性领导特质研究”等“本刊视点”，则在研究中引入社会学视角，以拓宽读者的视野。

三、“多元”转型：从传统纸媒到多媒体融合

顺应互联网时代媒体发展的大趋势，实现媒体运作机制转型，是《中小学管理》一直在探索和推进的重大事项。早在2006年，《中小学管理》就开展了网站建设工作，之后，又积极进行多平台协同的转型尝试，目前，已初步实现了从单纯的纸媒到多媒体融合的转变。

1. 以网站建设为中心的转型尝试

《中小学管理》的第一版网站是一个“名片式”网站。在此基础上，2009—

2014年，《中小学管理》聚焦于网站的改版工作，网站建设理念与思路更加清晰，即突出三个主要功能——“扩大纸版刊物的影响”“实现杂志社与读者的网上交互”“拓展经营品种、实现增值服务”。很多读者通过网站平台参与到与编辑、编务、发行和广告人员的直接互动中。目前，我们已经完善了单点登录的用户管理功能，推出了网站多平台、一体化的服务模式。在提高在线投稿与审稿系统功能的同时，逐步拓展了在线阅读、在线下载、在线订阅、广告征订、问卷调查等辅助性功能。我们还增设了网站微博等，开通了《中小学管理》的官方微信平台。

2. **多平台协同的转型尝试**

以上工作初步实现了近期“服务于纸版杂志发展”的目标，也为我刊进一步与新媒体形式相结合做了较好的铺垫。但我们必须看到，媒体转型最为关键的变化是，新媒体平台彻底抛弃了以网站为核心的建设理念，它要求我们必须实现网站、手机终端、微信等社交平台的“合体”，实现文字、图片、声音、视频等多种传播方式的“合体”，实现客户细分、个性化需求、即时交互、个性化服务的“合体”。

在这种理念的指导下，我们开始建设第四代新媒体平台。我们相继在《中小学管理》官方微信平台主页开通了自定义菜单，新网站及新版手机网页正式上线，随后对网站的投稿、审稿系统进行了改版；我刊的微信小店正式开张，并生成了电子订单。至此，我刊已初步形成了官方微信平台、网站、手机网页版三个通道协同发展的局面。这种改变突出了“用户中心”和“用户体验”。一方面，用户能够更加直观地阅读和获取《中小学管理》各方面的信息；另一方面，他们能够及时参与到与刊物的互动中来。

四、“现代”变革：从单一到多元

进入21世纪，特别是第四次全国教育工作会议召开之后，国家不断推动教育发展方式的转变，很多传统的概念不断被修正，全方位变革的能量不断积蓄，传统媒体转型的紧迫性也在增强。《中小学管理》追随教育领域和媒体领域不断变革的节奏，及时回应时代的变化，进行了多方面的调整，总体表现出“从单一到多元”的特征。

1. **读者对象多层面**

在很长一段时期，《中小学管理》都将读者对象主要定位为“校长”。但在教育改革的语境中，“管理者”的范围被逐渐拓宽，教育局长及其他教育行政管理者、学校中层管理者等都成为《中小学管理》关注的对象。刊物所设置的“区域”“局长访谈”等栏目，以及所推出的“学校中层组织变革”和“地方教育行政改革”等“本刊视点”，都记录了这种变化。

2. 作者群体多场域

近十余年来，随着刊物的发行范围拓展，作者的来源也越来越多元化。除了我国台湾和香港地区的作者外，还有来自美国、日本、韩国等地的作者向我刊投稿。如台北市教育局的汤志明、屏东县地磨儿小学的伍丽华，以及新西兰艾黎学院的克里斯蒂·沃德、美国圣地亚哥州立大学的辛西娅·尤琳，等等，都从本地实践的角度为我们的读者提供了不同的思考。

3. 服务品种多样化

《中小学管理》自20世纪90年代末就开始了服务产品多样化的尝试。在发行方面，从单一的邮局发行渠道，向自办发行、合作发行、微信发行等多渠道转变；在广告方面，客户由比较单一的硬件提供商，向硬件、软件提供商并存转变。除了促进传统的发行、广告业务的多样化，《中小学管理》还积极拓展服务领域、增加服务产品。近些年来，开展学校诊断与改进、为区域教育培训提供专业支持、举办专业论坛活动等，成为杂志社满足地方和学校专业需求的新服务品种。

4. 专业活动多平台

在继承杂志社“集体采访”制度的基础上，我们将“访校(区域)”活动常态化，访问成果有的通过杂志社的微信公众号和网站发布，有的与纸版刊物配套发布。已往的“集体采访”还有一个功能，即建立与区域教育行政部门及学校的联系。在新的发展时期，我们进一步拓展这一功能，通过与多方合作，开展了“局长沙龙”活动、“东北及环渤海湾教育联盟”工作、“课程整合教练工作坊”公益活动，等等，使刊物与读者的联系逐步实现平台化和学术化，使《中小学管理》的影响深入到校长的成长历程中。

三十而立。《中小学管理》历经四代人的努力，始终保持着良好的发展态势。开创者每次讲述当年如何争取刊号、如何争取邮局公开发行、如何争取领导的支持等历程，都让人无比动容。正是因为经历了那样的艰难曲折，所以，《中小学管理》的几代人都将“不断进取”“永远做最好的”作为办刊信念，不断推进办刊体制和经营机制的转变，推动编辑队伍与经营队伍的专业化、差异化发展，努力扩大杂志的品牌影响力，实现从“成就人人”到基于合作与分享的“彼此成就”。

限于篇幅，本文只是选取了几个侧面，力图反映《中小学管理》30 年来的重要发展脉络。一路走来，不管是内容上的拓展，还是形式上的创新，都有两个关键词值得我们铭记，一是超强共振的“专业”，二是饱含人性光辉的“情怀”。这是杂志社几代人积淀的文化基因，也必将支持着《中小学管理》走向更加璀璨的明天。

（本文作者系《中小学管理》杂志社社长）

目录

CONTENTS

第一篇　安全与法

第二篇　学生与法

第三篇　教师与法

第四篇　比较与借鉴

后　记

第一篇 安全与法

建立学校安全工作长效机制：关键与要点

李　雯

学校安全工作的核心是预防和应对各类学生安全事故。学校安全工作是全方位、多角度、全天候的，也是繁重、复杂和充满风险的。思考和规划学校安全工作，就要分析学生安全事故的原因，明确学校安全工作的基本定位和逻辑框架，并最终建立学校安全工作的长效机制。

一、 学生安全事故的现状和原因分析

(一)学生安全事故的现状

从学生安全事故的类型看，学生安全事故的发生起数和死亡人数排在前两位的是溺水事故和交通事故。由自然灾害造成的学生安全事故也不容忽视。另外，近些年来，打架斗殴和涉校涉生的刑事案件明显增多，成为威胁学生安全的一大事故类型。

从地域分布看，农村学生发生安全事故的概率较大。2008 年的调查数字显示，农村学生安全事故发生数、死亡人数和受伤人数都明显高于城市，分别是城市的 1.74 倍、4.68 倍。一次死亡 4 人以上的较大安全事故 73.00％发生在农村。

从学段分布看，低年级学生尤其是小学生是事故高发群体。2008 年的调查数据显示，幼儿园、小学、初中、高中事故发生起数比为 1.00∶12.50∶7.50∶4.50，死亡人数比为 1.00∶8.25∶5.50∶0.88。小学生事故起数和死亡人数最多。

从性别分布看，男生涉及安全事故多。2008 年的调查数据显示，男生的安全事故发生起数和死亡人数明显多于女生，分别是女生的 2.0 倍和 1.7 倍。

从时间分布看，学生平时在校外的时间以及节假日发生事故多。从 2008 年的调查数据看，这两个时段发生的事故是学生平时在校内和非节假日时发生事故数量的 1.6 倍。在校园范围内，比较容易发生事故的时间如图 1 所示，体

育课、课外活动、晚自习后、全校集体活动等时间，最容易发生安全事故。

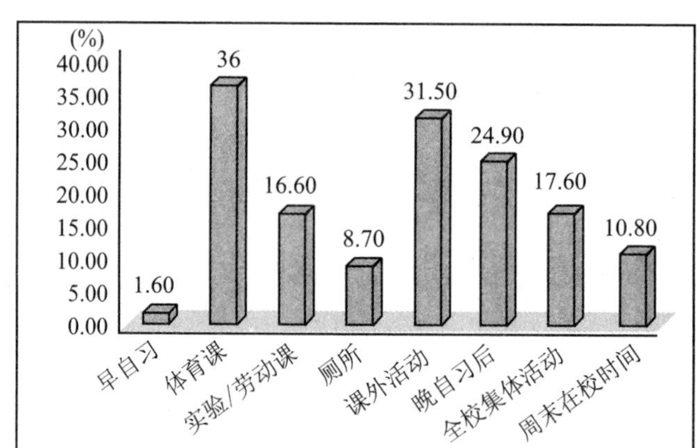

图 1　学生在校最容易发生安全问题的时间

从学生安全事故的空间分布看，校园外发生事故多，地点主要集中在上下学路上、江河水库、学校周边。在校内，如图 2 所示，楼梯、宿舍、餐厅等空间最容易发生安全事故。

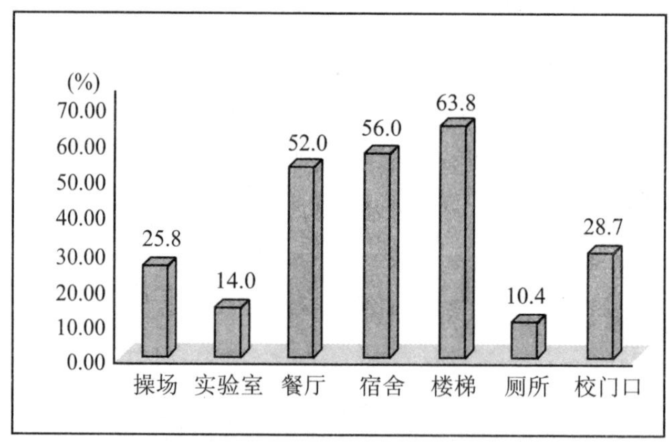

图 2　学生在学校容易发生安全问题的地点

(二)学生安全事故的原因分析

从安全学的角度看，事故的发生主要有四个方面的原因。

1. 人的不安全行为

人的不安全行为主要指人不遵守法律和法规，或不按照客观规律和科学程序做事。学生的不安全行为和学校管理者的不安全行为非常容易导致学生安全事故的发生。

2. 物的不安全状态

物的不安全状态主要指设施、设备和工具等不符合质量标准或者存在安全隐患，在正常使用此类物的过程中发生故障和问题，导致学生安全事故的发生。

3. 管理不善

管理不善主要指管理上存在重大漏洞和问题、管理方式方法不当，或者在管理上不作为、执行力不强等。学生安全事故的发生与学校安全管理不当有很大关系。

4. 环境不良

环境包括物理环境和人文环境，物理环境不良表现为物理环境存在问题和缺陷，人文环境不良表现为组织中的人在思想观念上不重视安全工作，组织内部缺乏安全文化。

另外，事故的发生还与人的心理因素有很大关系，如人的消极或不平和的心理状态等，主要包括侥幸、麻痹、偷懒、自满、莽撞、烦躁、好奇、逞能、急于求成、粗心等。安全事故的发生有时候是单一因素造成的，有时候是多种因素共同造成的。

二、 学校安全工作的基本定位与逻辑框架

(一)学校安全工作的基本定位

1. 积极科学预防

安全学上的海恩法则指出，每一起严重事故的背后，必然有29次轻微事故和300起未遂先兆以及1000起事故隐患，这告诉我们两点：一是任何事故的发生都是有原因的，也是有征兆的，是量变到质变的过程；二是任何事故都是可控制的，也是可以避免的。

2. 快速有效应对

快速有效应对，是指在安全事故发生后，要尽快控制局面，避免事态扩大和恶化，寻找适切的应对和解决方法，巧妙化解危机，尽快恢复正常秩序。

(二)学校安全工作的逻辑框架

学校安全工作繁杂多样，在实际工作中很容易顾此失彼，考虑不周。所以我们必须全面系统地梳理和规划方方面面的学校安全工作，思考和架构学校安

全工作的逻辑框架。

1. 时间角度的逻辑框架

从时间角度可以把学校安全工作分为事故发生前、事故发生中和事故发生后三个方面。事故发生前重在预防，事故发生中重在应急与控制，事故发生后重在惩戒与改进。学校安全工作的核心和主要组成部分是事故发生前的预防。在事故发生中的应急和控制方面，要研究解决问题的程序和方法，增强解决问题的能力。在事故发生后的惩戒和改进方面，要进行惩戒，但是不能止于惩戒，一定要在总结教训和工作研究中改进学校相关的安全工作。

2. 空间角度的逻辑框架

从空间角度可以按照学生活动的空间把学校安全工作分为教学区、活动区、生活区等方面。教学区包括教室、实验室、图书馆等，活动区包括楼道、操场、体育馆、学校门口、公共空地等，生活区包括宿舍、食堂、厕所等。学校要考虑不同空间的安全风险和容易发生的安全事故，分别采取有针对性的管理措施。

3. 任务角度的逻辑框架

从工作任务角度可将学校安全工作分为安全设施的排查与更新、安全管理的改进与提升、安全教育的落实与创新、安全文化的营造与建设四个方面。安全设施的排查与更新，主要是控制“物的不安全状态”。安全管理的改进与提升，旨在解决“学校管理不善”“人的不安全行为”和“物理环境不良”等问题。安全教育的落实与创新，旨在解决“人的不安全行为”“人文环境不良”等问题。安全文化的营造与建设，旨在解决“人文环境不良”“人的不安全行为”等问题。

4. 工作性质角度的逻辑框架

从工作性质角度可以把学校安全工作分为预防事故的安全工作和应对事故的安全工作。前者的核心是在态度上积极预防、方法上科学预防。后者的核心是态度上快速反应、方法上有效应对。

三、 建立学校安全工作长效机制的关键与要点

(一)前提：深刻理解学校安全工作的意义

深刻理解学校安全工作的意义是建立学校安全工作长效机制的前提。在实践中，一些学校管理和教师管理的改进与提升，旨在解决“学校管理不善”“人的不安全行为”和“物理环境不良”等问题。学校都非常害怕出现安全事故，在观念层面都非常明确安全工作的重要性，但是在行动层面往往并没有给予应有

的关注，也没有进行积极、有效的实践探索，这在很大程度上源于没有深刻理解学校安全工作的意义。

(二)基础：明确和落实安全工作责任

明确和落实安全工作责任是建立学校安全工作长效机制的基础。学校管理者和教师要密切关注和深入理解国家和地方教育行政部门出台的相关的政策法规，尤其要关注三个重要法规：其一是 2006 年以十部委部长令形式发布的《中小学幼儿园安全管理办法》，其中对中小学安全管理工作的方方面面都有明确的规定。其二是国务院 2007 年以国务院办公厅文件的方式转发的《中小学公共安全教育指导纲要》，这是我国第一次在国家层面对中小学公共安全教育提出规范的要求。其三是教育部 2002 年发布的《学生伤害事故处理办法》，其中对学生伤害事故责任划分的原则、学校应该和不应该承担责任的各种情形，以及处理事故的整体流程都做出了明确的规定。

在明确学校对学生的安全责任和工作边界之后，学校要划分和确定不同层次、不同岗位的安全工作责任与分工，层层签订安全责任书，把安全责任落实到每一个岗位、每一个人。

(三)关键：系统规划和推进学校安全工作

系统规划和推进学校安全工作体现在两个层面：一个是学校整体工作与安全工作的系统规划和推进，另一个是学校安全工作内部的系统规划和推进。前者意味着把学校安全工作融入学校整体工作设计之中，与其他工作有机协调、共同推进。后者包括三层含义：一是从整体上规划和推进学校安全工作方方面面的内容，使之成为一个有机的整体；二是从整体上规划和推进特定时间学校安全工作的进程，使之成为一个整体；三是从整体上规划学校安全工作的目标、内容、方式，使之成为一个整体。

(四)核心：健全和完善学校安全制度体系

《中小学幼儿园安全管理制度》第三章“校内安全管理制度”专门阐述了学校应该建立健全的安全管理制度，具体包括门卫制度、校内设施设备和建筑危房的定期检查和报告制度、消防安全制度和相应的工作责任制、用水用电用气等相关设施设备的安全管理制度、食堂卫生管理制度、实验室安全管理制度、医务保健人员的配备和学生体检制度、学生安全信息通报制度、寄宿学生管理制度、车辆管理制度、学校安全工作的档案记录制度。

学校在制定各项安全管理制度时，要关注两个方面：一个是制度的内容，另一个是制度制定的程序。制度的内容应该科学、全面，既要关注应该做什么事，还要关注如何去做事；既要关注应该做的事情是什么，还要关注不应该做、不能做的事情是什么。制度制定的程序既要体现有针对性的广泛参与，让学校的教职工和与制度主题有关的校外的专家都能够参与到制度的制定中来，又要体现整个制定流程的科学性、规范性和完整性，注重上下结合、理论与实践结合、校内与校外结合。

(五)内在保障：探索和创新学生安全教育

目前，对于学生安全教育来说，核心的工作是在教育模式和方法上进行探索和创新。首先要变革安全教育的方式。学校要探索丰富多彩的安全教育方式方法，改进学校安全教育效果。其次，要转变教育的角色。在安全教育活动中，很多学校都把学生当作被动的教育对象，一味地说教和灌输，无法引起学生的关注和共鸣。学校要立足每个学生自己的生活实践，把学生作为安全教育的重要力量，激发学生自主开展安全教育。

(六)外在保障：创建学校安全工作协作共同体

学校安全工作涉及社会的不同部门和学生教育的不同力量，需要全社会齐抓共管、通力合作。对学校来说，创建学校安全工作协作体非常必要。

创建学校安全工作协作体分两个层次。首先，学校要通过主动联系和共同协商，建立和谐的学校、家庭和社区的伙伴关系，吸收家长和社区人士参与学校安全工作，发展家长和社区志愿者，加强学校安全工作的力量。

其次，学校要借助教育行政部门和地方人民政府的支持，与交通、消防、卫生、治安等相关部门建立和谐的伙伴关系，借助这些部门的专业支持，共同做好学校安全工作。

（本文作者系北京教育学院科研处处长，中国教育学会中小学安全教育与安全管理专业委员会理事长）

重基础　真落地：让中国孩子更安全

杜柯伟

“不管是什么情况，不论是什么天灾人祸，一定不要让下一代受到伤害，这是我们的责任。”如此肺腑之言，出自习近平总书记2013年5月21日在四川芦山灾区龙门乡隆兴中心校看望学生时的讲话。

未成年人人身安全保护是其他合法权益保护的前提和基础。守护未成年学生安全，我们责无旁贷。近年来，中小学生和幼儿园幼儿安全事故和非正常死亡人数进一步下降，连续九年没有发生特重大群死群伤安全事故。2013年，全国普通中小学生及幼儿园幼儿非正常死亡人数较2012年下降了7.05%，较2011年下降了24.58%。中小学生及幼儿园幼儿在校园内非正常死亡人数占该群体全部非正常死亡人数的3.63%；死亡人数排在前两位的溺水、交通事故，较2012年分别下降了9.95%、10.61%；有23个省(区、市)每10万学生死亡率较2012年有所下降，浙江、天津、甘肃、湖南下降明显。2014年的情况继续好转。

这些变化来之不易，各地各校都付出了巨大的努力，做了大量工作，积累了宝贵的经验。但当前中小学幼儿园安全工作面临的形势依然严峻，我们应继续完善顶层设计，健全安全治理体系，夯实各地校园安全基础，切实落实责任，依法保护学生安全。

一、进展与经验：完善顶层设计，强化综合治理

教育部继续将中小学生安全工作摆在重中之重的位置，坚持“积极预防、依法管理、社会参与、各负其责”的方针，在健全工作制度、加强基层指导、开展教育培训、强化督导检查、狠抓工作落实等方面开展了一系列工作。

(一)完善制度体系：新颁《演练指南》与《管理标准》

目前我国已经颁布了一系列与中小学安全工作相关的法律法规和政策文

件，形成了较为完整的体系。为加强对学校工作的指导，在对已有法规和文件进行系统梳理的基础上，我们继续重心下移，2014 年又制定了《中小学幼儿园应急疏散演练指南》(教基一厅〔2014〕2 号，以下简称《演练指南》)和《义务教育学校管理标准(试行)》(教基一〔2014〕10 号，以下简称《管理标准》)。2014 年 2 月，我们印发《演练指南》，编写了“解读”，为学校开展应急疏散演练提供指导和参考，对中小学疏散演练的环节、时间、次数等都提出了明确、具体的要求。例如：要求中小学校每个学期要做五次疏散演练，至少一个月一次；原则上小学生要达到三分钟以内完成疏散，初中以上的学生要达到两分钟以内完成疏散。

2014 年 8 月，我们颁布《管理标准》，在“营造和谐安全环境”这一管理职责中，提出“建立切实可行的安全与健康管理制度”“建设安全卫生的学校基础设施”“开展以生活技能为基础的安全健康教育”“营造尊重包容的学校文化”4 项管理任务，并细化为 14 条管理要求。

目前，我们正在研究制定《中小学幼儿园安全防范工作规范》和教育行业标准《中小学校安全管理规范》。

(二)健全工作机制：六大机制共同治理

我们建立了多种有效的工作机制：(1)预警机制。我们针对不同季节安全事故的特点，充分利用网络、微博、微信等现代技术手段，提前发布安全预警，提醒各地早部署、早安排、早防范。(2)通报机制。我们对多地发生的学生溺亡事故、重大校车事故进行及时通报。(3)事故统计分析机制。我们对相关数据，如学生非正常死亡情况等进行详细的统计分析，提高决策与指导的针对性。(4)督导检查机制。我们在年初、春秋季开学、寒暑假等关键时段，部署安全检查工作；与公安部门开展联合督导检查，及时公布督导检查结果，消除了大量安全隐患。(5)约谈机制。我们对接连发生校园安全事件的地区，约谈相关部门负责人，督促整改，消除隐患。如针对溺水问题，部分领导专门约谈了三个省的省政府秘书长及省教育厅负责人；针对校园砍杀事件，专门约谈了某省公安厅、教育厅相关负责人。(6)部门协同合作机制。我们发挥“中央综治委校园安全专项组”的作用，积极开展校园周边综合治理；发挥“消防安全监管司局级联席会议”的作用，强化学校消防安全管理；发挥“校车安全管理部际联席会议”的作用，加强校车安全管理，等等。

(三)深化教育宣传：做好常规工作，创新教育形式

我们在开展全国中小学生安全教育日活动、进行应急疏散演练等常规安全

教育与宣传活动之外，继续创新宣传与教育形式，提升社会与学生的安全意识与能力。(1)联合多部委共同行动。如我们与公安部等部委联合，组织开展了全国中小学生安全教育日活动，观摩了北京、云南、辽宁等地中小学校同步开展的应急疏散演练，联合其他部委和单位，向全国中小学生赠送图书、画册、视频等安全教育资料。(2)广泛利用广播、电视、网络等多种媒体资源，进行安全教育。如在中央电视台播出了中小学安全宣传系列片和安全公益广告，在《中国教育报》设置“平安校园”专版，报道中小学生安全工作，启动了国家教育资源公共服务平台中小学生安全教育频道，开展了全国中小学生安全知识网络竞赛。(3)加强对家长的“点对点”宣传力度。比如，溺水是中小学生安全事故中的第一杀手，每年占中小学生非正常死亡原因的近 40%，都发生在校外和非在校时间。我们以教育部基础教育一司的名义，给全国中小学生家长写了一封信，要求学校把信交到每个学生的家长手中，并保管好家长签字的回执，信中就预防溺水提醒家长履行监护责任等。一旦学生发生溺水事故，要求学校把溺亡学生家长签字的回执逐级上报。(4)发挥名人明星效应。如请演员李冰冰担任安全教育形象大使，拍摄安全短片，向全国中小学生发出安全倡议等。

(四)强化督导检查实效：暗访明察，绝不姑息

每学期开学时，教育部党组成员都要带队分组赴各地开展开学工作检查，校园安全工作是检查重点。我们还联合公安部，组织开展校园安全防范工作暗访和督导检查，对 100 多所存在问题的学校和幼儿园进行了通报，将典型问题在教育部网站上曝光。我们定期参加“消防安全监管司局级联席会议”，定期通报教育系统火情。督促各地落实《校车安全管理条例》和《关于做好预防少年儿童遭受性侵工作的意见》，开展“打非治违”工作专项督导检查。对媒体报道和群众信访反映的多起安全事故进行核查，对工作不落实的地方进行督办。

二、　问题与挑战：　校外安全工作压力巨大

在各地各校的共同努力下，中小学生安全工作成效明显。但在看到成绩的同时，我们也要清醒地认识到，学生安全工作仍然面临诸多的挑战。

(一)自然灾害频发，造成较大的人员伤亡

我国地域广阔，地形复杂，自然灾害时有发生。2013 年，各类自然灾害造成学生死亡的人数占死亡学生总数的比例较 2012 年有明显上升。其中，山体滑坡、洪水、泥石流、地震、暴雨导致的死亡人数较多。

(二)社会环境不容乐观，针对校园的暴力伤害事件时有发生

一些不法分子、精神病人等高危人群往往把在校学生作为其发泄不满、报复社会、引起关注的行为对象。2013 年，各类社会安全问题所造成的死亡学生人数占死亡学生总数的比例较 2012 年略有上升。湖北省 2014 年发生三起不法分子进入校园伤害师生事件，三名凶手分别是吸毒人员、刑满释放的重点上访人员、背负疾病和重债的生活困难人员，他们在没有得到有效监管或救助后，于矛盾激化时闯入校园伤害无辜师生。

(三)近 97％的安全事故在校外发生，监护人的责任需要进一步落实

近些年来，学校安全管理水平不断提升，校内非正常死亡人数占比逐年下降，校外死亡人数占比不断增加。2011 年，中小学生和幼儿园幼儿在校外非正常死亡人数占该群体非正常死亡总数的 90.86％，2012 年达 96.45％，2013 年为 96.37％。农村留守儿童因长期脱离父母监管，更容易发生溺水、交通意外、被殴打、被拐卖、遭性侵等事故。

(四)学校安防建设和管理依然存在隐患

一些地方的学校办学条件改善不明显，安全防范能力不足，还有不少农村学校没有围墙、校门，硬件设施存在安全隐患，缺乏必要的技防、物防设施和安保人员。少数学校管理不到位，安全意识淡薄，责任没有落实，教育不够深入，学生打架斗殴、校园伤害事件屡屡出现，拥挤踩踏、校外人员入侵等安全责任事故屡禁不止。有的学校从未开展过应急疏散演练。有的教师至今仍不知《中小学校岗位安全工作指南》。

(五)少数地方政府和相关部门、学校重视不够

当前有些地方抓学生安全还停留在“以会议落实会议，以文件落实文件”的状态，相关人员偶尔到基层转转，也是走“固定线路”，听“标准答案”，看“示范样板”，真实情况摸不到，安全隐患没排查。少数地方《校车安全管理条例》落实不到位，校车安全事故仍有发生。

(六)社会化媒体时代给安全工作带来了新挑战

进入社会化媒体时代以后，人人都是记者，人人都是新闻发言人，信息管理难度空前加大。学生安全事故一旦发生，马上尽人皆知。事件怎么处理、谁该负责，背后有千万双眼睛盯着，这在无形中提高了对安全管理工作的要求。

三、行动与对策：依法做好学生安全工作

海恩法则告诉我们：每一起严重事故的背后，必然有 29 次轻微事故和 300 起未遂先兆以及 1000 个事故隐患。事故的发生是量的积累的结果。再好的技术、再完美的规章，也无法取代人自身的素质和责任心。血淋淋的教训反复告诉我们，任何时候都不能放松对学校安全工作的警惕。国家对学生安全工作的要求是明确的，关键在于依法落实。

(一)全面落实国家要求，推进安全治理法治化

制度不是万能的，但没有制度是万万不能的。目前有的学校各项安全管理制度依然不健全；有的学校虽然有制度，但形同虚设。我国相关法规和规章已经对学校安全工作做了较为全面系统的规定。各地各校要结合实际情况，进一步细化要求，建立健全各项具体制度。

(二)明确和落实岗位责任，凝聚各方力量

培根说过："有制度不执行，比没有制度危害还要大。"校园安全工作的落脚点在学校和教职工。2013 年，教育部印发了《中小学校岗位安全工作指南》，组织编写了《中小学校岗位安全工作指导手册》，明确了学校 40 个岗位的安全职责和任务，提供了学校各项安全工作的流程图和检查记录表。我们要组织干部教师认真学习相关法规和文件，让每个人都知道自己的安全职责与任务。

(三)落实"三防"建设，筑牢校园安全防范基础

各地教育行政部门要加大协调力度，进一步加大对中小学"人防、物防、技防"的投入力度。2014 年 7 月，教育部、国家发改委、财政部联合印发了《全面改善贫困地区义务教育薄弱学校基本办学条件底线要求》(教基一厅〔2014〕5 号)，在 20 条底线要求中，有 6 条就是关于学校安全建设的。2014 年，仅中央财政对全面"改薄"项目的投入就达近 500 亿元。各地负责安全工作的部门及人员要与负责学校建设的部门密切沟通，把这些要求落到实处，进一步夯实校园安全基础。

(四)落实安全培训，不断提升干部教师的安全工作能力

学校安全工作是一项专业性、知识性很强的工作。各级教育行政部门要以教师和校长培训为切入点，将针对校长和安全管理人员的培训常态化、规模化，切实解决安全工作"做什么、谁来做、怎么做"的问题。各地要对薄弱地区校长、新上任校长、新入职教师进行重点培训。

(五)落实安全教育，提升学生安全素养

提升学生安全素养是做好学生安全工作的根本，其主要途径是加强安全教育。安全教育要课程化、制度化、常态化。应急疏散演练是安全教育的重要抓手。我们要让学生明白，学生时代多掌握一点安全知识，人生道路就多一分安全保障；平时多参加一次安全演练，危难时刻就多一分生的希望。要让学生从“要我安全”，转化为“我要安全”“我会安全”，让“我会安全”成为学生的一项技能、一种本领、一种素养。

(六)落实细节管理，提高安全工作的实效性

抓好安全工作，细节决定成败。我们要明确工作要求，细化工作措施，要特别重视如楼梯拐角处引导、宿舍铁栅栏门改造、杂物堆放、食堂烟道清洗等细节管理。各地要结合本地实际，进一步细化完善各项安全工作措施。

(七)落实重点工作，突出安全工作的针对性

我们要抓好重点活动——应急疏散演练、校外活动；强化重点工作——学生安全教育实效，家长校外监管职责的落实；关注重点部位——学生宿舍、食堂、教室、实验室、校门附近、室外共用活动场地等；抓住重点时段——不同季节工作重点的变化(如学生伤害事件集中发生在春季，溺水事件集中发生在5—8月)；突出重点内容——溺水、交通、踩踏、消防、校园安全防范。各地各校要结合本地本校实际，仔细分析安全事故的特点(原因、地点、时间段、年龄段、学段)，找准问题的根源，提高安全教育与管理的针对性。

(八)落实督导问责，加大曝劣褒优力度

各地教育督导机构要切实落实好《中小学校责任督学挂牌督导办法》，要联合公安等部门开展督察和暗访，要对检查结果进行通报，对整改的情况进行回访核查。要认真总结好的经验做法，推广先进典型。对于安全责任事故，必须坚决依法追究相关责任人的责任。

附：与学生安全管理和教育工作相关的主要法规和文件

1. 法律法规

《中华人民共和国义务教育法》《中华人民共和国未成年人保护法》《中华人民共和国侵权责任法》《中华人民共和国消防法》《中华人民共和国突发事件应对法》《中华人民共和国道路交通安全法》《校车安全管理条例》等。

2. 部门规章

《中小学幼儿园安全管理办法》《学生伤害事故处理办法》《中小学公共安全教育指导纲要(2011—2015)》《教育系统突发公共事件总体应急预案》《全民消防安全宣传教育纲要》《学校食堂与学生集体用餐卫生管理规定》等。

3. 工作指南

《中小学安全工作指南》《中小学校岗位安全工作指南》《中小学幼儿园应急疏散演练指南》《校车安全管理责任书(范本)》《义务教育学校管理标准(试行)》等。

(本文作者系教育部原基础教育一司副司长)

学校章程：学校的“基本法”

陈立鹏

2012年11月22日，教育部下发《全面推进依法治校实施纲要》，对学校起草制定章程的有关要求、原则、程序，学校章程的内容、作用等做出了全面规定，明确指出：“到2015年，全面形成一校一章程的格局。经过核准的章程，应当成为学校改革发展、实现依法治校的基本依据。”

制定和完善学校章程是我国教育法律法规的明确要求，是推动政府职能转变、落实和扩大学校办学自主权、建立和完善现代学校制度的需要，是当前学校面临的一项紧迫任务。因此，各级各类学校必须高度重视学校章程建设，抓紧学校章程的起草制定和修改完善工作，并以此为契机，全面提升学校办学与管理水平。

一、学校章程的含义

学校章程是指为保证学校正常运行，主要就办学宗旨、内部管理体制及财务活动等重大的和基本的问题，做出全面规范而形成的自律性基本文件。

第一，学校章程是学校办学和管理的纲领性文件，是学校的“基本法”。它规定的是学校的办学宗旨、发展目标、教育原则、内部管理体制及运行机制、重大财务制度等重大问题和基本问题，一些次要的和细小的问题没有必要在学校章程中规定。学校章程是学校办学和管理的基本依据和基本行为准则，在学校规章制度体系中处于“母法”层次和“龙头”地位。

第二，学校章程是学校成为法人组织的必备条件，是学校成为独立法人主体的基本文件。学校章程经过主管部门核准后，学校便可在章程规定的范围内自主开展各项活动，不受外界非法干预。《中华人民共和国教育法》明确规定：“按照章程自主管理”“依法接受监督”。

第三，学校章程是政府、社会及学校依法治校的重要依据。随着我国依法治教、依法治校的推进，除了国家的教育法律法规外，学校章程越来越成为政府、社会及学校依法治校与依法监督管理学校的重要依据。

第四，制定学校章程的目的是保证学校的正常运行，实现学校的科学、持续、健康发展，提高学校办学与管理的质量和效率。最终形成在政府宏观调控下，从外部环境和内部治理上，学校面向社会依法按章程自主办学的良性运行机制，从而实现学校的正常运行和科学发展。

二、　学校章程的主要内容

学校章程应包括哪些内容？怎样使制定出的学校章程更加科学有效？怎样通过学校章程内容的设计，促进学校与政府及社会各方面关系的建立和完善，促进学校内部管理的科学化、民主化？这是当前在学校章程制定中大家非常关注的问题。根据国家有关规定及学校章程的性质、地位，并借鉴国外学校章程的内容，我们认为，学校章程主要应包括如下内容。

1. 学校名称、校址

学校章程中对学校名称的表述要做到真实、准确，可包含中文名和英文名。学校的地址要具体、明确，标明学校所在的行政区域及具体地点，有多个校区的学校，应详细载明所有校区的地址。

2. 办学宗旨

办学宗旨是学校办学目的、所实施教育的性质和培养目标的体现。学校的办学宗旨既要符合法律的规定，如贯彻国家的教育方针、不以营利为目的等，又要反映学校自身的特点。为体现学校的办学宗旨，学校章程一般应对学校的办学目的、培养目标、使命、愿景和教育的基本原则等做出规定。

例如：《北京市海淀区五一小学章程》规定，“学校办学宗旨：深入贯彻党的教育方针，面向全体学生，坚持德育为先、能力为重，健康保证，促进学生全面、主动、个性化发展，为培养高素质人才打下良好的基础”，“培养目标：培养具有可持续发展潜质的优秀学生”，“发展愿景：把学校建设成为温馨型、开放型，充满活力，有磁石般吸引力的国内外知名品牌学校”，“核心价值观：基于儿童的发展；引领儿童的发展；为每个儿童的可持续发展而奠基”。这样的规定，既符合国家法律的精神和要求，又反映了学校自身的特点。

3. 办学规模

学校章程应载明学校的编制数，现有教职工人数、年级数、班级数、学生人数及正常的变动幅度、学校的预期规模等。

4. 内部管理体制

学校内部管理体制指的是学校权力的配置及运行方式。我国学校目前实行的内部管理体制有“校长负责制”“党委领导下的校长负责制”及“校董会领导下的校长负责制”等。学校章程要根据不同情况，对学校的内部管理体制做出明确规定。要具体规定校长的职责、权限及履行职责、权限的方式，党的基层组织在学校中的职责、权限及开展工作的方式，学校重大事项的决策程序和方式，学校主要的会议制度(如校务委员会制度、行政会议制度、教职工代表大会制度、教职工大会制度等)，教职工和学生参与学校民主管理监督的形式与途径，学校主要机构的设置及其职能分工等。实行“校董会领导下的校长负责制”的学校，其章程还要对校董会的职责、权限、议事规则等做出明确规定。

5. 学校重要工作的管理

制定学校章程一个很重要的目的就是规范学校管理，提高学校管理的科学性和效率。因此，学校章程应对学校的教育教学管理、科研管理、后勤总务管理、安全管理等做出明确规定。当前，一些学校在这方面的做法及规定值得借鉴。

例如：《上海北虹初级中学章程》针对教育教学管理，明确规定：“坚持以德育工作为核心，以学科建设为基础，以感知、实践、课程、评选等模块为载体，培养品德良好、身心健康、能力出众、具有特长的北虹少年君子”，“组织校本研修活动，创造有利于每个教师发展的教研氛围，建立相互尊重、相互信任、共同研讨、共享经验和共同发展的校本研修机制”。《北京小学大兴分校章程》专门对学校教育教学工作策略做出规定：“(一)开展‘教师发展学校’研究，促进教师文化素养的提高和专业化发展。(二)实行学校主要领导‘包年级段’举措，坚持‘教育教学质量报告制度’，不断提升教育教学水平。(三)开展‘改进课堂教学结构’的课题研究，改善学生的学习方式，提高课堂教学质量。(四)实施‘研究型教师队伍工程’，促进学校不同层次教师的不断发展。(五)建立‘专家工作室’和‘班主任工作室’，加强教育教学指导研究，搭建养成教育研究平台。”

6. 教师、其他教育工作者和学生

学校章程要对教师和其他教育工作者的来源、聘任或者解聘、晋升、奖励或者处分等做出规定。要根据法律的规定，明确和落实教职工在学校中的权利和义务。为体现教师在学校发展中的主体地位，学校章程还应载明学校加强教师队伍建设的思路、目标、举措等。《北京市朝阳区柏阳学校章程》规定：“柏阳学校教师七种精神——‘柏阳之魂’：上下一致、团结协作的团队精神，不讲条件、不计得失的奉献精神，迎接挑战、永不服输的拼搏精神，与时俱进、奋发向上的进取精神，不断探索、乐于创新的钻研精神，关爱学生、尊重家长的服务精神，以校为荣、勇挑重担的主人翁精神。”并具体规定：“学校加强教师队伍建设。制订教师校本培训规划和年度落实计划，制订骨干教师培养规划和年度落实计划。注重青年教师培养，注重各级名师培养。建设一支凝聚力强、能力过硬、结构合理、形成骨干梯队的教师队伍，适应学校发展的需要。”

学生是学校培养和服务的对象，学校章程应对学生入学及学籍管理、日常管理等做出规定。学校要在章程中明确和落实法律规定的学生的权利和义务，特别要根据学校的实际提出加强学生教育、管理的针对性措施。如《北京市东城区史家小学章程》明确提出，“综合评价学生各方面发展，对全面发展和学有特长的学生进行奖励评优”，“学校对违反学校管理制度的学生进行批评教育。对情节严重的，可以分别给予警告、严重警告或者记过处分”，“学校对家庭经济困难的学生提供各种形式的资助”等。

7. 经费来源、财产和财务制度

学校有稳定的经费来源，是其设立及取得法人资格的基本条件。学校章程应明确学校日常办学经费的来源。根据我国现行教育经费投入体制，国家设立的学校以国家财政性教育经费为主，以其他渠道筹措教育经费为辅。社会力量举办的学校的日常经费一般主要靠收取学杂费和社会资助解决。学校章程在规定学校日常办学经费来源的同时，要对经费的使用和管理做出规定。章程中应载明学校经费的开支范围和审批支付程序，教职工福利待遇的基本标准和分配原则，学校经费的管理机构、管理原则和主要人员的职责，以及校内财务检查、监督体制等。

8. 学校与家庭、社区的联系

现代社会是一个民主社会、开放社会，学校的发展离不开家庭、社会，尤其是学校所在社区的支持与配合，同时，家长、社区及相关利益主体也有对学校发展的知情权和监督权。《全面推进依法治校实施纲要》明确提出，“中小学、幼儿园应当逐步建立健全家长委员会制度。家长委员会承担支持教育教学工作，参与和监督学校管理，促进学校与家庭沟通、合作等职责”，“中小学要加强与所在社区的合作”，“完善与社区、有关企事业组织合作共建的体制、机制”。因此，在学校章程中应载明学校与家庭、社区联系和合作的方式与内容等。例如：《北京市石景山区实验中学章程》规定，“学校定期召开家长委员会会议，介绍学校发展规划、教育教学工作和学校发展中存在的问题以及解决问题的设想与措施，听取家长委员会的意见与建议，取得家长委员会的支持和帮助”，“学校依托社区，努力开发社区教育资源，依靠社区开展社会实践活动，为学生创造服务社区和实践体验的机会”等。

9. 章程的修改程序

学校章程是学校教职工及学校主管部门意志的体现，对教职工及学校的发展有重大影响。学校章程的这种性质和地位决定了其具有较大的稳定性，不能朝令夕改、因领导人的变更而随意变更。为维护这种稳定性，在学校章程中应对其修改程序进行规范。

在学校章程中，学校还可根据自己的实际，确定一些有较强个性的内容，如校训、校徽、校歌、校旗、校树、校花、学校成立纪念日等。

三、 学校制定章程时应注意的几个问题

第一，章程要规范学校重大的、基本的问题，重大问题不能有遗漏。例如：民族团结教育问题、公共安全教育与管理问题等。

第二，章程要凸显学校办学与管理的特色。学校应将长期以来形成的办学传统、好的经验与做法，学校行之有效的改革举措、管理制度等，在章程中予以明确。

第三，章程要体现现代学校制度特别是民主管理、开放管理的要求。学校要尊重教师、学生、家长、校友等学校利益相关主体参与学校管理的权利，特别是要探索建立教师参与学校管理的机制。

第四，章程的制定要坚持民主、科学的程序，在制定过程中，要广泛征集教职工和学生的意见，群策群力，把章程制定工作做好。学校要通过章程的制定，完善学校的规章制度体系，不断提升学校办学与管理的水平。

（本文作者系教育部民族教育发展中心综合研究室主任，中国人民大学教育学院原教授）

学校章程建设：现状、问题与改进策略

范魁元

学校章程是学校成为独立法人组织的必备要件，是学校实现自主管理、自主发展及政府监督管理的基本依据，更是学校依法办学的重要保障。《中华人民共和国教育法》(以下简称《教育法》)首次提出“设立学校及其他教育机构，必须具备‘章程’等基本条件”。此后出台的多部教育法律法规也对学校章程建设做出了明确规定。《国家中长期教育改革和发展规划纲要(2010—2020 年)》(以下简称《规划纲要》)强调，“学校要建立完善符合法律规定、体现自身特色的学校章程和制度”。2012 年 11 月 22 日发布的《全面推进依法治校实施纲要》(以下简称《实施纲要》)明确提出“到 2015 年全面形成一校一章程的局面”。

为全面了解当前中小学章程建设的真实情况，笔者依托相关研究项目，先后多次深入广东、江西、北京、黑龙江等地的中小学校进行实地调研，对各地教育行政部门领导及相关工作人员、中小学校长及中层干部、教师和学生进行深度访谈和问卷调查，获取了大量有关学校章程建设的第一手资料。通过分析发现，目前中小学章程建设工作喜忧参半，章程建设中存在诸多问题，各地应增强对章程地位和价值的认识，尽快开展相关培训与指导，科学推进学校章程建设工作。

一、学校章程建设的现状：喜忧参半

目前中小学章程建设已经引起教育行政部门、学校及社会等各利益相关群体的重视，许多学校都已经或正在开展学校章程建设工作，有些地区已经取得了初步的成效。例如：北京、广东等地通过加强学校章程建设，切实增强了学校自主管理与自主发展的能力，提高了学校管理的法制化、规范化程度，实现了教育行政部门的职能转变。在访谈中，一位教育行政干部提到：“早在 1998 年，我们区就开始抓学校章程建设工作，如今我区每所学校都有学校章程，而且还经常按照既定的程序进行章程修订。有了章程以后，学校办学自主权和积极性都提高了，我们也省事了，不用天天忙于应付校长们的请示了……提高了我们的工作效率。”

然而，在一些忽视学校章程建设的地区，许多学校仍处于“头痛医头、脚痛医脚”的“救火”状态。学校章程的缺乏、不规范或实施效果不好，常常导致学校的教学和管理工作缺乏统一的指导，相关的规章制度缺乏稳定性和持续性，难以实现学校的科学、健康、持续发展。正如一位教师所言：“我们学校没有章程，只是出台了一些制度，而且这些制度也经常变来变去，弄得我们也不知道怎样做才是好的。”

调查发现，在笔者调查的63所学校中，有25所学校没有章程。在已经制定学校章程的38所学校中，章程的制定和实施情况也千差万别。有些学校的章程更像是“宣言书”或誓词，内容笼统、空泛，缺乏现实的指导意义和执行价值；有的学校章程已制定多年，从未修改或实施过，只是用来应付上级主管部门的检查的；有的学校章程大多照抄照搬相关教育法律法规条文或其他学校的文本，脱离校情，个性化特征不明显；只有少数学校能够结合学校的实际适时修改、完善并严格按章办学。可见，尽管国家和各级教育行政部门多次强调要建立健全学校章程，但“无章办学”“有章不依”现象仍大量存在。这种状况与《实施纲要》中提出“到2015年全面形成一校一章程的局面”的要求差距较大。

二、 学校章程建设中的主要问题

概括地讲，目前我国学校章程建设中主要面临下列亟待破解的难题。

1. 教育行政部门和学校对章程的价值认识不足

调查发现，相当一部分地区和学校在章程建设中存在应付了事或将章程束之高阁的现象。究其原因，主要是当地的教育行政部门和校长对学校章程的价值和重要性缺乏正确的认识。甚至有人认为，学校章程是可有可无的文件，没有章程，学校照样运转，因此，如果不督导检查，那么有些学校干脆就不制定学校章程。正如一位受访校长所说：“上级主管部门没要检查学校章程呀，所以我们也就没有制定。”当然，上述现象与我国教育法律对学校章程的制定主体规定得不够明晰有一定的关系。由于缺乏足够的法律依据，人们只能推定学校是学校章程的制定者。这难免造成教育行政部门和学校在制定章程的过程中相互推责。

2. 章程文本的内容和格式不够规范

关于学校章程究竟应该包括哪些内容和结构，目前学界尚无一致看法，在我国的教育法律中也难觅相关规定，由此造成了学校章程在文本上呈现出千差万别的样式。一般认为，学校章程主要包括：学校名称、校址，办学宗旨，办学规模，内部管理体制，学校重要工作的管理，教师、其他教育工作者和学生，经费来源、财产和财务制度，章程的修改程序等内容。根据调查实际来看，当前中小学章程在文本规范上主要存在以下三方面问题。

(1)内容结构不完整。在笔者收集到的38所学校的章程文本中，仅有5所学校的章程大致包括了上述内容，多数学校章程都缺少某些要件。例如：有些学校章程没有写明学校的名称、校址、办学规模等；有的学校没有写明章程的修改程序；有的学校章程仅写明了校长、教师和学生的权利与义务；也有些学校章程条款出现了与现有法律法规相抵触之处，等等。同时，章程各部分内容的详略也各不相同。作为学校的纲领性文件，章程必须对办学宗旨、办学特色等学校重大问题和基本问题做出明确、翔实的规定；而对岗位职责和常规管理等问题只做出原则性的说明即可，可另行制定专门的规章制度。

(2)呈现形式不规范。一般认为，学校章程主要包括标题和正文两部分，其中，正文又包括总则、分则和附则三个组成部分，每个部分按照章、条、款、目四个层次分级呈现，可以采用“总则＋分则＋附则”式、“总纲＋分章＋附则”式、条目式等格式。从调查结果来看，目前学校章程的格式和呈现形式千姿百态。例如：有的章程从头至尾，以“一”“二”“三”等呈现，没有层次之分，内容十分混乱；有的章程分章、条呈现，但是有些章下面只有一条内容，而有些章则包含十余条内容；也有的章程缺乏附则，等等。

(3)语言表述不规范。学校章程作为规范性的文件，其语言运用应力求明确、规范、朴实，避免使用含义不清、不规范、口语化的语句，并且章程的条文应以完整的陈述句表述。总体而论，目前章程条文的语言运用很不规范。例如：有的章程多处出现缩略语，如将学校名称缩写为“××附小”，将“教职工代表大会”缩写成“教代会”等；有些学校在章程中过多使用“要”“必须”“不能”等强制性词语。

3. 章程在制定和实施中缺乏对师生、家长、社区等利益相关者的人文关怀

学校章程在制定和实施过程中必须充分考虑广大师生、家长、社区等利益相关者的合理诉求，鼓励他们主动参与章程的制定，增强章程制定的透明度和公开度，从而让全体师生成为自觉遵守和践行章程的行动者，让社区和家长等成为章程建设的有力监督者。许多教师表示，学校章程的制定和修改仅仅反映校长或学校中层干部等少数人的意志，很少征询教师、学生、家长和社区等各方意见。例如：一位受访教师提到："我们学校的章程是如何产生的，到底包括哪些内容，我们很多老师都不知道。"

4. 章程在学校办学和管理实践中较少得到有效贯彻和执行

调查发现，大多数学校迫于行政检查的压力，不得不由少数几个人(主要是学校领导和中层干部)组成的起草小组"草草"地制定一份章程。这使得学校章程与学校的实际情况相脱节，势必为学校章程难以有效执行埋下了伏笔。章程制定后，由于地方教育行政部门对于如何监督和保证章程得到有效执行、修订关注不够，所以学校执行章程的积极性也大打折扣。只有少数学校能够抓住章程建设的契机，梳理和完善学校的制度体系。大多数学校的章程成为一种摆设，有的学校的章程甚至多年都未曾修订。正如一位校长所言："几年前上级主管部门对学校章程的制定很重视，要求每所学校都制定，现在也不检查了，我们的学校章程都好几年没有修订了。"另一位受访校长表示："说句真话，我们每天都得应付上级的检查和布置的任务，哪有时间顾及学校章程执不执行呀。"

5. 章程建设缺乏有效的监督机制

目前对学校规章制度建设的监督已经成为许多地区教育督导的常规工作，但是，对于学校章程建设的督导远远不够。笔者在调查中发现，被调研地区均未开展专门的学校章程建设督导工作。尽管许多学校章程中都提及"××××年××月××日本校第×届教职工代表大会通过，××××年××月××日经××市教育委员会批准"等内容，但是，对于谁来监督、如何监督等事关章程实施效果的重要问题均未提及。另外，家长、社区等相关利益者在章程监督中发挥的作用也微乎其微。在收集到的学校章程中，只有少数学校载明了"学校与家庭、社区关系"的内容，而且，对于家长、社区等在章程的制定和实施中如何发挥作用并未提及。可见，当前我国学校章程建设的监督机制尚未建立起来。

三、 学校章程建设的改进策略

加强学校章程建设将成为今后中小学现代学校制度建设的核心任务。基于上述分析，笔者认为，应从以下几方面着手，切实推进中小学章程建设。

1. 提高各方对学校章程地位和价值的认识

首先，教育行政部门应进一步实现职能转变，依法规范自身的管理行为，严格核准学校章程，做到依章管理学校。其次，学校应提高依章办学的自主性，通过章程推介会、橱窗展示、宣传海报、校园网等多种平台加大宣传力度，为师生人人知晓章程创造良好的氛围和环境。最后，加强学校与家长、社区等相关利益群体的联系，在学校章程的制定和实施中主动征询他们的意见和建议，使他们了解学校的办学宗旨和发展方向，积极配合学校开展学校章程建设工作。

2. 开展有关学校章程文本规范性知识的培训与指导

当前需要开展以下几方面的培训和指导工作：一是邀请专家开展有关学校章程的内容结构、呈现形式、语言运用、制定程序等方面的知识讲座，使人们对章程的相关知识有所了解；二是采取“大学专家——教育行政部门——中小学校”(简称 UGS 模式)三方合作的形式开展相关项目研究，切实帮助学校制定出富有针对性、个性化的学校章程；三是有关部门可以借鉴企业、政府等组织章程和国外学校章程的相关规定，结合我国各级各类学校的实际情况，提供涵盖小学、初中、高中，兼顾公办学校和民办学校的一系列规范的学校章程样本，规范学校章程文本；四是教育行政部门要鼓励各级各类学校多开展地区之间、学校之间的学校章程建设经验交流活动。

3. 建立健全学校章程建设监督机制

当前迫切需要各级教育行政部门根据相关教育法律法规的精神和要求，开展学校章程建设的专项督导，促进“一校一章程”局面早日实现。当然，从管理学和教育评估相关理论来看，仅仅依靠教育行政部门的行政监督往往难以产生最佳的效果，还需要学校、家长、社会甚至第三方机构等利益相关者的大力配合和积极参与。只有校内监督与校外监督有机结合，将学校章程建设督导作为一项常规性的工作，才能提高监督力度，从而保证学校章程建设工作落到实处。

4. 加强对学校章程的理论研究

当前学校章程建设之所以出现上述问题，与人们对于学校章程的理论研究重视不够不无关系。已有的大多数研究仅停留在对学校章程的作用、内涵、内容等基本问题的探讨上，真正有价值的研究成果并不多见。对于学校章程的起源、法律依据、成文形式、语言规范以及怎样才能制定出符合学校特色的章程等问题尚缺乏系统研究。为了保障学校的办学自主权，实现依法治校，学校管理者和研究者必须重新认识学校章程在依法治校、学校发展和学校文化建设中的地位与重要性，对学校章程的制定程序、基本结构、具体的编排模式及制定时应遵循的基本原则等进行专门的研究，以增强学校章程的科学性和指导性。

（本文作者系哈尔滨师范大学教育科学学院副教授）

学校章程制定与实施的“三·三·三”模式

吴佩芸

上海市北虹初级中学是虹口区一所公办学校，多年来积极参与区人民政府教育督导室引领的“构建区域现代学校制度建设的探索与实践”的课题研究。2005年年底，学校根据区督导室的要求，制定了《上海市北虹初级中学学校章程》。2011年，学校根据依法办学的要求和学校发展的需求，对章程进行了修订。2013年，学校参与上海市法人治理试点工作，根据上海市编办对事业单位章程制定的格式要求，又对学校章程做了再一次修订。

七年多来，学校的学校章程走过了从被要求制定到自我修订、从被要求规范到自我规范的历程。在此过程中，学校初步形成了章程制定与实施的“三·三·三”模式(即“三项原则、三个步骤、三条途径”)，使学校章程在依法治校和学校的和谐发展中起到了应有的保驾护航的作用。

一、 学校章程制定与修订的三项原则

1. 规范·严谨性原则

学校章程是在遵循国家法律法规的基础上产生的有关学校发展的纲领性文件，是学校的“基本法”或“小宪法”。它的内容涵盖学校、教师、学生的权利与义务，办学的过程性行为、课程设置、实施与评估，以及师生的奖励与惩罚。它的格式必须规范，用词必须严谨。学校章程一旦在学校教职工代表大会上被审议通过，就必须严格执行。所以，学校章程的制定与修订一定要请教专业人士，做到规范严谨、科学合理。

例如：我校2011年修订后的学校章程的章节为：第一章　总则、第二章　权利和义务、第三章　学校管理、第四章　教育教学管理、第五章　后勤服务、第六章　民主管理与监督、第七章　学校与家庭社区、第八章　附则。2013年，我们严格按照上海市事业单位章程的要求，将学校章程的章节修订

为：第一章　总则、第二章　宗旨和业务范围、第三章　举办单位、第四章　理事会、第五章　管理层、第六章　资产的管理和使用、第七章　信息披露、第八章　终止和剩余资产处理、第九章　章程修改、第十章　附则。仅仅对比这两个版本章程的章节名称，我们就可以看出2013年修订后的章程更为规范。

2. 特色·发展性原则

在制定学校章程的初期，大多数学校往往会照搬章程模板，我校亦如此。这样做的好处是既省力又不会出现原则性问题。然而，当章程在学校发展中要真正发挥作用时，这类照搬模板的章程就会与学校的发展脱节，它的滞后性和导致的相关问题就会显现。所以，在制定学校章程时，我们要注意在相关章节中体现学校特色，并且对学校的发展有一定的预见性。这样的章程才可能统管学校各领域，才可能引领学校自主发展。

如我校的德育课程分学校、年级、班级三层实施，在2011版学校章程的第四章中，我们是这样阐述德育课程的：第二十五条　学校建立由校长室负责的德育课程管理体系，分级、分层实施，辐射全体教职工，实施全员德育工作。(一)学校德育课程的设置分内容、多渠道、有层次、成系列，通过全员实施，使德育有抓手、有落实、有实效。课程分学校、年级、班级三层实施：学校德育课程以整体教育课程为主，体现国家对学校德育工作的总体要求；年级课程以体现学生不同年龄特质的自主特色课程为主；班级课程以体现班级文化建设的个性课程为主……

3. 认同·接受性原则

学校章程的制定与修订，一定要力求得到全体教职工的认同与接受。

2011年，为使章程的修订得到学校管理层、中层和广大教职工最大限度地认同与接受，我校努力做到三步“分层认同”。

第一步：管理层对章程修订稿的认同。

初步修订稿的每一条都用三段(三色)呈现。第一段(第一种颜色)为原有章程，第二段(第二种颜色)为章程执笔者的修改稿，第三段(第三种颜色)为学校管理层(党政工主要负责人)参考前两段所做的修改。章程每章节中的每一条都要做这样三段三色式的呈现，的确是一个比较烦琐的过程。但这个过程有助于学校管理层整体把握章程内容的变动情况，统一思想，认同、接受章程。

第二步：执行层对章程修订稿的认同。

我们召开由学校中层干部、年级组长、教研组长和工会委员参加的行政扩大会议。大家集体学习、讨论修订稿，形成讨论稿。会议结束后，每个参加会议的人员在集体讨论稿的基础上再提出建设性建议或做个人修改。初步修订稿的执笔者汇总所有建议，修改形成正式的修订稿。

第三步：全体教职工对章程修订稿的认同。

我们召开教职工代表大会，通过“法人对教职工代表做详细解读与沟通”“教职工代表分组对全体教职工作解读与沟通”“教职工提建议案”等方式，完成全体教职工对章程修订稿的初步认同。汇集建议后，执笔者做最后修改，由学校支委会审核，经教代会审议通过，形成新的学校章程。通过民主讨论，广大教职工更加认同修订后的学校章程。

二、 学校章程制定与修订的三个步骤

1. 学习与梳理

学校在制定(修订)章程之初，首先应该组织相关人员对文件精神、制定(修订)背景、相关理论及法律法规进行学习。与此同时，还要组织相关人员对学校的相关制度、办学特色、课程设置、实施与评估等方面进行梳理。学习与梳理是制定(修订)章程的基础。

2. 初稿与修订

学校组织相关人员，完成章程的制定或修订工作。在这个过程中，学校章程法律条款方面的措辞应得到法律专业人员的指导，以确保章程的规范与严谨。

3. 认同与审核

学校章程是学校的纲领性文件，所以，学校要通过不同的途径让全体教职工认同，并在教职工代表大会上审议通过。学校要关注认同的过程，而不能只追求审议结果。完成学校内部的认同与审议后，章程需要报教育行政部门批准。这样，章程制定(修订)工作才算最终完成。

三、 学校章程实施的三条途径

如何有效实施学校章程是重点，也是难点。我们认为，学校章程的实施一定不是空洞的，它需要一些载体来呈现。这些载体一定是多元的、可操作的。在具体的实践中，我们主要通过“学校制度体系构建”“学校三年发展规划渗透”“学校年度课程计划的落实”三个途径来实施学校章程。“学校制度”是学校章程中一些条款的具体化，“学校三年发展规划”是学校章程中办学思想的阶段性体现，“年度课程计划”是三年发展规划的具体执行。

我们以教师发展为例，来说明学校章程实施的三条途径。

其一，学校关于教师发展的规章制度的构建。学校章程对教师发展的阐述是：按照“发展学校特色，自培特色教师”的要求，做好校本研修的规划，培养“师德高尚、业务精良、处事得体、富有个性”的北虹师资队伍。为将上述要求具体化，我们在《上海市北虹初级中学教师发展手册》中，提出了教师发展工作的四个组成部分——“教师发展目标”“部门职责”“岗位职责”“教师培养机制”。其中，教师培养机制的校本研修部分由“校本研修的框架”“校本研修实施的分类”“校本研修的奖励”三方面组成。

其二，学校三年发展规划中有关教师发展的要求。以2011—2013年的规划为例，《北虹初级中学教师专业发展行动计划(2011.9—2014.6)》中就有“发展目标”“实施策略”“实施途径”等内容。其中，“实施途径”又包括搭建职业道德与职业素养平台、教学研究平台、德育研修平台、校本科研平台、团队发展平台等。

其三，年度课程计划中关于教师发展校本科研平台的落实。以2011学年年度课程计划中《国家课程校本教学要求的制定及学案教学的实施研究》为例，学案研究有理论学习与实践要求两部分。其中，理论学习就有专家谈“我眼里的学案”、科研室讲“学案的基本结构及作用”、教研组长交流学科学案范式及相关设计要求等。

（本文作者系上海市北虹初级中学校长）

学校章程建设的虹口经验

郑万瑜

学校章程是学校的“基本法”。2012 年 11 月，教育部公布《全面推进依法治校实施纲要》，提出到 2015 年，全面形成“一校一章程”的格局。而早在 2006 年 7 月初，上海市虹口区所有的公办中小学、幼儿园就已经建立了自己的章程。2011 年，我们又全面推进了章程修订工作。

目前，虹口区各级各类学校已经基本完成学校章程修订，正以学校章程为核心，实施学校三年发展规划，完善各项规章制度，推进依法办学、自主发展。虹口区相继推出“一校一章程”“一校一制度(体系)”“一校一规划”“一校一评价”和“一校一特色”理念，逐渐形成现代学校制度建设的区域特色。

一、 区域推进学校章程建设

虹口区教育系统学校章程建设的全面推进，源于 2004 年 1 月开题的“构建区域性现代学校制度建设的探索与实践”课题的实施。这个课题系虹口区教育局承担、区政府教育督导室具体实施的上海市教育科研“十五”重点课题。在课题研究过程中，我们感到，要构建区域现代学校制度，要依法治校，首先要依照《中华人民共和国教育法》的规定，建立起学校章程。然后，以学校章程为依据，制定学校三年(或五年)发展规划，完善学校的各项规章制度，这样才能让学校“按照章程自主管理”。

但是，由于历史原因，当时的虹口区除了民办学校，绝大部分公立学校都没有章程。截至 2005 年上半年，虹口区 117 所公办学校中，有章程的学校只有 3 所，且其章程也没有经过教育行政部门审核。从 2005 年下半年起，虹口区教育督导室开始了推动学校章程建设的探索。

1. 组建队伍，对章程建设进行指导

虹口区非常重视学校章程的建设，多次组织“学校章程建设研讨会”和“学校章程建设报告会”。同时，我们十分注意发挥舆论的导向作用，积极宣传与学校章程建设有关的信息，引导基层学校关注章程建设的动向，逐渐在区域范围内营造起章程建设的良好氛围。

另外，为了在区域范围内大力推进学校章程建设，我们组织了一个由熟悉教育法律法规的各方人士组成的核心研究小组。小组里有华东政法学院的教授、区司法局干部、区教育局领导，还有依法治校成绩突出的老校长和热心学校章程建设的区中小学法制中心的负责老师等。大家在实践中发现问题就随时研讨，随时调整工作策略，保障了章程建设工作的健康推进。

2. 以点带面，分步开展章程制定工作

为了把章程制定工作落到实处，区教育督导室首先从高中、初中、小学和幼儿园中挑选校长治校理念比较先进、学校各方面基础比较好的学校作为章程制定的试点单位，对其进行重点指导，以期在全区产生辐射作用。实践证明，这种做法不仅花的力气小，而且收到了立竿见影的效果。

3. 提供专业服务，降低学校工作难度

在学校章程制定之初的2005年下半年，以及全面推进学校章程修订之初的2011年年底，我们专门请对学校章程制定颇有研究的虹口区教育发展咨询中心专家和区专职督学，分批为各级各类学校的校长及相关人员做专题辅导。区专职督学还深入学校释疑解难，提供适时的指导。我们提出了章程制定的基本原则：一是合法，学校章程不得与法律法规以及其他具有法律效力的规范性文件相抵触；二是不能越权，学校章程制定不能超越学校的职权或者被授权的范围；三是原则性与可操作性相结合。

同时，我们还提醒学校在章程制定过程中要避免出现以下几个问题：一是对法律法规和内部规章制度梳理不够；二是章程内容繁简不当，如大篇幅照抄法律文本的内容，而对学校应有的相关制度却规定得较为简略；三是章程语言不规范、不严谨，表述不够清晰、准确；四是对章程内容与校内改革发展的关系处理不当，将不成熟的改革内容写进章程。章程内容应该是较稳定的、规范的、成熟的条款，是为校内管理提供规范依据的。改革内容成熟后方可写进章程，使经验合法化。如果要把一些可能要修改的或正在修改的内容写进章程，那么用语一定要留有余地，以免改革的举措与章程产生冲突。

4. 按照程序，顺利完成章程制定

学校章程制定必须依据一定的程序进行，让学校办学宗旨、指导思想、发展目标、培养目标，以及学校内部的管理体制和运行机制等，为广大教职工所熟悉与认同，使章程制定符合学校的实际，具有广泛的群众基础和鲜明的个性特色。

虹口区学校章程的制定一般有以下几个程序：(1)学校成立章程起草工作小组，负责章程的调查研究及起草工作。(2)起草工作小组拿出草案，交由教职工广泛讨论。(3)起草工作小组在汇总意见、反复修改的基础上，把章程草案提交教职工代表大会或全教会讨论。(4)在充分听取教代会或全教会意见后，将章程修改稿交由学校决策机构审议讨论，基本定稿后报教育局有关部门初审。(5)根据教育局有关部门的初审意见，将再次修订后的章程文本作为正式文件，提交教代会或全教会讨论通过。(6)经教代会讨论通过的章程，报上级主管部门审核批准，从而确立学校章程在校内的"基本法"地位。

二、　审定学校章程

1. 章程审定要关注五大要求

受虹口区教育局委托，区教育督导室承担了组织专家审定学校章程的任务。在章程审定过程中，我们十分关注章程的合法性、完整性、特色性、准确性和时效性。

"合法性"是指章程的条款要于法有据，要符合党和国家法律法规的要求，并适应改革发展的需要。"完整性"是指章程的主要构成要件必须完备，如制定依据、学校性质、培养目标、办学宗旨等都要涉及。"特色性"是指章程要符合学校的实际、师生的实际、发展的实际，能够彰显学校的特色与愿景。"准确性"是指章程设置格式规范(一般按章、条、款、项排列)，体现大政方针，文字精练，语言规范，繁简恰当，不要求叙述和论证。"时效性"是指章程必须交学校教代会或全教会讨论通过，章程通过要注明通过的届次、日期，以取得法律地位。

为慎重起见，我们还向法学专家、教授和律师请教，向区教育工会征求审定意见，向区内对法制教育有研究的校长征求意见。综合各方意见以后，我们才正式启动学校章程审定程序。

2. 成立多主体参与的章程审批小组

要审批学校章程，首当其冲是成立章程审批小组。在这个小组中，中共虹口区教育局党工委书记、区教育局局长、区教育督导室常务副主任是学校章程审批小组的组长和副组长，华东政法学院教授是我们聘任的专家组顾问，虹口区部分知名校长、上海市兼职督学、熟悉教育法律法规且文字功底较好的中学高级教师和特级教师为专家组成员。

我们将专家组分成高中组(含业余大学、教师进修学院、职校、技校)、初中组(含特殊教育学校)、小学组和幼教组。审定学校章程前，区教育督导室召开专门会议，向专家组成员介绍虹口区学校章程建设情况，解读相关的法律、法规，让他们了解基层学校的章程。

3. 章程审定时要举一反三

第一次对基层学校的章程进行分组审批时，遇到的困难与问题远远超出我们的想象。几乎每所学校的章程都有一些不足之处，究竟怎样审定才好呢？大家莫衷一是。于是，我们先对一所学校的章程进行深入分析与讨论，取得一致意见后再分组审批。当时，审批小组成员人手一本上海市教育委员会政策法规处编印的《教育政策法规实用手册》，一遇到问题就马上翻看相关的教育法律和法规条目，对章程的每一个词、每一句话都要反复斟酌。通过“解剖麻雀”式的审定，审批小组渐渐形成了比较一致的审批意见，并拟就了一份框架式的规范样本，确保文字的精练、规范、准确。

有了学校章程的个案分析，又有了比较规范的章程样本，专家们在审批其他学校的章程时就感到心里有了底儿，此后的分组审批工作就进行得比较顺利。

4. 章程审定注意呵护学校个性

我们对“一校一章程”的理解是，每所学校的章程都应该结合自己学校的实际，努力体现自己学校的个性与特色。在章程审批的过程中，我们并不要求每所学校的章程都符合规范样本的所有要求。一所学校的章程只要符合相关的教育法律法规，并注意结合自己学校的实际，体现了规定的几个基本特征，就可以获得通过。

我们提出的学校章程有以下几个基本特征：一是前瞻性。学校章程应该为全体教职工勾勒出学校发展蓝图的基本框架，它对全校师生是一种教育，更是一种激励。学校章程还应该体现时代特点，适应社会发展和学校自身发展的实际需要。二是规范性。它包括内容设定规范、表述方式规范、制定程序规范、制约措施规范等。三是指向性。制定学校章程是实施目标管理的一项具体举措，目标管理是学校管理者领导教职工共同追求美好未来的组织行为。因此，学校章程所包含的价值观取向应直接为学校实际工作指明方向。四是可控性。学校章程所提出的预期目标应该是可控制、可操作、可检测的。同时，学校章程只是办学的一个纲领性文件，需要留下一些空白，让继任者发挥创造。学校章程的可控制性、可操作性还体现在根据它可以再制定出一系列的配套文件

（规章制度），并且通过配套文件的实施结果，检验学校章程提出的预期目标是否实现。五是特色性。只有共性要求，没有个性特色的学校章程是难以发挥作用的。因此，制定学校章程必须在认真分析学校自身的优势和劣势、潜能和增长点的前提下进行。只有制定出充分体现学校自身特点的学校章程，才能实现共性与个性的切实整合。

三、 关注学校章程的有效执行

学校章程不仅仅是一种宣言、一种形象，更是实践的指针。学校的所有活动，都应当体现章程的精神，贯彻章程的具体内容。为了保证章程落到实处，我们做了以下尝试。

1. 倡导学校建立制度体系

各级各类学校建立的章程是学校的"基本法"。围绕"基本法"，各校还要建立相应的规章制度体系，才能把学校章程的精神落到实处。2008 年 6 月，我们倡导全区所有学校在条件成熟的情况下，都要建立适应学校自主发展的一套制度体系。学校制度的框架体系由指导学校工作的各种规章制度构成。

2. 督导监督学校章程落实

从 2004 年开始，区教育督导室组织专家组对学校三年发展规划进行终结性评审，迄今为止，评审已经进入第四轮。其中，第二轮评审已经将"贯彻国家教育方针，遵守法律法规，实施素质教育；学校章程成为本校办学的'基本法'"的要求列入评审指标。教育督导加强对学校落实章程情况的检查和评估，维护了章程的严肃性和权威性。

3. 研讨交流章程制度执行情况

2006 年以来，区教育督导室多次组织学校研讨交流章程的执行情况，请一些贯彻执行章程比较好的学校介绍经验，给其他学校以启示，共同推进现代学校制度建设。

4. 适时开展学校章程修订工作

随着教育改革的深化及学校的发展变化，章程修订工作显得十分必要。我们督促各校遵循法制统一、以人为本、体现特色、易于操作、权责相等的原则，认真、规范地做好学校章程的修订工作，依法办学，自主发展。

（本文作者系上海市虹口区人民政府教育督导室原常务副主任）

中小学法律顾问制度：现状、困境与对策

李　祥　吴　希

一、现　状

2012年11月，教育部颁布《全面推进依法治校实施纲要》，明确提出“完善依法治校工作机制”，并要求中小学“应当指定专人负责学校法律事务、综合推进依法治校，有条件的学校，可以聘请专业机构或者人员作为法律顾问，协助学校处理法律事务”。中小学法律顾问制度建设对于进一步明确中小学的法律地位、开展普法教育、促进管理决策合法化、协助教育教学督导、应对各种诉讼和维护学校稳定等均有重要作用。

在国外，公立学校与法律机构的合作是十分常见的。有学者对爱达荷州乡村学区公立学校的管理者和区法律顾问之间的合作模式进行研究发现，这种合作能够帮助学校管理者做出明智的决策，揭示学校潜在的积极影响，促进问题解决，扩大教育者的选择权，并提高学生的表现。而在我国，随着学校法律关系的复杂化，中小学需要处理内外部的各种法律事务，特别是近年来，学校安全事故时有发生，学校经常疲于处理突发事件，严重影响了正常的教育教学秩序。

我国学界对法律顾问制度的相关研究主要集中在政府、企业和高校领域，而对中小学法律顾问制度的相关研究很少。相比学界研究的“冷”，中小学法律顾问制度构建的实践活动却异常活跃。例如：山东威海市司法局与威海市教育局启动中小学法律顾问制度建设，对法律顾问的任职资格、任职期限和服务内容等都做了详细规定；四川攀枝花市建立中小学法律顾问制度，以政府购买服务的方式，为全市中小学聘请律师担任法律顾问。此外，云南、广东、浙江、上海等地也在积极探索中小学法律顾问的相关制度建设。

目前各地的中小学法律顾问制度建设呈现出如下特点。

(1)形式多样。除了法律顾问外，还存在着设置法制副校长、聘请律师进校园、设置法律咨询制度、聘请大学生担任法律助理等形式。

(2)主管(主持)机构和经费来源渠道不同。各地中小学法律顾问制度的主管(主持)机构主要有人民政府、司法局、教育局(教体局)、公安局等。在政府部门没有明确具体做法的情况下，许多中小学自行建立了法律顾问的相关制度，一些地方律师协会也积极参与到制度构建中。在经费来源方面，大都通过拨款方式获得，自筹经费和采取市场化运作的方式也存在。

(3)内容广泛。除了涉及法律顾问的制度构建原则、方式、资金来源、服务范围外，制度建设对法律顾问的工作监督、奖励和问责也有全面思考。

尽管我国中小学法律顾问制度的构建已积累了较为丰富的实践经验，但复杂的学校内外法律关系结构以及多重交叉的利益主体，导致其难以完全适应依法治校、建设现代学校制度的现实需要。目前实践层面的问题主要有以下方面。

(1)学校自身对法律顾问制度构建工作的态度淡漠。即使是在已经建立相关制度的学校，在顾问设置上也是选取挂靠或外聘方式，这种非常态设置方式导致人员流动大、工作积极性不高、专业素质不高，难以完全应对日益复杂的法律风险。

(2)按照目前的办学体制，即使学校有法律顾问，也因其级别低，无法参与学校重大决策，所以只能是在事情发生以后起“救火队员”的作用；即使有事前采取防范措施的情形，其影响范围也有限。

(3)一般都是等到纠纷发生时，学校才采取诉讼等事后救济的方式。单一或个体化的法律风险防范和事后救济，虽然应对个体法律风险有效，但其处理方案不能运用于其他领域，不利于发现那些尚未被识别的法律风险，也不利于及时采取综合性的防范措施，以减少发生不利后果的可能。

二、困　境

1. 学校法律地位问题尚有争议，自主办学权受限

中小学从事不以营利为目的的教育公益事业，应属于公法主体。但由于其权能受限，更多学者倾向于将其界定为具有部分权利能力的公法法人。有学者提出，世界上多数国家公立中小学并不具备法人资格，“在大陆法系国家，唯有法国的高中属‘公法人’，但这种公务法人是仅具有部分权利能力的准‘公法人’。而在英美两国，英国仅有直接拨款学校享有法人资格，其他学校均依附

地方教育当局，无法人资格”，因此提出“我国应在公立中小学中实行‘去法人化’改革”。中小学校法律地位的争议直接导致其办学自主权界限不明。虽然《中华人民共和国教育法》规定了九项公立学校的办学自主权，但这些自主权已不能适应现代学校制度建设的需要。当前哪些办学权应该由中小学自主，似乎很难找到一个合理的界限，这也影响到办学自主权的真正落实。如果学校没有充分的自主空间，那么学校法律顾问也就无法提供全方位的法律服务。

2. 理论研究不足，对能否借鉴其他法律顾问制度存在疑虑

由于专门的中小学法律顾问制度研究不足，已有的实践经验未能得到很好的梳理总结，因此要关注这个问题，必须借鉴和参考其他领域的研究(事实上，政府、高校法律顾问制度也借鉴了企业法律顾问制度)。这就面临两个困难：一方面，法律顾问机构的设立缺乏理论和制度性规范的支撑。我国关于在中小学设立法律顾问机构的相关研究和文件很少，在实践中，有关中小学法律顾问制度的指导性文件也不多，仅有的内容也集中在机构设立原则、方式等问题上，而机构的运行与评价方面的内容欠缺。另一方面，大家对向外借力，将企业、政府、高校中法律顾问制度的成功经验移植到中小学来是否可行也存有疑虑。虽然法律顾问制度在这些行业已经积累了丰富经验，但企业的营利性、政府独特的地位、高校拥有的人力资源优势，都是中小学不可比拟的。例如：高校法律顾问制度在一定程度上借鉴了美国、加拿大等发达国家高校盛行的总法律顾问制度，高校甚至可以直接从校内聘请专家担任法律顾问，建构制度。高校法律顾问制度在学校决策性、诉讼性、监督性、教育性等法律服务中显现的效果，与高校自身拥有丰富的法律专业人士、相对更自主的财政权、文化水平相对较高的群体不无关系。

3. 制度构建面临多重利益博弈，执行阻力较大

构建中小学法律顾问制度涉及的利益主体有政府及相关教育行政部门、中小学校、律师团体、教师、学生及其监护人。虽然建立中小学法律顾问制度可以加快依法治校的进程，为构建现代学校制度奠定基础，但是制度本身作为一种利益分配工具，必将对各方权益进行重构，一旦不利于某一或某些利益主体，必将引起强烈反弹。

对于政府及相关教育行政部门来说，中小学校法律意识的增强和借助法律顾问维护权益的路径，必然对其监督管理学校形成一定的制约，一些不合法的权力寻租行为(如利用公权力要求各校订购校服、教材、教学仪器)将因学校的法律意识觉醒而受到阻碍，而制度构建经费的主要来源方是政府，制度构建的主持方也必定有政府，因此在制度构建初期，其利益就将公开或者隐形地受到保护。

对于学校和教师而言，他们更多地希望借助学校法律顾问的力量，处理各种突发事件，维护学校正常的教育教学秩序，排除校方应该承担的责任，但一旦该制度对其教育管理工作形成法律监督，在其违法行为中站在其对立面，他们就会排斥该制度的存在。

律师团体是中小学法律顾问制度实施的重要主体，但中小学的公益性质决定其不可能纯粹考虑经济效益。法律顾问身兼数职，必然从经济理性人的角度出发，选择有利于其物质收入的工作，其制度参与性难以保障。

学生与家长作为教育法律关系的重要主体，很难说是法律顾问制度的服务对象。虽然法律顾问在工作中既要保证学校行使权力的合法性，又不能无原则地迁就学校利益，或者故意曲解法律，以迎合学校的不正当要求，或授意学校规避法律，而损害国家、社会的利益和其他公民的合法权益，但是作为法律顾问制度相对的对立方，学生与家长的排斥情绪是最大的，加之个别家长对法律的不信任，纠纷出现时容易跳过法律途径，寻求媒体或者较为极端的方式表达不满。

三、对　策

1. 基于中小学的实际法律地位，界定法律顾问的性质和服务内容

虽然大家对中小学的法律地位界定存有异议，但我国中小学多由国家和地方政府主办，经费主要依靠政府拨款，办学倾向于考虑公益性而非经济收益，学校的教学大纲、教学计划、办学方针和原则，甚至教师聘任无不受到相关教育行政部门的影响和制约，其责、权、利处于一种不对等的状态。另外，随着社会进步和公民法律意识的增强，学校又逐渐显现出作为平等的民事主体参与学校内部管理与外部活动的法律需求。所以在大家对中小学的法律地位达成共识之前，学校必须考虑自身的现实处境，建立健全法律顾问制度。在这当中，对法律顾问的性质与服务内容的界定十分重要。

学校法律顾问是学校法律服务的提供者和处理学校法律纠纷的代理人。他们本应是处理学校法律事务的专业人员，但由于学校本身的法律地位制约着其在学校法律决策、监督中的作用，所以，中小学法律顾问关于学校的管理决策的制定更多地应行使建议权而不是决策权，对学校进行法律监督本应是政府部门的事务，不能委托法律顾问来完成。在依法治校的背景下，学校聘请法律顾

问的实质，就是维护学校、师生、学生家长的合法权益，通过提供及时、专业的法律咨询，帮助中小学规避或降低法律风险。中小学法律地位和法律顾问的特性决定了其服务内容主要应集中在以下几个方面：接受学校委托，代理学校参与诉讼、仲裁、复议等活动，维护学校、教职工、学生等的合法权益；为学校涉法提供法律咨询和协助；参与学校决策的法律论证，协助学校规范各项规章制度，参与草拟、修改、审改和审查学校对外活动中的合同和协议，依法提出法律意见或建议；积极协助学校开展法制宣传工作，定期或不定期对教职工及学生进行法制教育和校园安全责任培训。

2. 借鉴其他法律顾问制度，构建中小学法律顾问制度运行机制

中小学设立的法律顾问制度不能与企业和高校等同，但企业法律顾问制度的效率和经济考虑、高等学校与中小学的共通性，决定企业和高校的法律顾问制度对中小学有十分重要的借鉴意义。如在高校“法律顾问的参与，能预见可能出现的风险，从而避免、减少学校不必要的经济损失，维护其合法权益。预防作用往往被认为是法律顾问首要的、基本的作用”。同样，中小学也应坚持预防为先的原则，将法律顾问的工作重点定位在事前的法律宣传、监督、提供决策建议等方面，而这也是当前首先需要解决的问题。正如有学者所言，“中小学按照国家的计划进行招生等工作，学校注重的是国家任务的完成，强调的是学生的服从，中小学制定的有关规章制度很少从法制的角度考虑，更多的是从管理的角度考虑”。

目前，法律顾问制度的运行机制主要有两种模式：专门机构模式和聘任法律顾问。现在高校主要采取设立专门机构的模式，如武汉大学于 1999 年成立了政策研究和法律顾问室，负责处理学校诉讼案件，对学校规章制度、法律合同等进行审查和管理，并开展一些重要政策的研究。聘任法律顾问的模式，就是学校自身并未配置专职或兼职的法律事务管理机构，而是根据学校的工作需要，单就某一类、某一方面学校不熟悉或不了解的法律事务常年或临时聘请法律顾问。从我国中小学的实际情况看，聘任法律顾问的模式值得借鉴，原因在于：一方面，中小学并没有高校的法学资源，没有专业的法律机构和人员；另一方面，中小学的法律关系没有高校复杂，中小学相对突出的是校内外侵权问题，法律关系涉及相对较少，在中小学设立专门的法律机构有资源浪费之嫌。中小学采用聘任法律顾问模式，可聘任专业律师和司法系统工作人员(司法局长等)，聘任后的运作机制可参考企业总法律顾问的运作模式。企业法律顾问需经全国统一考试合格，取得《企业法律顾问执业资格证书》并经注册登记，由企业聘用，专职从事企业法律事务工作。中小学在法律顾问的聘用条件及程序方面，可以借鉴企业的做法。

3. 制定相关制度，规范学校法律顾问的工作监督和考评机制

如前所述，中小学法律顾问制度涉及多方利益博弈，其实效如何，需要有一个正确的评价机制，否则制度将沦为形式。考核应该包括：明确服务内容，对工作落实情况进行逐条评估；建立信息反馈制度，利用电子邮件、微博、微信平台，加大服务受体对法律顾问制度本身工作实效性的评价；制定《学校法律顾问制度工作手册》，让法律顾问依据自身情况，如实如期填写工作情况，期末总结自评；与司法局、律师协会等积极协作，对制度本身及法律顾问工作成绩进行科学评价，且将其作为奖励的重要依据。在这个过程中需要注意的是对政府与学校关系的调节，"政府对学校的监督考评要严格按照《中华人民共和国教育法》的规定进行，通过制定完善的法律法规，取代政策的直接干预，通过立法、政策指导拨款、规划、信息服务和必要的行政手段进行宏观的间接管理"。最后，监督机制应当与领导责任制和责任追究制结合起来。

4. 借助法律顾问制度平台，构建学校法律风险控制的外部支持体系

学校法律风险控制需要外界支持，法律顾问制度平台的搭建可以作为一个载体。外部支持的体系来源，可以分为法律支持、理论研究支持、经费支持、法律风险预防支持等诸多方面。在法律支持上，可以利用《中华人民共和国未成年人保护法》《中华人民共和国教育法》等法律文本及地方相关法律、法规、实施条例，为制度构建寻求合法性；理论研究支持方面，法律顾问制度在政府、企业、高校已有比较成熟的理论研究，特别是企业的法律顾问制度更为完善，针对中小学法律顾问制度研究的不足，中小学可以借鉴企业法律顾问制度的研究方法与研究成果，进而构建适合中小学法律顾问制度的理论；在经费上，政府要为学校法律顾问制度的建立提供资金支持，在坚持以政府投入为主的前提下，鼓励社会各界对教育事业的经费支持；法律预防支持是基于法律纠纷不可避免的前提设立的，如类似校方责任险、学生平安险等学生意外伤害事故的社会保险机制。

（本文第一作者曾就读于西南大学教育学部，现为贵州师范大学教育科学学院教师）

制定校规应遵守哪些“规矩”

李肖霞　解立军

制定校规是法律赋予学校进行自主管理的权利之一，《中华人民共和国教育法》第 28 条对此做了规定，即学校有“按照章程自主管理”“对受教育者进行学籍管理，实施奖励或者处分”的权利。但这并不意味着学校可以随意制定校规，校规的制定应坚持以下几项基本原则。

一、合法性

校规的合法性涉及的是校规和法律的关系问题。虽然学校有权自主制定校规，但是校规的制定和执行，必须符合法律、法规和规章的规定，不得侵害学生的合法权益。那么，在制定校规时，究竟哪些领域学校可以自行规定，哪些领域不可以呢？学校管理关系分为基础关系与管理关系。一般而言，在涉及基础关系的领域(包括改变学生的身份、影响学生的基本权益)，校规只能在现有法律规定下进行细化，不得超越法律界限自行创设新的规范，否则就是越权。而其他不涉及学生基本权益的领域，如对学生服装的规定、评优奖励制度、教学活动的安排、成绩考查、宿舍管理等，都属于管理关系的领域，可以由学校自行合理决定。

在现实中，校规的违法性主要表现在以下几个方面。

1. 纪律处分的范围违法

15 岁的初三学生宋某因在课堂上吸烟被学校开除。学校负责人表示，在课堂上吸烟严重违反校规。开除学生涉及学生身份的丧失，会影响学生的受教育权，校规不能超越法律界限自行创设新的规范。根据《中华人民共和国未成年人保护法》(以下简称《未成年人保护法》)第 18 条、《中华人民共和国义务教育法》(以下简称《义务教育法》)第 27 条、《中华人民共和国预防未成年人犯罪法》第 44 条以及国家有关劳动教养等规定，只有符合法律和国家规定，即达到被判处监禁刑事处罚、收容教养或者劳动教养的条件，学校才可以开除未成年学生；对仅违反学校管理制度的未成年学生，学校不得开除。在此案例中，未成年人宋某尚在校接受义务教育，仅是违反了不得吸烟的校规，不符合刑事处罚、劳动教养或者收容教养的条件，不应受到开除处分。校规中将开除用于惩罚学生在课堂上吸烟的违纪行为是违法的。

2. 纪律处分的类型违法

某中学的校规规定："对行为恶劣的学生，学校将召开全体师生大会，责令其公开检查并给予相应记过、记大过直至开除处分。"该校规中关于"召开全体师生大会，责令其公开检查"的处分类型，违反了《未成年人保护法》规定的"保护未成年人的人格尊严"和"适应未成年人身心发展的特点"的基本原则，不利于学生改正错误。学校对违纪未成年学生进行管教时，不应当众"揭丑"，要尊重学生的人格尊严，尽量缩小影响范围。

3. 处理问题的手段违法

某中学的《学生违纪处分条例》规定："在校学生一律不许谈恋爱，教师对涉及恋爱的信件有查阅的权利。""在校发生盗窃事件，学生有检举报告的权利，有自我检查、相互检查的义务。必要时，学校在征得学生同意的前提下可以组织搜查。"该校规中关于处理学生涉及恋爱的信件和失盗事件的手段是违法的。(1)未成年学生的信件属于个人隐私，应受法律保护。校规中关于"教师对涉及恋爱的信件有查阅的权利"的规定，违反了我国《未成年人保护法》第39条关于教师无权拆看未成年学生信件的规定。(2)学生的箱包、口袋等均属于私人领域，任何人非经法定程序不得搜查。我国宪法和法律没有赋予学校和教师对学生进行搜查的权利。学生如有违法犯罪行为，学校应将其移送公安机关依法侦查处理，而不能自行进行搜查。学校、教师利用和指使学生相互搜查是非法的，对学生自发的搜查行为也要进行制止和教育。即使在"征得学生同意的前提下"，学校也不可组织任何形式的搜查。

二、 合理性

校规不仅要合法，还应受合理性原则的制约。所谓合理性原则，是指校规中关于学生行为的限制、纪律处分的范围和类型的设定等，应体现公正合理的法理精神，不得违背常理。学校在制定校规时，在不违反法律、法规和规章的前提下，享有自由判断并做出决定的自由裁量权，可以根据自己对这些问题的理解和判断作出规定，一般不涉及违法问题，但要注意合理性问题。

1. 对学生行为的限制要合理

判断校规对学生的行为进行限制是否合理的一个重要标准就是要看学生的行为是否对教育环境构成实质性的影响。某中学制定的中学生形象标准中明确要求，“女生一律要求短发”。对女生是否必须剪短发，我国法律法规以及《中小学生守则》均未规定，而且女生是否剪短发并不影响正常的教育教学秩序和他人的合法利益。也就是说，女生是否剪短发对教育环境不构成实质性影响，因此学校关于女生必须剪短发的要求是不合理的。

2. 纪律处分的范围要合理

对行为规范中的要求，学生可能做不到或者不能完全做到，其结果是影响学校对该学生行为的评价，不一定都要受到纪律处分。不少校规将本不该属于纪律处分的事项纳入纪律处分的范围，最终导致纪律处分的范围过宽、过严。例如：某中学校规规定：“一经发现学生谈恋爱或男女生交往不正常，经多次批评教育仍不改正的，给予警告直至记过处分，同时罚环境污染赔偿费 100 元至 200 元。”一般情况下，纪律处分适用于学生严重影响正常的教育教学秩序的行为。对于轻微的违纪行为和不适时的行为如早恋等，应当进行教育，不宜在校规中明确纪律处分，而且学校也没有罚款的权利。

3. 纪律处分类型的设定要合理

纪律处分类型的设定要与学生所犯的过错、年龄、心理状态等相适应。某高中校规规定，上课迟到 3 次者给予留校察看处分。虽然现行法律、法规和规章对如何处分上课迟到者没有规定，学校可以自行制定规范。但是，仅仅因为学生上课迟到 3 次，学校就给予学生留校察看处分是不合理的，与学生的过错不相适应。

4. 纪律处分不能株连

某高中规定，开家长会时，如果家长的车辆停放不符合学校的要求，则要扣其孩子在校的德育分。有错就有罚，这是体现正义的基本原则。但因为家长的行为而处分无辜的学生，则显然缺乏合理性。

三、 民主性

某中学校规规定，吃饭时间住校生不得外出。可学生嫌学校食堂的饭又贵又不好吃，便不惜违反这一规定爬墙外出。一名被教师抓住的孩子承受不了学校的严厉批评，自杀身亡。如果学校在制定“吃饭时间住校生不得外出”这一校规时，让住校生也参加，听听他们的意见，了解他们到校外买饭的原因并及时解决这一问题，那么即使没有这一规定，学生也不会舍近求远到校外去买饭。

这起事故的教训是惨痛的。它提醒我们，必须改变由教育管理者单方制定校规的传统做法。校规由教育管理者单方制定，往往会使校规成为少数人经验的产物，甚至以某个人的意志为主导，不可避免地存在狭隘与偏颇。如果学生对校规缺乏认同，存在抵触情绪，那么管理的成本就会很高，管理的效率也会非常低。因此，学校在制定校规时，特别是涉及与学生利益密切相关的事项时，应当注意听取教师、学生、家长的意见，某些问题可以采取类似听证的做法，以增强校规的民主性，增强学生对校规的认同感。

四、 教育性

校规是维持正常教育教学秩序的必要手段，但是其本质不在于限制与管理，而在于教育和发展，即通过这种纪律手段来指导学生的学习生活及行为，使之具备一个社会人应具备的道德品质，从而成功走向社会。然而，现实中许多学校却忽视了校规本身的教育性。最典型的就是形形色色的关于“罚”的校规，“上课走神罚站 1 小时，不按时完成作业罚抄 5 遍”，“当众挖鼻孔罚款 1 元，打喷嚏、咳嗽不掩口鼻罚款 2 元”，“吃零食者罚款 5 元，乱吐痰、乱扔垃圾者罚款 5 元”。这些校规的实质是“以罚代教”，学校和教师放弃了其应尽的教育职责。

任何校规都要以教育目的为依据，应是实现教育任务所必需的，不应只为了学校或教师管理的方便。因此制定校规要坚持以人为本，防止“简单管理”的倾向。某中学为了应对学生早恋问题而制定了《男女同学交往若干规定》，其中要求，“男女同学商讨学习、工作、生活中的问题，须在教室、走廊等灯光明亮的地方。当教室、走廊等地方无其他人在场时，不能进行一对一的交谈……”该校规用缺乏人性化的强制手段代替对学生早恋应采取的疏导和教育措施，将复杂的早恋现象简单化，导致校规失去应有的教育性。正如爱因斯坦在《论教育》中所说：“我认为一个学校最糟糕的就是靠威吓、强力和虚妄的权威来实施教育。这样对待学生会摧残他们健全的情感，伤害他们真挚的心灵，剥夺他们应有的自信。”

五、 精确性

1. 校规用语应精确

校规用语应明确具体，具有可操作性，不应模糊不清或者过于宽泛。校规用语的表达和覆盖度应适合不同年级、不同年龄阶段学生的心理发展和行为水平，使学生了解何种行为是合理的、何种行为是被禁止的；表达时应使用语义明确的法律用语，避免使用容易引起争议的如“道德败坏、行为恶劣”等道德评价用语；其用语应有较一致的解释，不应存在任何理解上的歧义或者困难。“规范的精确性应是这一领域涉及我们宝贵自由的基石”，任何过于宽泛或者模糊的校规都是无效的。某校《学生考场规则》规定，“夹带者，包括写在手上等作弊行为者一律进行退学处理”。在一次考试中，该校某学生随身携带与考试有关的纸条，中途去厕所时，纸条掉出，被监考教师发现。监考教师虽未发现该生有偷看纸条的行为，但学校还是按照《学生考场规则》对该生进行了退学处理。判断学校的退学处理决定是否正确，关键是看该生在考试中随身携带纸条是否属于作弊行为。一般来说，作弊应以行为而论，有作弊动机而未行动与已采取作弊行为两者性质不同，在处理上应该有所区别。在上述案例中，虽然学生携带了与考试有关的纸条，但是学校没有证据证明其偷看过纸条，其行为尚未构成考试作弊，不应以作弊论处。上述《学生考场规则》中使用“夹带”一词来界定作弊行为是不准确的，学校据此做出的退学处理决定是违法的，因而其决定被法院撤销。

2. 纪律处分的类型应精确

校规应根据学生的年龄、行为的性质、手段和情节设定相应的纪律处分类型，不能太笼统。某中学校规规定：“不准男女生合骑一辆车，不准在操场、图书馆、教学楼阳台等处聊天、散步、打闹、牵手等，更不准早恋现象发生。如有违反，视情节轻重，学校将给予严肃处理，直至开除学籍。”且不说上述这些行为该不该给予纪律处分，即使应该处分，如此规定也太笼统。学生的年龄、行为的性质、手段和情节的不同，决定了适用的纪律处分的类型也不相同。上述校规没有具体规定在什么情形下适用何种类型的纪律处分，只是笼统地规定“严肃处理，直至开除学籍”，这样必然会导致实践中学校处分行为的随意性、不确定性和不可预见性。

此外，对于法律处罚范围的行为，在校规中除应规定相应的纪律处分外，还要提醒学生可能遭受的法律处罚。某学校《学生严重违纪处理办法(试行)》

规定，“手持棍棒、刀具及其他能致人伤残的凶器打架斗殴即为性质严重”，“发现有一次严重违纪行为给予留校察看处分，并补交学费200元以上”，“在群殴和械斗中造成严重伤害，违纪学生除按规定接受以上处罚外，还要负担受害者的全部医疗费用和补偿”。如果是一般的学生打架斗殴、扰乱课堂、品行不端等违纪行为，那么学校是可以给予纪律处分的。但是，如果涉及故意伤害、纵火等严重危害学校秩序的违法犯罪行为，那么学校有义务将学生移交司法机关处理，而不能用纪律处分来代替法律处罚。上述校规仅规定了对某些行为的纪律处分，而没有明确告知学生某些行为可能涉及违法犯罪，要承担法律责任。这样难免会让学生误认为如果自己手持棍棒、刀具等凶器打架斗殴，只要交了钱，受点纪律处分就没事了。

六、 平等性

制定校规应遵守平等原则，禁止歧视性对待。根据《义务教育法》《未成年人保护法》等规定的平等保护的原则，在制定校规时必须本着公平、正义精神，不偏不倚，平等地对待每个学生，对相同情况规定相同的处理规则，而不可厚此薄彼。有的学校请专家来校做报告，规定学习不好的学生不能参加。这种规定是一种歧视性规定，是违法的。

（本文第一作者系中共高密市委党校教师）

校规如何与法律接轨

雷思明

校规，即学校的各种规章制度，是指学校为了维护正常的教育教学管理秩序，针对受教育者制定的各种行为准则及道德规范要求。由于认识到校规的重要作用，因此一些学校管理者出于从严治校的目的，在校规中规定了严格的行为、道德标准和严厉的惩罚措施，结果引发了很多争议。比如，广东广州市某学校规定男生一律留小平头，女生一律留齐耳短发，个别学生因发型不符合要求而被禁止进入校园，此事经媒体报道后曾引起社会的广泛关注。又如，上海市某中学根据学校的规定，在全校班会课上公开播放两名本校学生在教室接吻的镜头(该镜头为安装在教室的摄像机在学生不知情的情况下拍摄的)，结果招致学生不满，社会舆论亦一片哗然。学校的做法为什么会受到学生、家长乃至社会的质疑呢？因为学校校规的内容存在问题。在一个法治社会，校规的内容有一个不能突破的底线——法律，校规的内容不能与现行的法律相违背，不能侵犯学生的合法权益，它需要与法律接轨，体现法治精神。

一、 校规内容违法性的主要表现

从结构上看，校规的内容一般可分为两部分：行为模式和后果模式。行为模式部分规定学生应当怎么做、禁止学生怎么做；后果模式部分则规定学生做出符合行为模式中规定的行为时可以获得的奖励，以及做出违反行为模式中规定的行为时可能遭受的惩罚。校规中违法的内容往往出现在后果模式当中。学生作为一个普通公民，享有《中华人民共和国宪法》(以下简称《宪法》)等法律赋予的普通公民所拥有的一切合法权益；学生作为受教育者，享有《中华人民共和国教育法》(以下简称《教育法》)、《中华人民共和国义务教育法》(以下简称《义务教育法》)等法律赋予的受教育者的权利；未成年学生作为一个特殊群体，还受《中华人民共和国未成年人保护法》(以下简称《未成年人保护法》)等专门法律的保护。实践中，校规内容的违法性主要表现在以下几个方面。

1. 侵犯学生的受教育权

某校校规规定："学生无故旷课累计达到10节的，责令家长将其领回家接受教育2日；无故旷课累计达到20节的，直接予以勒令退学并开除学籍处分。"

受教育权是公民的一项基本权利，《宪法》《教育法》《义务教育法》《未成年人保护法》都对公民的受教育权进行了确认和保障。基本权利是公民生存和发展的基础，任何个人、组织不得予以非法剥夺或者限制。作为内部规章制度的校规不能剥夺学生特别是义务教育阶段学生的受教育权，不得随意开除学生，亦不得随意停学生的课，长时间的停课事实上剥夺了学生接受教育的机会，亦构成了对学生受教育权的侵犯。

2. 侵犯学生的生命健康权

某校校规规定："学生故意捣乱、扰乱课堂秩序的，罚站1小时……不按时完成作业的，罚抄课文10遍。"

生命健康权是指公民享有生命安全、身体健康、不受他人非法侵犯的权利。《中华人民共和国民法通则》(以下简称《民法通则》)第98条规定："公民享有生命健康权。"针对未成年人弱势的特性，《义务教育法》《未成年人保护法》《中华人民共和国教师法》(以下简称《教师法》)均有禁止体罚或者变相体罚学生的专门规定。

3. 侵犯学生的财产权

某校校规规定："学生携带违禁、危险物品进入校园的，学校将予以当场没收。践踏草坪、损坏花木者，处以10元至50元罚款；在学校建筑的墙壁和桌椅等设施上乱写乱画者，处以10元罚款。"

按照《宪法》《中华人民共和国物权法》及其他相关法律的规定，公民的合法私有财产受法律保护，任何组织、个人不得予以非法侵犯。在涉及个人财产权问题上，任何人均负有不得非法侵占、毁坏、处分他人合法财产的义务。对于学生违反规定而携带的物品，学校无权予以没收，但可暂时代为保管，下课后再还给学生或直接交给其监护人；对于如枪支弹药、毒品、淫秽书刊等违法违禁物品，学校应及时交给有关部门处理。

罚款是一种行政处罚措施，它是对违反行政法规的责任人所进行的一种经济上的处罚。按照我国法律的规定，罚款这样的行政处罚只能由法律法规做出规定，并由特定的行政机关、法律法规授权的组织或行政机关委托的组织依照法律规定的程序来实施，其他任何组织、个人都不能实施。显然，学校并没有罚款的权力。对于学生损坏公物的行为，学校最多只能责令其照价赔偿。

4. 侵犯学生的名誉权

某校校规规定："对行为恶劣的学生，学校将召开全体师生大会责令其公开检讨，并根据其对所犯错误的认识程度，给予相应的记过、记大过、留校察看处分。"

名誉权是指公民和法人对其应有的社会评价所享有的不受他人侵害的权利，包括名誉保有权和名誉维护权。侵犯他人的名誉权，会造成他人的社会评价降低，从而给受害者造成一定的社会压力，使其陷于痛苦之中。《民法通则》第 101 条规定："公民、法人享有名誉权，公民的人格尊严受法律保护，禁止用侮辱、诽谤等方式损害公民、法人的名誉。"学校对犯错误的学生召开批判大会，令其公开检讨，会给其名誉造成损害，对其身心健康产生不利影响，因而涉嫌侵犯学生的名誉权。对于犯有严重错误的学生，学校可以对其进行惩戒，给予某种处分，但不宜采取公开处理等可能贬损其名誉的做法。

除此之外，校规内容的违法性还包括：规定学校可搜查学生的物品，可对学生进行搜身检查、关禁闭等处罚，从而涉嫌侵犯学生的人身自由权；规定学校出于某种教育目的可查看、截留学生的私人信件，从而涉嫌侵犯学生的通信秘密、通信自由权；规定学校可公布学生的学习成绩及排名，从而涉嫌侵犯学生的隐私权，还有涉嫌侵犯学生的肖像权、申诉权、平等权等权利的规定。

二、 校规内容违法性的成因分析

校规的内容之所以频频触犯法律的雷区，其原因主要有以下两个方面。

1. 部分校规制定者的法律意识不够强，法律知识较为欠缺

在我国现行的法律、法规、部门规章中，涉及学生行为管理的规定特别少，仅有的一些涉及受教育者义务的内容又比较笼统，多是一些原则性的规定。教育部颁发的《中小学生守则》虽然对学生的行为要求做出了规定，但其内容仍然不够细致、全面，难以涵盖学生在校学习、生活的方方面面。而且，这些守则、规范的内容都是倡导性的，缺乏惩戒性的条款规定，其执行力没有保障。

为了有效地规范学生的行为，学校需要制定内容更加全面、具体、明确的校规，并在校规中规定相应的处罚措施。然而，大多数校规制定者并非法律专业人士出身，囿于自身法律专业知识的欠缺，很容易在其制定的处罚条款中出现超越法律规定的内容。

2. 部分学校管理者在教育观念上出现偏差

部分学校管理者过于迷信教育惩罚的功能，造成惩罚泛化、惩罚严厉化的倾向。学生的轻微违纪行为，如不按时完成作业、乱扔纸屑、上课“开小差”等，完全可以通过正面引导、批评教育等方式加以解决。过于严厉性的惩罚规定，很可能造成校规“用刑重典化”，最终导致校规的内容突破法律的界限。

三、 校规如何与法律接轨

1. 在制定校规之前，先要了解与学生相关的法律法规

与学生相关的法律法规主要包括《宪法》《民法通则》《中华人民共和国刑法》《教育法》《义务教育法》《教师法》《未成年人保护法》《预防未成年人犯罪法》等。对于法律法规中已有的内容，校规可以将其适当细化；对于法律法规中没有明确规定的内容，校规必须依据法律的基本精神、站在保护学生的立场制定校规。在校规的行为模式部分可以对学生提出各种要求，但不要强求在后果模式部分一定要有对应的奖励或惩罚措施。对于学生轻微的违纪行为，以及某些处罚轻重程度不好把握的行为，不能规定具体的惩罚措施，可在事发后认真研究、灵活处理。

2. 校规的制定过程要民主

让学生及其家长、教职工乃至其他社会人士参与对校规内容的讨论，多方征求意见，使校规的内容尽量科学、适度、可行，减少校规在施行过程中可能遭遇的抗拒心理。

3. 请法律专业人士审查校规

此点重要性无须多谈。

4. 加强校规的宣传工作

校规制定出来后应当及时公布，让学生充分了解校规的内容，以便学生对自己的行为后果有一个明确的预期，减少行为的盲目性、冲动性。

5. 校规的执行要注意程序的正当性、合法性

(1)在做出处罚之前，一定要充分掌握学生违纪的相关证据，主观臆测、道听途说的信息不能作为处罚学生的依据，没有确凿的证据不要实施处罚。

(2)已准备对学生进行处罚时(处罚决定尚未正式下达前)，要给予学生陈述事实、自我申辩的机会。

(3)做出处罚决定后，应直接通知学生本人，尽量不要将处罚结果公开，以避免造成侵犯学生名誉权的后果。

6. 校规的内容要注意更新、调整

学校应定期对校规进行重新审查，及时清理校规中不合时宜的内容，确保校规的合法性。

(本文作者系北京市冠衡律师事务所律师，第八届北京市律师协会教育法律专业委员会副主任)

学校教育惩戒的制度构建

王鹏炜

近年来，校园暴力行为越来越让人们感到触目惊心。这些暴力行为多为琐碎小事引发，多集中发生于中学生中。由于情节不够严重、涉事学生属于未成年人等原因，有关部门在实际处理中往往难以对加害者形成有效的处罚和震慑，故而经常引发人们关于处理是否过轻的争议。在儿童的成长过程中，惩戒有利于儿童通过切身体验加强道德认知，形成特定的态度和行为习惯，成为社会所认可和接受的人。

笔者认为，在学校建立教育惩戒制度，实施明确的纪律处罚和相应的惩戒措施，是解决校园暴力一个可行的途径。惩戒权是教师作为执行教育公务的工作人员，为了完成教育教学任务而具有的职业性权力。教师的惩戒权力实际上是国家教育权的延伸，是国家对教师的授权。当前，不少人反对教师拥有惩戒权，认为这可能导致教师对学生实施体罚。因此，要落实教师惩戒权，关键在于建立明晰的教育惩戒制度，详细规定教育惩戒的形式、实施程序、权利救济等各个方面，从而保障惩戒的合理、合法使用。

一、 建立明确的惩戒适用原则和情形清单

惩戒权必须遵循“法无明文规定即禁止”的行政执行原则，因此建立学校教育惩戒制度，首先必须将对他人和学校的公私利益造成危害或潜在危害的行为列成清单，这既可以让学生清晰地了解哪种行为不可为，也可以使教师在行使惩戒权时有确定的法律依据，同时也提醒受到危害或潜在危害的学生知道要防范哪些行为。

那么，到底哪些行为要列入惩戒清单呢?

美国联邦最高法院在英格勒厄姆诉怀特案中指出：“教师可以施加合理(reasonable)但不过度(excessive)的暴力来惩戒儿童……这一基本教义现在还

没有改变。”该院其后又进一步解释了“合理”和“过度”两个词，认为最重要的是要考虑以下五点：(1)侵犯的严重性；(2)儿童的态度和过去的行为；(3)惩罚的本质及严厉程度；(4)儿童的年龄与身体状况；(5)以较低的严厉程度达到相同效果的惩戒方法的可能性。

也有学者提出，认定教师惩戒权的行使是否合理，一般需考虑以下原则：教师惩戒权的行使主体必须符合法定条件，其惩戒行为必须与其身份相符；教师惩戒行为是针对学生的特定越轨行为做出的，其严厉程度与学生越轨程度一致；教师完全出于教育目的而无任何借机打击或报复学生的故意；教师惩戒权的行使未损害学生的合法权益，或与损害事实间无直接因果关系。这些建议对于我国教育惩戒制度的建设，都有较高的借鉴意义。

在具体适用情形上，国外一般将校园欺凌行为分为言语的、身体的、心理的和网络的四种，其中言语和身体上的攻击属于直接欺凌行为，而心理和网络欺凌则要隐蔽得多，因而难以被发现。(1)身体上的欺凌行为，具体表现有用拳猛击、挤推、踢、戏弄、不合适的触摸、搔痒、将对手的头紧挟于腋下(摔跤)、掐拧、恶作剧、打架、以顺手物体作为武器、威胁、拉扯头发等。(2)言语欺凌，则表现为骂人或亵渎，使用贬低性术语或取笑别人名字，对他人的相貌或服饰或身体等进行负面评价、烦扰、骚扰、嘲弄、取笑、贬低等。(3)心理性欺凌的主要表现有社会隔绝、故意排除、传播笑料、诽谤抹黑、背后做鬼脸或猥亵的手势等。(4)网络欺凌的主要途径有电子邮件、博客、即时信息、短信或网页等。虽然这些表现形式未必完全包含所有的校园欺凌行为，但将这些情形都纳入惩戒的适用情形之中，一定会对防止校园欺凌起到积极作用。

二、 明确规定学生的错误行为及相应的惩戒方式

教育惩戒制度应该针对不同的适用情形，结合相应的判断原则，做出相应的惩戒处理措施，既不使惩戒轻描淡写，也不使惩戒成为体罚，这样才能真正使惩戒落到实处。

韩国《面向 21 世纪教育法》就规定了学校的校长在必要时可以按照法令或学规规定来惩戒学生。澳大利亚有一些公立学校设立了警戒室，学生如果违反了校规校纪，就会被请到警戒室，由专门的教师依照不同情况采取不同方式进行惩戒，或者赔礼道歉，或写检查，最严重的是开除。如果上述惩戒都不起作用，学生就会被送到特殊学校。

中国台湾地区教育行政部门 1997 年颁布的《学校教师辅导与管教学生办

法》提出，教师管教学生应依学生人格特质、身心健康、家庭因素、行为动机与平时表现等，采取以下措施：(1)劝导改过、口头纠正；(2)取消课程表以外之活动；(3)留置学生于课后辅导或矫正其行为；(4)调整座位；(5)适当增加额外作业或工作；(6)责令道歉或写悔过书；(7)扣减学生操行成绩；(8)责令赔偿所损害之公物或他人物品等；(9)其他适当措施。

这些在教师惩戒权的行使范围、方式及程序等方面的立法探索与实践值得我们借鉴。

三、 规范教育惩戒的正当程序

正当程序可以分为实质性正当程序和程序性正当程序。

在惩戒背景下，实质性正当程序指惩戒不可侵害该学生由法律法规所规定享有的、非经法定程序不可被剥夺的权利，如受教育权、财产权、人身自由等。实质性正当程序涉及对学生具体权利的侵犯程度。例如：一个学生经常打架斗殴且屡教不改，是否可以开除其学籍；一个学生经常扰乱课堂秩序，是否可以给予其考核不及格的评价等。对于实质性正当程序，一般认为应遵循处罚与行为错误程度相适应原则，只要不达到“拷问良心(conscience shocking)”的程度，即不属于违反法律。

程序性正当程序则是指在剥夺一个人的实质性权利时所必须遵循的实际程序。对于学生惩戒来说，学校或教师要遵循“必须以适当途径通知学生”“学生必须被给予听证的机会”“听证必须是公平的”三项原则。

四、 建立权利救济制度

权利救济是指在权利人的实体权利遭受侵害的时候，由有关机关或个人在法律所允许的范围内采取一定的补救措施消除侵害，使得权利人获得一定的补偿或者赔偿，以保护权利人的合法权益。虽然有正当程序作为屏障，但在特定的情形下，人总会受特定因素的影响，而做出不符合事实的判断。对学生错误行为的认定和惩戒决定的做出同样如此。因此，为了能够防止错误惩戒决定和行为的出现，我们必须建立权利救济制度以加大决策成本，同时最大限度地保护权利人的合法权益。

具体到教育惩戒制度的建立，首先是要建立学生申诉制度，允许学生在惩戒决定做出以后要求做出决定的机关或其上级机关重新处理。其次是尝试建立诉讼制度，即当学生及其监护人(代理人)认为惩戒侵犯到自己的合法权益时，可以通过法律诉讼的方式来解决。最后是建立责任追究和赔偿制度，即一方面对被严重侵害了合法权益的学生予以适当的赔偿或补偿；另一方面对严重侵害学生合法权益的惩戒决定的做出者予以责任追究，促使其以负责任的、谨慎的态度行使教育惩戒权。

教育惩戒权来自于国家教育权，教师对学生的惩戒只是按照其职责依法行使惩戒权。将惩戒权纳入学校的具体管理制度之中，彰显了权力“不可私自放弃”的法治原则。通过对教育惩戒原则、适用情形、处罚方式以及权利救济等进行明确规定，最大限度地发挥惩戒的教育作用，是防范校园欺凌、建立法治校园的重要途径。

（本文作者系陕西师范大学教育学院副教授）

校园欺凌中之学校和教师的法律责任及其规避策略

解立军

近年来，中小学校园欺凌事件日渐增多，引发社会广泛关注。2015 年，中国青少年研究中心针对 10 个省市的 5864 名中小学生的调查显示，有 32.5%的受访者表示在校时会“偶尔被欺负”，另有 6.1%的受访者表示，在校“经常被高年级同学欺负”。在校园欺凌事件中，学校和教师的法律责任有哪些？学校和教师又该如何规避法律责任呢？

一、 校园欺凌中学校和教师的法律责任

根据我国现行法律、法规和规章的规定，在校园欺凌中，学校和教师未尽到教育、管理职责导致学生发生伤害事故，或者欺凌事件发生后，由于处置措施不力造成了更严重的后果，学校和教师需要承担相应的法律责任。

1. 行政责任

校园欺凌事件的发生，有的是因教师擅离职守、未及时发现和制止；有的欺凌事件虽然已经被发现了，却因教师不报告、不采取处置措施或者采取的处置措施不力造成了更严重的后果。对此，相关责任人可能要承担行政责任。国务院《事业单位人事管理条例》第 28 条规定，事业单位工作人员失职、渎职的，给予处分。人力资源和社会保障部《事业单位工作人员处分暂行规定》第 17 条规定，发生重大事件，擅离职守或者不按规定报告、不采取处置措施或者处置不力的，给予警告或者记过处分；情节较重的，给予降低岗位等级或者撤职处分；情节严重的，给予开除处分。据此，作为事业单位的公办学校的教师，如果因失职造成欺凌事件发生，那么根据情节轻重，会受到警告、记过、降低岗位等级、撤职或者开除处分。如果民办学校的教师因失职造成欺凌事件发生，那么根据教育部《中小学教师违反职业道德行为处理办法》的规定，视情节轻重，给予警告、记过、降低专业技术职务等级、撤销专业技术职务等级或者解

除聘用合同的处分。

2. 民事责任

如果受欺凌者遭受损害，而欺凌事件又在学校可以合理预知并提供有效处置措施的范围之内，则学校对此存在过错，是要承担相应的民事赔偿责任的。赔偿项目一般包括为康复治疗所支付的医疗费、护理费、交通费等费用以及精神损害赔偿金等。

3. 刑事责任

《中华人民共和国刑法》(以下简称《刑法》)第 168 条规定，国有事业单位的工作人员严重不负责任，致使国家利益遭受重大损失的，构成国有事业单位工作人员失职罪。公办学校的教师，如果在学生欺凌事件中不履行、不正确履行或者放弃履行自己的职责，造成受欺凌者死亡或者造成恶劣社会影响等，那么将会以国有事业单位工作人员失职罪被追究刑事责任。

《刑法》第 397 条规定，国家机关工作人员玩忽职守，致使公共财产、国家和人民利益遭受重大损失的，构成玩忽职守罪。如果学校教师是受国家机关委托，代表国家机关行使教育管理职权，其在学生欺凌事件中不履行、不正确履行或者放弃履行自己的职责，造成受欺凌者死亡或者造成恶劣社会影响等，那么将会以玩忽职守罪被追究刑事责任。

二、 学校和教师如何规避校园欺凌中的法律责任

如上所述，如果学校和教师不积极应对校园欺凌事件，是要承担法律责任的。学校和教师要想规避责任，就必须认真履行法定职责。根据国务院教育督导委员会办公室《关于开展校园欺凌专项治理的通知》，结合我国当前教育的实际情况，学校和教师主要应做好以下几方面的工作。

1. 加强教育，引导师生正确认识和应对校园欺凌

(1)开展生命教育、安全教育、法制教育。学校可以通过讲座、参观等形式，开展生命教育、安全教育、法制教育，让学生认识到欺凌行为对他人和自身的危害性，引导学生树立正确的生命观、是非观，让学生知法、守法。此外，学校还应教给受欺凌者一些基本的应对策略，例如：远离校园内那些无人监管的地方，课后应该多和朋友一起走，受欺凌后在第一时间告诉教师或父母。

21 世纪教育研究院发布的《中国教育发展报告(2016)》显示，受欺凌者在曝光视频或文字描述中表示，受到欺凌后多选择沉默和忍受，不告诉教师，也

不求助于家长，这种沉默不仅会助长欺凌者的欺凌行为，还会让其自身无法及时获得必要的帮助。但是，让受欺凌的学生“说出来”，对于学生而言需要进行复杂的风险评估，因此学校只要求学生报告欺凌事件是不够的。积极的师生关系、亲子关系会降低学生对“说出来”的风险评估值。教师、家长与学生一起探讨应对欺凌的策略，有助于学生树立反欺凌的信心。

(2)发挥旁观者的积极作用。2016 年 1 月 12 日，两段长约 4 分钟的女学生殴打同学的视频在网上疯传。视频中，某技校一年级两名女生对一名跪在地上的女生不停地谩骂殴打。在这起欺凌事件中，多名围观学生非但不制止，还用手机拍摄打人全过程并上传至网络。

上述事件并不是个案。宋雁慧等人对 5 个省份 25 所中学的 2434 名学生的问卷调查显示，81.4%的学生曾经做过校园暴力的旁观者，而且 34.7%的学生多次旁观过校园暴力。旁观者的存在对校园暴力行为来说并非一堵无意义的背景墙。相关调查发现：旁观者的态度类型与班级欺负行为发生频率之间有着强相关，持协同欺负态度的旁观者越多，班级的欺负行为就越多；持反对欺负态度的旁观者越多，班级中的欺负行为就越少。因此，学校和社会需要一起努力，转变这些旁观者的角色定位，共同构筑促进旁观者形成积极行为的社会规则、态度以及社会期待等，以促进同辈群体干预的有效实施，从而减少校园暴力。

(3)提高教师预防和处理校园欺凌的能力。学校要组织教师集中学习对校园欺凌事件预防和处理的相关政策、措施与方法等。教师要学会识别校园欺凌。下面这些变化表明学生可能受到了欺凌。①身体的伤痕。如果孩子身体无故出现瘀伤、抓伤等各种伤痕，夏天经常穿着长袖衣服，那么他很可能受到了伤害。②生活规律和习惯的改变。如学生食欲下降、注意力恍惚、睡眠质量变差、学习成绩波动、如厕习惯改变(厕所是校园欺凌的高发地，因此很多孩子避免在学校上厕所)等。③不爱上学或要求转学。由于体验到生理、心理上的痛苦，受到欺凌的孩子会变得恐惧和厌恶学校，突然不爱上学。④情绪和行为的变化。学生突然变得沉默，不和外界交流，年龄小的孩子可能出现如尿床、依恋父母等行为。

2. 完善制度，明确预防校园欺凌的措施和处理校园欺凌的标准

学校要制定完善校园欺凌的预防和处理制度、措施。

其一，以明文形式详细列举校园欺凌的常见表现形式，以便教师和学生认识欺凌行为，并将其与学生间正常的嬉闹相区别。

其二，制定日常管理制度，规定具有可操作性的预防欺凌措施，如加强校园内操场、厕所等校园欺凌高发场所的管理(增加教师监管、保证照明等)，使得学校能够及时发现欺凌行为。采取一些增进学生间友谊的措施，扩大受欺凌者的朋友群体，以减少欺凌事件发生的概率。

其三，规定相关岗位教职工预防和处理校园欺凌的职责以及不履行该职责的处分措施。此外，教师如果不深入学生群体中与学生交流，很难发现欺凌问题。基于此，学校可采取措施，让教师在非正规的、轻松的环境中更加全面地了解学生。

其四，规定对欺凌者进行处分的明确标准。

其五，规定旁观学生的义务和不履行义务的处分措施。如通过校规规定，如果学生发现欺凌行为不及时向学校和教师报告将受到纪律处分。这方面可以借鉴国外的一些做法。如美国宾夕法尼亚州某学校三年级学生 A 在朋友 B 家玩飞镖，B 突然告诉 A 想用飞镖刺伤学校的另一位同学，而 A 没有向校方或父母提及这件事情。伤害事件发生后，A 被处以持续三天每天放学后留校 15 分钟的处罚，而且将此情况记入其终生档案。A 的父母不服，向法院提起诉讼，要求撤销对 A 的一切处分。法院最终认定学校的处分是正确的，A 应试图阻止伤害他人事件的发生。

其六，建立校园欺凌事件应急处置预案，并让相关人员熟悉处理流程，以便有条不紊地应对事态严重的欺凌事件。要特别注意研究制定网络欺凌应急处置预案。与传统欺凌相比，网络欺凌有传播速度快、影响范围广、隐蔽性强和监管难度大等特点，给受害学生带来的伤害更大，甚至会让他们走上自杀之路。为此，学校必须制定有效的应对网络欺凌的应急预案，包括实施防止网络欺凌授课计划，制定手机使用规则，快速清除网络欺凌内容等。可建立专业的学校监护网站，并与网站运营商建立协作机制，以提高删除网络欺凌内容的效率，追究欺凌者的刑事以及民事责任等。

3. 提前预防，加强校园欺凌治理的人防、物防、技防建设

(1)配备专人负责处理欺凌行为。在实际工作中，一些教师察觉并相信欺凌行为已经发生，但并没有足够的信心采取措施制止它。这就需要配备专门的教师负责处理欺凌行为，关注各种欺凌行为之间的差异，增进他们识别欺凌行为的技能。

(2)建立心理辅导室。无论是受欺凌者还是欺凌者，其实都存在心理失衡问题，都需要利用心理辅导室帮助他们疏导与解决学习、生活中出现的心理问题。长期受他人欺凌的孩子，其内心既自卑又恐惧。这就需要对其进行心理训练，帮助其树立自信心，提高社交能力，克服害羞心理，战胜胆怯和恐惧，勇敢地对不合理的要求说“不”。而学生的侥幸心理、报复心理、求新心理等则是促成欺凌者侵犯他人的主要心理要素。因此，对欺凌者予以心理辅导也是缓解问题的有效手段。

(3)组建校园欺凌援助机构。政府和学校应组建由精神疾病专家、心理专家、律师等组成的应对校园欺凌的援助机构，增强校园欺凌援助的针对性，及时给那些受欺凌者提供心理和法律援助。服务的途径可以是电话、专题网站或谈心室。

(4)为举报校园欺凌提供便利条件。受欺凌的学生不敢举报往往是因为害怕报复，而旁观者由于害怕成为新的攻击对象通常也会保持沉默。匿名提供线索有助于学生将亲眼所见、亲耳所闻的欺凌事件毫无顾忌地检举出来。为此，学校应当公布学生申请救助或校园欺凌治理的电话号码，明确负责人，并为举报者保密，还可在校园网站上设置专门链接，方便学生及家长随时报告欺凌事件。

(5)借助现代信息技术手段进行干预。开发、启用校园欺凌监测软件，为预测、发现和干预校园欺凌奠定基础。

4. 及时处理，营造良好的学校教育环境

(1)及时调查和发现校园欺凌事件。很多时候，教师对校园欺凌的举报不以为然，认为是孩子之间的恶作剧，因此不予处理。甚至有的教师告诉受欺凌学生：学校和老师拿他也没办法，你别招惹他了，等到他毕业算了。其实，这些做法是一种失职行为。国外学者佩伯乐(Pepler)的调查研究也显示，尽管有85%的教师声称他们“几乎一直”或“经常”制止欺凌行为的发生，但是却只有35%的学生说当欺凌发生时教师会出现加以制止。

对于身心正在发展、人格尚未健全的学生来说，欺凌给他们带来的压力可能是成年人所无法想象的。因此，学校和教师必须坚持“早发现、早处理”的原则，及时制止，及早化解。这样可使受害者少受凌辱，避免受到二次伤害；使加害者及时受到管教，不至于在违法犯罪的道路上越走越远。

(2)抚慰受害者，严肃处理欺凌者。经调查、确认欺凌事实后，学校要充分考虑学生受欺凌后产生的强烈心理冲突，积极协调受害学生的治疗和赔偿等问题。如果欺凌事件较严重，那么还需要及时为学生寻求专业的心理干预和帮助指导。而对于欺凌者，要依据校规校纪严肃处理。涉嫌违法犯罪的，要及时向公安部门报案并配合其立案查处。学校不能为了所谓声誉，严密封锁消息，“低调”处理，使有欺凌倾向的学生认为他们的行为不会受到惩罚，更加有恃无恐。

（本文作者系山东省高密市教育科学研究院研究员，山东升信律师事务所兼职律师）

让每个学生都安全：校园欺凌相关问题及对策研究

马雷军

校园欺凌是一种严重干扰学生健康成长的常见现象。当前，校园欺凌现象已经引起了全社会的高度关注。我们要让每个学生都平安度过学生时代，就有必要对校园欺凌的相关问题进行系统研究，从而有针对性地提出相关对策建议。

一、 厘清校园欺凌的基本概念

校园欺凌，也有人将其称为校园暴力，其对应的英文为“school bullying”，我国台湾地区译为“校园霸凌”。

1. 校园欺凌的认定

当前理论界对校园欺凌的界定，主要面临着物理场所、涉事主体、损害形式、损害程度、行为频率等几方面的争论。

(1)物理场所：校内＋校外。从物理场所来看，校园欺凌有“校内说”“校内及学校周边说”和“校内外说”三种观点。笔者认为，当前的学校欺凌事件有很多发生在学校外部，一些校园欺凌的实施者因为学校内部管理严格，没有机会对被害人实施侵害，所以就将欺凌其他同学的场所设定在了校外。如果不将这部分欺凌事件包括在内，那么会使大量的校园欺凌事件不能被纳入保护范围。

(2)涉事主体：教师＋学生＋社会人员。根据不同的涉事主体，校园欺凌又可以分为发生在学生之间的欺凌，发生在教师和学生之间的欺凌，以及发生在社会人员与学生之间的欺凌。有人认为，发生在教师和学生之间的欺凌，只包括教师对学生的欺凌，而不含学生对教师的欺凌。实际上，当前也存在着一些学生因不服教师管教而殴打教师的事件，这些事件也应当被纳入校园欺凌的规制范围。另外，对于发生在家庭成员与学生之间的欺凌，将其纳入《中华人民共和国反家庭暴力法》的规制范围就足以对其进行保护，而不必纳入学校欺凌的范围。

(3)损害形式：肉体＋精神。从损害形式来看，校园欺凌有“肉体损害说”和“精神损害说”。笔者认为校园欺凌应是两者的结合，不仅仅是欺凌实施者给受害者实施的肉体的损害，同时也包括欺凌实施者给受害者带来的精神和心理的损害。而且很多受欺凌者在精神上所遭受的痛苦要远远大于肉体遭受的痛苦。

(4)损害程度：严重后果＋轻微损害。有学者认为必须是给受害者带来一定严重后果的才属于校园欺凌，而将一般的欺凌事件排除在校园欺凌之外。笔者认为，校园欺凌不应以严重后果为要件，轻微的损害后果也会给受害者带来一定的痛苦，而且这种轻微损害后果的累加也有可能导致更严重后果的发生。

(5)发生频率：重复发生＋偶发事件。从发生频率来看，很多欧美学者倾向于将“重复发生”的行为纳入校园欺凌。但我们看到，很多的校园欺凌事件往往是双方当事人之间的偶发事件，将重复发生纳入校园欺凌的必要元素，缩小了校园欺凌的范围，不利于对被欺凌者进行保护。

综上，结合国内外对于校园欺凌的概念界定，校园欺凌是指发生在学校内或学校外，施加于学校成员(学生或教师)并导致其身体或精神感到痛苦的行为。

2. 校园欺凌的主要类型

当前，研究者对于校园欺凌还没有统一的判定标准。为了更好地保护学生的身心健康，校园欺凌的判定标准应该涵盖更为广泛的校园欺凌表现形式。根据国内外学者的研究以及我国的实际情况，笔者将校园欺凌分为肢体欺凌、言语欺凌、关系欺凌、性欺凌和网络欺凌五种。这些欺凌形式既有可能单独存在，也有可能被同时实施于同一受害人。

(1)肢体欺凌。肢体欺凌(physical bullying)是校园欺凌中最容易辨别的一种，这种校园欺凌的实施者通常会以殴打、推搡、抢夺他人财物等方式欺凌受害者。这种欺凌，轻则会使受害者肉体感觉疼痛、不适，重则有可能导致受害者伤残，甚至死亡。肢体欺凌也是当前最受社会关注、急需加以防范的校园欺凌类型。

(2)言语欺凌。言语欺凌(verbal bullying)是指欺凌的实施者以语言来刺激或者伤害他人，具体采用恐吓、侮辱、嘲笑等方式。在这种欺凌形式下，欺凌实施者更多的是对被欺凌者的心理进行伤害，使被欺凌者产生恐惧、自卑等负面情绪，我国甚至发生过多起学生因为遭受侮辱或者恐吓而自杀的事件。

(3)关系欺凌。关系欺凌(relational bullying)是指欺凌的实施者孤立受害者，使其人际关系受到影响，不能正常和同学交往、活动。这种校园欺凌也时常伴随着言语欺凌、散布不实言论等情况的发生。关系欺凌经常发生在同班同学、同宿舍同学之间，也有可能由教师发动班级其他学生对个别学生实施关系欺凌。

(4)性欺凌。性欺凌(sexual bullying)是指通过语言、肢体或者其他暴力，对他人实施基于性别指向的骚扰，甚至侵犯，或者对他人的性别特征、性别倾向进行贬损或攻击。这种欺凌既包括身体上的触碰，也包括通过言语上的侵犯对他人性特征进行骚扰。这种校园欺凌对学生的伤害也是非常大的，情节严重的有可能会构成刑事犯罪。

(5)网络欺凌。网络欺凌(cyber bullying)是近些年新出现的一种校园欺凌形式，这种校园欺凌既包括通过电话、短信、微信、邮件等形式，对受害人实施恐吓、侮辱、威胁或者传播谣言，也包括在网络公开或在一定范围内上传可以羞辱受害人的图片或者录像。随着信息网络技术的发展，这种欺凌形式也有愈演愈烈的趋势，需要引起重视。

二、　解析校园欺凌的四大影响因素

1. 个人因素

从校园欺凌的实施者和受害者的角度来看，影响其实施校园欺凌或者遭受校园欺凌侵害的因素主要有四个方面。

(1)年龄因素。随着年龄的增长，未成年学生实施校园暴力的程度和频率都有所增加。例如：最初级的校园暴力行为包括脚踢、殴打、吐唾沫以及骂人等，随着年龄的增长，青少年之间会出现更加好斗的行为，包括以强凌弱、敲诈勒索、打架斗殴等。从近些年的校园欺凌案例来看，诸如持刀伤人一类的恶性校园欺凌事件更多地出现在高中和初中阶段，在小学阶段极其偶发。

(2)吸烟饮酒等不良嗜好。国内外的研究均表明，学生的欺凌行为与吸烟、饮酒等不良嗜好存在直接的相关性。例如：何源等人的研究表明，中学生暴力行为与吸烟、饮酒等行为均有统计学意义的关联，且吸烟与饮酒之间对暴力的影响交互作用效应显著。尹逊强的研究发现，饮酒儿童精神暴力行为和躯体暴力行为的检出率分别为81.0%和71.4%，均高于非饮酒儿童的54.1%和43.3%。这说明对于未成年人实施严格的戒烟戒酒法令是非常必要的。

(3)较差的学业成绩。学生的欺凌行为与其学业成绩直接相关，实施欺凌行为的学生大多学业成绩相对落后。这部分学生因为在学业上存在着自卑心理，往往希望从其他方面获得同学的重视甚至是崇拜。而他们在吸引其他人注意力时，则往往通过采取暴力欺凌的方式获得“老大”的威信。还有一部分学业成绩不佳的学生则是抱着“破罐子破摔”的心理实施校园欺凌，抵制教师和家长的教导。同时，学业不佳的学生也往往是校园欺凌的侵害对象。这部分学生因为学业不佳，不能得到教师的重视，甚至受到教师嘲讽，就很可能遭受同学的歧视和欺凌。

(4)内向孤僻的性格。一般而言，校园欺凌的受害者往往性格内向、孤僻，平时难以融入班集体的活动，也较少有相对固定的关系密切的同学。这部分学生在遭受欺凌后，往往难以获得其他同学的援助，使得其更容易遭受侵害。

2. 家庭因素

国内外的研究均表明，家庭的环境氛围对学校欺凌的影响非常大。首先，父母的经济收入较低、受教育程度不佳的家庭，子女实施校园欺凌的概率明显较大。其次，从家庭关系来看，管教方式简单粗暴、家庭关系淡漠的家庭，尤其是单亲家庭的子女实施校园欺凌的概率也明显大于一般家庭的子女。从我国近几年新闻媒体曝光的校园欺凌事件来看，无论是欺凌的实施者还是欺凌的受害者，他们较多集中在农村留守儿童和城市随迁子女群体。这两部分群体的父母因为工作原因都无法给予其足够的关照和爱护。

3. 学校因素

在安全学领域里有“破窗理论”，即一所管理规范、校风校纪严明的学校发生校园欺凌事件的概率相对要低。美国的研究发现，学校不良环境和学生对学校缺乏归属感会增加发生暴力行为的频次。具体来讲，学校的管理规范程度、学校的法治教育效果、教师的法治素养、学校的文化建设、学校的硬件建设等都与学校的欺凌事件发生率有关。例如：国外有研究证明，一所寄宿制学校如果晚间照明好，学校发生欺凌事件的概率明显较小。

另外值得注意的是，近些年我国校园欺凌事件的发生与教师的管教不力也有直接关系。目前我国中小学教师在对学生进行管教尤其是惩戒时往往受到家长和社会的质疑。这就使得教师在面对学生的违纪行为进行处理时如履薄冰，甚至束手无策，无法对其进行及时适当的批评教育，导致学校对这部分学生缺乏必要的管教，从而使一些轻微的违纪行为逐渐转化为严重的不良行为。

4. 社会因素

社会大环境中影响校园欺凌的因素也是多方面的。尤其值得注意的是，当今的网络、影视、动漫等传播领域，对凶杀、暴力、色情等内容过分宣扬，直接导致未成年学生的效仿。另外，一些学生因为自身或者家庭遭受到社会的不公待遇，便通过实施欺凌的方式对社会进行报复，宣泄自己的不满情绪。

三、防治校园欺凌的对策建议

1. 建立完备的法律规范

以立法形式对校园欺凌进行管理，是很多国家的成功经验。在防治学校欺凌的立法中，需要对以下问题予以明确和规范。

(1)防治校园欺凌是全社会的责任。校园欺凌是一个复杂的问题，对它的预防和应对需要全社会的参与。校园欺凌防治的相关立法，一定要明确各个政府部门、相关组织单位在校园欺凌防治中的责任，不能把所有的问题都推给教育部门和学校。例如：公安、城管、文化、司法、社区等不同单位都应明确其相应的职责和任务。

(2)明确教师对学生的管教权与惩戒权。在教育管理学生的过程中，教师可以利用哪些合法的惩戒方式对违纪学生进行批评教育，有必要在立法当中对此予以明确。例如：台湾地区就专门出台了《教师辅导与管教学生办法》，明确了教师对学生的管教和惩戒手段。在对教师授予惩戒权的同时，还要注意在立法中明确合法惩戒与体罚的区别，以及教师实施惩戒的程序性要求，这样才能使教师在管教学生的活动中有依据、有规范、有底气。

(3)明确校园对管制刀具等危险品的排查权。当前，很多校园欺凌之所以导致非常严重的后果，原因之一就是学校对于管制刀具的排查不力。而基层学校在对管制刀具的排查过程中又面临着执法权限的问题，因此需要国家立法授权公安机关配合学校进行定期或不定期的管制刀具排查。另外我国也可以仿效欧美等一些国家的成功经验，开展校园警察试点工作。

(4)明确对监护人监管失职的追责权。当前一些监护人存在着把被监护人送到学校，自己就放松甚至放弃了对被监护人的管理和教育的现象，从而将教育管理被监护人的责任完全推给了学校，这种做法对未成年人的身心成长是非常不利的，也是校园欺凌滋生的重要原因。美国一些州立法规定，被监护人实施校园欺凌以致发生严重后果的，监护人也有可能会被追究法律责任。这对于督促监护人履行自己的监护权非常有必要。当前我国最高人民法院和国务院以司法解释或者文件的形式对此做了规定，但还是有必要通过立法予以明确和细化。

2. 完善三级工作体系

学校、家庭和社会应当建立针对校园欺凌的三级工作体系。

(1)预防体系。首先，要针对学生开展法治教育、心理健康教育、沟通协助教育，让学生了解法律、尊重法律、敬畏法律，学会与人相处，掌握处理自己与他人矛盾的有效方法。其次，要让学生了解校园欺凌及其危害，了解当自己或者周围的同学遭受校园欺凌时应当采取哪些方式进行自救或救济。再次，学校要建立预防校园欺凌的工作机构，明确教职工在校园欺凌防治中的职责，加强对教职工的相关教育，让教职工具备对学生开展预防校园欺凌教育和处理常见校园欺凌实践的基本能力。最后，学校还要加强摄像头和照明设施等一些学校安防方面的硬件建设，建立相关网站、微信公众号等宣传平台。

(2)应对体系。应对体系是校园欺凌发生后，学校、家庭、社会如何反应的工作体系。

其一，地方教育行政部门和学校要建立校园欺凌的报告与举报渠道，让遭受校园欺凌的学生能够及时获得学校和社会的帮助。教师、家长要加强对学生异常行为的关注并及时报告。

其二，学校应当制定校园欺凌应急预案。当校园欺凌事件发生之后，按照不同的事件类型和严重等级，学校的相关领导、班主任和教职工可以采取不同的应对措施，及时制止校园欺凌，避免事态的进一步扩大，及时救治受伤害的学生，并对实施欺凌的学生进行必要的约束和批评教育。

其三，学校应当建立和公安等有关部门的联动机制及校园欺凌的强制报告制度。尤其是在发生严重的校园欺凌事件之后，学校必须向公安部门进行通报，公安部门在必要时予以介入。学校绝不能因为担心自身的声誉受损而将严重的校园欺凌事件简单地作为“校内问题”予以处理，尤其是涉嫌刑事犯罪时，绝对不能通过“私了”的方式解决问题。

(3)善后体系。首先，学校要充分发挥心理辅导室的作用，对遭受欺凌的学生予以心理疏导，帮助其尽快恢复正常的学习，同时也要注意防止其“以暴制暴”的报复行为发生。其次，对实施欺凌的学生和受欺凌的学生在必要时应予以隔离，防止二次冲突的发生。最后，学校可以指派专门的教师对欺凌事件的实施者进行跟踪指导，帮助其纠正错误的行为习惯，充分认识欺凌的危害性，建立正确的价值观和行为习惯。另外，学校可以邀请一些具有一定专业知识和公益服务热情的社会志愿者参与心理疏导、定人帮扶等工作。

3. 矫正问题学生

当前关于校园欺凌的巨大争议之一存在于问题学生的矫正问题。例如：有人大代表和政协委员建议适当降低刑事责任年龄，希望通过这种方式加强对未成年人欺凌事件的打击力度。在国际未成年人司法制度当中有一个基本原则，就是宽容而不纵容。过低地设置未成年人承担刑事责任的年龄，表面上看似使违法者受到惩戒，但是对于他们今后的成长则有可能产生不利的后果。

相对于对成年人的刑罚，对未成年人的惩罚更应该秉持教育、感化和挽救的方针。在我国的法律制度中，对于不满刑事责任年龄的犯罪，并非不追究责任人刑事责任，但问题在于让其以什么样的形式承担责任，规定还过于含糊，以致执行效果非常差。我国的工读学校的发展近些年走入低谷，很多工读学校纷纷关门或者转为其他类型学校。

因此，对于未达到刑事责任年龄而不予刑事处罚的低龄未成年人，要有"以教代刑"的教育措施，即以合理的教育替代刑事处罚，绝不能一放了之。参考当前国际立法，很多国家都建立了保安处分制度，整合学校内外的一切资源对违法犯罪的学生进行管教，充分发挥警察、街道等单位对这部分学生的管教作用。保安处分作为一种预防性和保护性的处分措施，已被广泛运用于对未成年人犯罪的防治之中，且收到了明显效果。有鉴于此，我们有必要及时引入未成年人的保安处分制度，对这部分问题学生进行适当的管教，使他们重新走入正常的学习和生活当中，消除社会潜在的不安定因素。

（本文作者系中国教育科学研究院副研究员，中国教育学会中小学安全教育与安全管理专业委员会副秘书长）

校长如何应对校园欺凌
——基于公安学与教育学视角的综合思考

王大伟

我国关于校园欺凌和校园暴力的记录很早就已出现，但对此进行有效研究的历史并不长。在今天校园欺凌已经被整个社会所关注的时候，我们发现，原来我们在理论和实践上的应对研究都非常不足。笔者从事青少年安全教育与研究多年，一直提倡积极预防为主与被害救助相结合的青少年安全防范理念，基于公安学和教育学的双重视角，愿为中小学管理者提供一点有针对性的建议。

一、 明确校园欺凌之实质

一般而言，人们容易将校园欺凌与校园暴力相混淆。二者的内涵和外延各是什么？一般认为，校园欺凌（School Bullying），多指中小学生之间的欺负、霸道和攻击行为。对于校园暴力（School Violence），一种观点认为，校园暴力应和校园欺凌等同，二者基本属于同义词，两种行为侵害的后果多有叠加；另一种观点认为，校园暴力的侵害程度大于校园欺凌。校园暴力主要集中在暴力行为，其中很多都和青少年犯罪联系在一起，从侵害程度上来说，校园暴力的严重程度大于校园欺凌。可见校园欺凌和校园暴力的本质区别并不大，因此本文主要使用校园欺凌的提法。

1. 校园欺凌的四大基本要素

一是从校园欺凌的加害者来看，动作的发出者是青少年，被害者也多是青少年，其中包括中小学生。二是从时间上来说，校园欺凌并不是只发生在上学期间、在校期间，也包括校外时间。三是从空间上来说，校园欺凌可以发生在学校内，如教室、操场、食堂等地，也有相当大的一部分欺凌行为发生在校外。四是校园欺凌的形式，包括谩骂、殴打、暴力侵害和刑事犯罪侵害等显性欺凌行为，也包括如集体疏远、形成歧视氛围等隐蔽的欺凌行为。

2. 校园欺凌的四大特征

(1)校园欺凌具有自愈性。

很多校园欺凌的加害者在成年后，并没有走上刑事犯罪的道路。

(2)校园欺凌具有隐蔽性。

大部分的校园欺凌家长、学校和教师都不知道。

(3)校园欺凌具有广泛性。

各种实证研究显示，校园欺凌在中小学生中的发生率从20%至60%不等。

(4)校园欺凌具有危害性。

校园欺凌具有严重的危害后果，它给被害者造成的侵害是多方面的，包括肉体侵害和心理伤害。很多被害者在受到校园欺凌后不敢上学，产生畏惧感，不仅影响其学业，甚至可能导致其加入校园欺凌的行列。

3. 校园欺凌主体的“H”型结构

校园欺凌的加害者和被害者多半都是中小学生，如果将二者有机地看待，那么可以用一个大写的“H”型结构来表示：校园欺凌的加害者为“H”结构的一边，被害者为另一边，中间以欺凌行为相联系。需要注意的是，欺凌行为不是单向的，而是双向的。也就是说，很多校园欺凌的被害者最后可能反过来对加害方实施侵害。

二、 解析校园欺凌之根源

校园欺凌不同于成人的刑事犯罪，有很多自身的特点，如欺凌手段的残忍性、成年后的自愈性，以及很多欺凌的无原因性。笔者借鉴西方犯罪学理论及犯罪心理学研究成果，结合我国校园欺凌的具体情况，认为当前青少年校园欺凌行为的发生，可能与以下原因有关。

1. 青春期心理恐惧症

青春期恐惧症(Adolescent phobia)理论是西方犯罪学中有代表性的理论。该理论认为，青春期的孩子身体迅速发育，和成人几乎没有区别。但是，这时他们的心理发育滞后，和生理的发育不成正比，即呈现“半幼稚，半成熟”状态。这时候的孩子急需一个舞台来展示自己生理和心理的发育。成人可以在工作中找到表演的舞台，而青少年则缺少这样的舞台，这时他们就会采取一些刺激和发泄行为，来表示自己已经成年。校园欺凌和校园暴力事件，正是这种心理的突出表现。

2. 青春期行为的易漂移性

青少年犯罪的漂移理论(The drift theory of juvenile delinquency)认为，虽然青少年的身体发育已经类似成人，但其心理和身体对行为的控制性仍远远滞后。青少年的很多行为本身不带有目的性和计划性，因此校园欺凌事件的后果很难预测，往往一件小事会被无限放大，而参与校园欺凌的加害方，往往表现出失去理智、没有逻辑的狂躁和兴奋，以及对行为后果的极度不负责任。

3. 受学校不良亚文化影响

青少年犯罪的亚文化理论(The subculture theory of juvenile delinquency)认为，学校里一般存在着两种文化，即努力学习、奋勇上进的主流文化，和学习不好、逃学惹事的少年不良行为及青少年犯罪的亚文化。如果一名学生学习不好，可能导致其逃学，甚至加入学校周边的犯罪团伙，那么他就容易接触犯罪亚文化。

犯罪亚文化有以下几个特征：一是对犯罪行为、校园欺凌行为给予道德的支持；二是交流犯罪和校园欺凌的技巧；三是“中合技术”，即把欺负同学、盗抢同学财物，美化转化为一种合理、常规的行为，把黑色的行为“漂白”为白色的行为。如果孩子在主流文化中得不到温暖，那么犯罪亚文化就会给他们提供温暖、保护和道德的支持。

三、 应对校园欺凌之良策

1. 哲学思考：从预防犯罪到预防被害

校园欺凌与校园暴力，其中有一部分和青少年犯罪行为相重叠。传统思维认为，我们首先要预防犯罪，但是如何预防犯罪，学校又有多大的力量可以预防犯罪？犯罪是一个社会政治经济文化的综合产物。因此，我们有必要从哲学观念上更换一种思维方式，即“从预防犯罪，到预防被害”。

中小学校长应该把预防校园欺凌的观念和技能，教给学校的每一个孩子，让他们从我做起、从现在做起，积极应对校园欺凌事件。如果每个孩子都能够向校园欺凌说“不”，提高防范意识，掌握防范技能，那么学校就可以使校园欺凌的发生率降到最低。例如：向学生宣讲“生命第一，财产第二”的安全警语，引导学生树立防范意识。对于长期受到校园暴力侵害的被害者，要引导他们依靠教师、家长和法律解决问题，千万不能冲动，以暴制暴。学校可以通过一些平安童谣，如“不发难，晚决断，睡一觉，过一天，再找家长谈一谈”等，引导学生理性对待校园欺凌，并掌握必要的防范技能。

2. 主动防范：制定主动先发和被动反应的安全预案

学校安全预案是学校安全的总纲领。预防校园欺凌和校园暴力工作，在学校安全预案的制定中占有重要地位。学校安全预案分为主动先发的预案和被动反应的预案，应以前者为主。

中小学校长应对校园欺凌和校园暴力事件的根本法宝是制定详细的学校安全预案。但是，现在各学校编写的安全预案存在着一定的问题，如理论性强，操作性差；注重事后的快速反应，而忽视事先的防范；安全预案往往是放在校长办公桌上的一份文件，而不是深入每个学生、每个教师头脑中的可操作的预防技能。

3. 理性救助：建立对被害人的救助机制

中小学校长在应对校园欺凌和校园暴力时，往往注重于事后对加害方的打击，而不注重对被害人的救助。校园欺凌的动作发出者多是中小学生，被害者也大多是中小学生。因此，要把建立中小学生的被害人救助机制，作为预防和应对校园欺凌的有机组成部分。

(1)生理救助。

中小学生一旦遭受校园欺凌，造成了轻微伤害，学校应立即将其送到医院，让医生做检查，并且注意收集证据。例如：轻微伤害需要收集的证据有医生鉴定、CT 报告、X 射线摄片等；强奸案需要收集的证据有毛发、精液斑痕、身体抓痕、现场遗留的相关物证等。

(2)法律救助。

在校园欺凌事件中，有关方面不应该将被害人的姓名、肖像发布在网络和报纸上，要保护被害人的名誉权和肖像权。一旦校园欺凌构成犯罪，要依法追究加害者的刑事责任。需要强调的是，媒体报道未成年人的案件时需要特别谨慎，首先要保护被害人的隐私权、名誉权和肖像权；对于加害人的相关信息也应持谨慎态度，应在相关部门调查清楚取证之后，视情况而定，逐步曝光。

(3)心理救助。

校园欺凌中的被害者可能会受到肉体伤害，但更严重的是心理伤害。因此，在校园欺凌发生后，特别是严重的校园暴力发生之后，学校和教师应该对被害学生进行心理救助。被害人的心理救助机制包括以下内容：第一，建立校园暴力救助中心；第二，被害学生应该知道向被害中心寻求心理帮助；第三，配备或外聘心理医生；第四，在绝对保密的情况下，邀请以前的被害学生和被害家长，与最新的被害学生交流保护信息和医治信息。

4. 教育创新：让学生成为预防和应对的主力军

当前，世界警务改革已经到了第四次警务革命阶段，被称作“社区警务”运动。其基本理论是：产生犯罪的根源在社会，抑制犯罪的主力军是人民群众。校园欺凌产生于学校的学生之间，因此学生又是预防和应对校园欺凌的主力军。紧紧地依靠中小学生，对中小学生进行宣传教育，才是预防校园欺凌的重中之重。

(1)编写生命安全教育教材。

生命安全教育教材应主要包括两方面内容，一个是对生命的尊重，既包括对自己的，也包括对他人的；另一个是学习安全教育知识。如湖北省教育厅统编了一套《生命安全教育》教材(分小学、初中、高中版，共 10 册)，将对生命的尊重和各种安全教育结合起来，形成了统一完整的教材体系。

(2)设置生命安全教育课程。

生命安全教育课程有其自身规律性，它既不同于思想教育课，也不能等同于法制教育课。中小学要设置专门的课时，配备专门的教师，对学生进行生命安全教育。

(3)开展生动活泼的生命安全教育活动。

中小学的生命安全教育要轻理论、重实践，要有可操作性。小学和幼儿园阶段就应该对孩子们进行生命安全教育，以符合青少年认知规律的形式，如运用“平安童谣”“平安童话”“平安童操”等生动活泼的形式，引导孩子们尊重生命，教给他们相关安全知识和技能。

5. 法律惩处：多通道“教育挽救”

在校园欺凌中，青少年的某些行为已经构成犯罪。多年来，我国对青少年犯罪采取教育挽救的政策，也就是“三个一样”，即“像父母对待孩子一样，像老师对待学生一样，像医生对待病人一样”。

针对校园欺凌和校园暴力的法律惩处方式主要有三种，围绕这几种方式也都有一些讨论和争议，需要引起中小学校长的关注。

(1)承担刑事责任。

《中华人民共和国刑法》对于刑事责任年龄(指法律规定行为人对自己的犯罪行为负刑事责任必须达到的年龄)的规定是：已满 16 周岁的人犯罪，应当负刑事责任，即为完全负刑事责任年龄；已满 14 周岁不满 16 周岁的人，犯故意杀人、故意伤害致人重伤或者死亡、强奸、抢劫、贩卖毒品、放火、爆炸、投毒罪的，应当负刑事责任，即为相对负刑事责任年龄，14～16 周岁的人不犯上述之罪的，不追究刑事责任；不满 14 周岁的人，不管实施何种危害社会的行为，都不负刑事责任，即为完全不负刑事责任年龄。现在，有些专家已经对青少年的刑事责任年龄提出异议，部分人还呼吁降低刑事责任年龄。

(2)进入工读学校。

工读学校是我国为有轻微违法犯罪行为的未成年人开设的一种特殊教育学校，不属于行政处分或刑罚的范围。工读学校收容 13～17 周岁、有严重不良行为但并未达到违法犯罪程度的少年。这些人从常规的中小学退学，或被开除，或者被学校认为不宜留校学习，但不足以送少年管教所，故进入工读学校学习。工读学校的教育内容为常规学校教育、职业教育以及相应的法律道德教育，其管理比常规学校严格，学生住校，周末可以回家，一般年限为两年。

根据最新的统计资料，全国仅有几十所工读学校，且绝大多数人员很少。由于工读学校存在这样那样的问题，因此，关于工读学校的争议也很激烈。

(3)接受教师惩戒。

所谓教师惩戒权，是教师基于其职业身份而获得的一种强制性管理学生的权力，是教师在教育教学过程中依法拥有的、对学生的失范行为进行惩戒但不是体罚的一种权力。在一个人的成长过程中，惩戒教育和鼓励教育同等重要，过分偏废任何一种教育，都不利于促进学生健康成长。若干年来，“夸奖式教育”和“鼓励式教育”理念在教育中占据上风，但学校却往往忽视了对不良行为的惩戒形式的探索。因此，当前有不少中小学校长呼吁教师惩戒权的回归，从而让教师管教学生有法可依、有章可循。

（本文作者系中国人民公安大学教授）

学生课间活动安全管理

雷思明

一、 案件回放

2008 年 10 月 17 日下午，某小学学生小龙、小磊、小舟三人在课间活动时玩滑杠。当时小龙在滑杠上，小磊和小舟在旁边帮他推。当小龙要求停止时，两人继续推小龙。小龙抓握不住滑杠，面部朝下摔在地上。经医院诊断，小龙两颗牙牙冠折断，两颗牙半脱位。事后，小磊、小舟的家长分别赔偿了小龙 1000 元，学校也负担了 700 余元的医疗费。但小龙的家长仍要求学校和小磊、小舟的家长，对小龙的牙齿后续治疗费、修复费、精神损害等进行赔偿。由于无法就赔偿责任比例达成一致，所以小龙起诉要求三被告赔偿各种损失近 16 万元，要求学校承担 90％以上的责任。学校则辩称，在没有教师看管的情况下，学校是禁止学生自己使用体育器材的。当时是大课间，有值周教师在校内巡视，但没有看到三名学生在玩滑杠，因此在小龙受伤的事件中学校没有过错。法院审理后认为，小龙、小磊、小舟以及学校在此事件上均存在一定过错。其中，学校对体育器械的使用缺少必要的防护措施，值周教师也未尽到监督、管理职责，因此应承担主要的赔偿责任，赔偿小龙医疗费、交通费、临时性外形修复费、后续治疗费共计 1.9 万余元以及精神损害抚慰金 8000 元。小磊、小舟家长承担次要赔偿责任，各赔偿小龙相关费用 1141 元。（摘编自 2009 年 5 月 30 日《京华时报》）

二、 管理风险提示及防范措施

相较于课堂而言，在课间休息时间，学生的活动场地更为开放，活动的自由度也更大，所受到的纪律约束也更少，加之在课堂学习压力短暂解除之后，学生往往表现出极大的兴奋性，这让学校的管理难度随之增大。学校如果缺乏相应的制度设计，对学生的课间活动缺乏有效的监督和管理，那么发生安全事故的概率将会大大增加。

1. 识别容易引发课间安全事故的几种“高危行为”

(1)奔跑追逐。受场地限制，学生在奔跑追逐时容易碰到课桌椅、门、墙壁或其他同学；在奔跑中猛然回头、转身或变向，则容易与他人发生触碰，导致自己、他人摔伤或因磕碰硬物而受伤。

(2)玩弄危险物品。一些学生违反规定，携带打火机、管制刀具、剪刀、弹弓等危险物品进校园，并在课间休息时拿出来玩耍，或者手持小刀、露出笔尖的笔具比画玩弄，在不经意间很容易伤及自己或他人。

(3)做危险性游戏。某些具有一定危险性的游戏，如叠罗汉、跳山羊、斗鸡、背人和拐推人等，学生若在没有成人监督和保护的情况下玩耍，很有可能发生意外，低年级学生尤其不适合玩此类游戏。

(4)吵架、打架等敌对行为。学生之间因小事发生矛盾，从吵架发展到大打出手，这样的情况并不少见。由于自身的辨别力和自制力有限，所以未成年学生动起手来往往不管不顾，很容易导致伤亡的后果。

(5)跳台阶、攀爬高处。一些学生在课间玩耍时跳台阶、桌椅、乒乓球台，或者攀爬课桌、窗台、护栏、篮球架、树木，或者骑着栏杆扶手滑行，这些行为都很危险。

(6)拥挤。课间休息时，学生在人群密集的教室门口、楼梯或厕所门口等空间狭小处快速行走，或相互推拉拥挤，一旦前面有学生摔倒，容易引发群体性踩踏事件。

2. 管好容易引发课间安全事故的几个“高危区域”

(1)教室。课间休息时，有相当一部分学生会选择待在教室。由于教室摆放了较多的课桌椅，供通行的过道面积有限，所以学生在游戏、打闹时很容易因磕碰或摔倒受伤。

(2)楼梯。学生在楼梯的扶手上骑行，上下楼梯时打闹、推搡，在行人众多时相互拥挤，都有可能导致安全事故的发生。

(3)单杠、双杠等室外体育器材摆放处。在没有教师在场帮助和保护的情况下，学生自行在单杠、双杠上活动有可能发生意外。

(4)厕所门口。学生在课间休息时集中上厕所，如果急速进出，很容易因磕碰、拥挤而受伤。

(5)楼道、操场。楼道是学生通行、活动的场所之一，操场则是学生重要的活动场所，课间休息时两处的人流量都比较大，有可能发生安全事故。

3. 制定课间行为准则

课间安全事故的发生虽然具有一定的偶然性，但绝大多数都与学生的违规、危险性行为有关。因此，学校应当制定学生课间行为准则，并教育学生严格遵守。学校可以要求学生在课间休息时遵守如下规定：不得在教室内做肢体运动较为剧烈、活动范围较大的游戏；上下楼梯要靠右慢行，不拥挤，不推人、撞人，不并步，不跳步；不得攀爬课桌、窗台、护栏、球架、围墙、树木；不得在教室、楼道、楼梯、厕所等处，追逐、推搡、打闹；不携带、玩弄危险物品，不做带有危险性的游戏；不吵架、打架；不得从楼上往下抛、洒任何东西；未经班主任许可，不得离开校园等。这些规定要形成书面文字，要在教室、楼道、楼梯的墙面上悬挂或张贴相关提示语，通过经常性的安全教育，让学生养成良好的行为习惯。

4. 建立课间巡查制度

学校应对学生的课间行为加强监督、引导和管理，消除潜在的安全隐患。为此，学校应当建立课间巡查制度，安排教师在学生活动的场所进行巡逻，制止学生的危险性行为。学校可以规定，值周的校领导为课间巡查的总负责人，当天值日的教师为学校分区域的巡查负责人，班主任为本班教室的巡查责任人，各责任人在课间要加强安全巡查。课间巡视制度还可以配合班级纪律评比来进行，以增强其实效性。

上述制度的施行，可以有效防范课间安全事故的发生。即使发生了安全事故，学校也可因相关安全制度已建立健全而得以免责或减轻责任。

5. 推荐健康、安全、有益的课间游戏活动

学生的课间活动以适度、安全为原则，为了避免学生盲目选择一些危险性较大的活动，学校可向学生推荐一些安全的游戏活动，如“官兵捉贼”“手指拔河”“剪刀石头布”、踢毽子、跳皮筋、玩魔方和下棋等，引导学生通过安全适宜的方式来放松。此外，在课间休息时，有条件的学校可以播放轻松优雅的背景音乐，使学生心情放松、心境平和，为课间休息营造轻松的氛围，引导学生选择文明、安全的游戏活动。

附：相关规定

★《中小学幼儿园安全管理办法》第 32 条第 1 款：“学生在教学楼进行教学活动和晚自习时，学校应当合理安排学生疏散时间和楼道上下顺序，同时安排人员巡查，防止发生拥挤踩踏伤害事故。”

★《中小学幼儿园安全管理办法》第35条："……(学校教师)发现学生行为具有危险性的，应当及时告诫、制止，并与学生监护人沟通。"

★《中小学幼儿园安全管理办法》第36条："学生在校学习和生活期间，应当遵守学校纪律和规章制度，服从学校的安全教育和管理，不得从事危及自身或者他人安全的活动。"

★《学生伤害事故处理办法》第9条："因下列情形之一造成的学生伤害事故，学校应当依法承担相应的责任……(十)学校教师或者其他工作人员在负有组织、管理未成年学生的职责期间，发现学生行为具有危险性，但未进行必要的管理、告诫或者制止的……"

★《学生伤害事故处理办法》第10条："学生或者未成年学生监护人由于过错，有下列情形之一，造成学生伤害事故，应当依法承担相应的责任……(二)学生行为具有危险性，学校、教师已经告诫、纠正，但学生不听劝阻、拒不改正的……"

(本文作者系北京市冠衡律师事务所律师，第八届北京市律师协会教育法律专业委员会副主任)

学校事故应急演练的策划与实施

尹晓敏

汶川大地震已渐行渐远。在无数触及我们灵魂、感人至深的抗震救灾的事迹中，我们永远不会忘记关于四川安县桑枣中学的报道。桑枣中学在此次大地震中虽也遭遇重创，但由于该校长年坚持组织学生进行突发事故紧急疏散演练，因而地震发生后，全校师生仅用了 1 分 36 秒就从不同的教学楼冲到操场上，2300 多名师生无一伤亡。桑枣中学师生此次地震逃生的过程、模式与平时模拟演习的场景几乎一模一样。桑枣中学的安全意识及常规化的事故应急演练经验是值得每位富有责任心和危机感的校长学习借鉴的。

一、 何为学校事故应急演练

学校事故应急演练指以事先制定的学校事故应急救援预案为依据，通过演练来检验应急救援预案的整体或局部是否能有效地付诸实施，验证预案在应付可能出现的各种意外情况方面所具备的适应性，使预案得到进一步的修改和完善，同时提高学校各应急救援组织之间、应急指挥人员之间的协同应急作战能力和水平，以达到提升学校事故应急救援实战能力的目的。

我国自 2006 年 9 月 1 日起实施的《中小学幼儿园安全管理办法》第 42 条规定："学校可根据当地实际情况，组织师生开展多种形式的事故预防演练。学校应当每学期至少开展一次针对洪水、地震、火灾等灾害事故的紧急疏散演练，使师生掌握避险、逃生、自救的方法。"学校开展应急演练可采用桌面演练、功能演练和全面演练等多种演练方式。

1. 桌面演练

桌面演练是指由学校应急组织的代表或关键岗位人员参加，按照应急预案及标准运作程序，讨论紧急情况发生时应采取行动的方案。桌面演练的特点是对演练情景进行口头演练，一般在会议室内举行，其成本较低。桌面演练一般仅限于有限的应急响应和内部协调活动，事后一般采取口头评论的形式收集参演人员的建议，并提交一份简短的书面报告。

2. 功能演练

功能演练是指针对学校事故应急预案中某项应急响应功能或其中某些应急响应活动举行的演练。功能演练一般在学校应急指挥中心举行，并可同时开展现场演练。功能演练的规模比桌面演练大，需动员更多的人，因而协调工作的难度也随之增加。功能演练结束后，除采取口头评论外，还应向学校主管部门提交有关演练活动的书面汇报，提出改进建议。

3. 全面演练

全面演练是指针对学校事故应急预案中全部或大部分应急响应功能，检验、评价应急组织应急作战能力的演练活动。全面演练过程要求尽量真实，充分调用人员、设备及其他资源进行实战性的演练。与功能演练相比，全面演练参与人员更多。全面演练结束后，除采取口头评论、书面汇报外，还应向上级教育主管部门提交正式的书面报告。

以上三种演练方式的最大差别在于演练的复杂程度和规模大小不同。在确定应急演练方式时，应考虑学校事故应急预案和应急执行程序制定工作的进展情况，学校面临风险的性质和大小，学校目前的应急响应能力，应急演练成本及资金筹措等因素。在组织实施演练的过程中，必须满足“科学计划、突出重点、周密组织、统一指挥、讲求实效”等基本要求。

二、 学校事故应急演练的基本任务

学校开展事故应急演练的过程可划分为演练准备、演练实施和演练总结三个阶段。应急演练是由学校内多个组织、部门和人员共同参与的一系列活动，按照应急演练的阶段划分，可将演练过程应予完成的活动分解并整理成16项单独的基本任务(见表1)。

表 1　学校事故应急演练的基本任务

演练准备	确定演练日期、目标和范围：由演练策划小组协商确定
	编写演练方案：对演练性质、规模、参演部门和师生、假想事故、情景事件、响应行动、评价标准与方法等进行总体设计
	确定演练现场规则：确保演练过程中参演人员的安全
	指定评价人员：预先确定演练评价人员，分配评价任务。应急指挥中心、医疗救护机构和关键岗位至少各安排一名评价人员
	安排后勤工作：策划小组事先完成演练通信、卫生、物资器材、场地交通、现场显示和生活保障等后勤工作
	讲解演练方案与演练活动：策划小组负责人在演练前简要讲解演练日程、演练现场规则、演练方案、情景事件等事项
演练实施	启动警报：策划小组负责人宣布演练开始。策划小组发布警情报告，警报长鸣（计时开始），学校迅速启动突发事故应急处置预案
	紧急疏散：在各楼层疏散引导人员、楼层管理员、班主任的指挥下，全体学生按预定路线有序疏散。各班主任将学生带入指定地点按班级集中后清点人数，如发现少人则迅速与疏散总指挥部联系。应急疏散总负责人向策划小组汇报疏散情况
	紧急救护：应急演练中如发现有师生受伤，立即与现场救护小组联系，并展开紧急救护
	终止演练：策划小组负责人宣告事故已经排除，险情已经结束，宣布终止学校突发事故应急演练，学校恢复正常秩序
演练总结	记录应急演练表现：评价人员记录演练情况
	汇报与协商：演练后策划小组应尽快听取评价人员对演练过程的观察与分析，得出演练结论并启动协商机制，确定采取何种纠正措施
	编写书面评价报告：评价人员应于演练后尽快写出书面评价报告和说明
	通报不足项：策划小组负责人应通报演练中存在的不足及应采取的纠正措施
	编写演练总结报告：策划小组负责人应向学校及上级主管部门提交演练报告，内容包括演练的背景信息、演练时间、方案、参演应急组织、演练目标、演练不足项、整改项及建议整改措施等
	追踪整改项的纠正：策划小组负责人应追踪整改项的纠正情况，确保整改项能在下次演练中得到纠正

（注：本表系作者根据相关资料整理而成）

三、 学校事故应急演练的实施流程

1. 编写演练方案

演练方案的编写以演练情景设计为基础。演练方案主要包括以下内容。

(1)演练计划。演练计划的主要内容包括：演练的适用范围、总体思想和原则，演练的假设条件、人为事项和模拟行动，演练的目标、评价准则及评价方法，演练的程序，控制人员、评价人员的任务及职责，演练所需的必要支撑条件和工作步骤。

(2)情景说明书。情景说明书的主要作用是描述事故情景，告知演练人员演练活动的初始条件和初始事件。

(3)评价计划。评价计划主要是对演练的目标、评价准则、评价工具、评价程序、评价策略，以及评价人员在演练准备、实施与总结阶段的职责和任务的详细说明。

(4)演练控制指南。即有关演练控制、模拟和保障等活动的工作程序和职责的说明，主要供控制人员和模拟人员使用。

(5)演练现场规则。演练现场规则是指为确保演练安全而制定的，对有关演练控制、参与人员职责、演练程序等事项的规定或要求。

当前，我国中小学编写的事故应急演练方案普遍存在过于简略和笼统的问题，通常只对演练的指导思想、目的、参加人员和步骤等最为基础的部分做出提纲挈领式的说明，而缺乏对演练控制指南、演练现场规则等的系统性和规范化的描述，尤其是缺乏对演练评价的计划与安排。值得一提的是，在笔者检索到的中小学突发事故应急演练方案中，也有少数学校编写了相对较为规范的演练方案，如湖北麻城市松鹤希望小学的《火灾事故应急演练预案》、浙江平湖市东湖小学的《消防安全应急演练预案》、江苏高邮市南海中学的《地震应急演练方案》、山东莘县一中的《消防安全应急演练预案》等。以松鹤希望小学的《火灾事故应急演练预案》为例，该演练预案分为“指导思想”“演练目的”“灾害预设”“组织机构”“前期准备阶段”“应急实战演练”“总结反思”七个部分，基本涵盖了学校事故演练方案应当包括的内容。

2. 实施应急演练

应急演练阶段是学校事故应急演练过程的核心环节，具有关键性的意义。演练活动始于学校发布的警报消息。在演练阶段，参演应急组织和人员应尽可能按实际紧急事件发生时的响应要求进行演示，即“自由演示”，由参演应急组织和人员根据自己对最佳解决办法的理解做出响应。策划小组负责人的作用主要是宣布演练开始、结束和解决演练过程中的矛盾。控制人员的作用主要是向参演师生传递控制消息，提醒演练人员终止对演练具有负面影响或超出演练范围的行动，提醒演练人员采取必要行动以正确展示所有演练目标，终止演练人员不安全的行为，延迟或终止演练。

因突发事故性质的不同，应急演练阶段演练程序的运行及演练过程的要点也有所不同。以地震事故为例：(1)地震警报发出后，上课教师应立即停止授课，指导学生进行室内避震。教师应要求学生尽量蹲下或坐下，蜷曲身体，降低身体重心，紧抓桌腿等牢固的物体，注意保护头部。(2)地震警报解除后，教师按照预定的疏散路线带领学生迅速有序地疏散到事先指定的安全地带。(3)撤离到安全地带后，迅速清点师生人数。对受伤师生，要立即组织救治。发现有被废墟埋压的，要尽快联系救助。一时无法救助脱险时，受困师生要保存体力，尽力寻找水和食物，创造生存条件，耐心等待救援。(4)策划小组负责人宣布所有师生安全脱险，地震演练结束。

为保证学校突发事故应急演练的顺利进行，学校应特别注意如下三个方面的问题：(1)演练前对疏散路线必经之处和到达的安全地带进行实地检查，对存在的问题及时进行整改，消除障碍和隐患，确保路线畅通和安全。(2)在应急演练阶段，教师的身体力行非常关键，教师要自始至终跟队，密切关注演练现场，防止意外发生。(3)教师指导学生疏散到操场等空旷地带后，要尽量集中在场地中间，不要在篮球架、围墙及教学楼易塌的地方避险。

3. 应急演练的评价、总结与追踪

(1)演练评价。演练评价的目的是确定学校事故应急演练是否达到预期的目标要求，检验各应急组织指挥人员及应急响应人员完成任务的能力。为了全面、正确地评价演练效果，必须在演练覆盖区域的关键地点和各参演应急组织的关键岗位上，派驻公正的评价人员。

(2)演练总结。演练总结与讲评可以通过访谈、汇报、协商、自我评价、公开会议和通报等形式进行。策划小组负责人应在演练结束后规定的时限内，根据评价人员收集和整理的资料编写演练总结报告，并提交学校及上级教育主管部门。

(3)演练追踪。演练追踪是指策划小组在学校事故应急演练总结与讲评结束之后，安排人员督促相关应急组织继续解决其中尚待解决的问题或事项的活动。策划小组应对演练发现进行充分研究，找出原因和纠正措施，并指定专人监督检查措施的进展情况，纠正出现的问题。

（本文作者系浙江树人大学基础部教授）

学校如何应对家长的不当维权

后宏伟

一、案 例

2007 年 6 月的一天下午，某中学初二年级学生曹某(14 岁)在上课期间给班主任和 3 位同学写了内容基本相同的 4 封遗书。其内容大致如下：“我父母经常打骂我，说我在家里只花钱，供我上学开支太大，即使将来我考上大学，家里也没有钱供我上学。他们准备不让我再读书了，要我出去打工挣钱。我想上学，可是家里人实在是不想让我继续上学。我觉得活着没有什么意思，还不如死了。感谢老师和同学们对我的关心，希望同学们珍惜机会，好好读书。”

课间，曹某将遗书放到 3 位同学的课桌内和班主任的办公桌上，然后翻墙离校回家。班主任上完课后发现了办公桌上的遗书，及时向学校领导汇报了这一情况。学校立即让班主任和该班班长赶往曹某家中。但他们赶到时，曹某已经喝下半瓶剧毒农药死亡。

学校于次日上午组织教师探望了曹某家属。下午学校倡议师生为曹某家属捐款，并派人将所捐款项 1200 多元送到曹某家中，家属及亲友对此深表谢意。

第三日，曹某家属在他人唆使之下来到学校，要求学校赔偿 5 万元。双方协商未果后，曹某家属将曹某尸体抬到学校大门口，设立灵堂，提出的赔偿数额也由 5 万变成了 26 万，并且扬言如果学校不予赔偿将向媒体曝光。学校及时报案后，公安机关介入，调查学校及教师行为是否有不当之处，但对于校门口设立灵堂一事没有予以制止。当时适逢该县召开物资交流大会，县领导害怕该事件会影响该县形象，要求学校和死者家属协商，最终以赔偿 2.3 万元了结此事。曹某自杀事件发生 7 天后，在校门口停放达 4 天之久的曹某棺木终于入土，学校也才得以“为安”。

二、分　析

根据我国法律规定，在学生伤害事故中，学校承担责任适用过错责任归责原则，无过错则无责任。从上述案例中可以看出，曹某自杀是因为其父母不愿意让他继续读书，与学校无关。曹某的班主任发现遗书之后马上向校领导汇报，学校立即让班主任和该班班长前往曹某家中，可见学校和教师在处理此事上并无不当之处，因此不应该承担赔偿责任。

学生伤害事故发生后，家属可以通过和解、调解、诉讼等途径来维护自身的权益。在上述案例中，曹某家属在与学校协商未果后，将曹某尸体抬到学校大门口，设立灵堂。其本意是迫使学校让步，以达到争取更多利益的目的。殊不知，这种做法扰乱了学校正常的教育教学秩序，侵犯了其他学生的正当受教育权。《中华人民共和国刑法》第 290 条规定："聚众扰乱社会秩序，情节严重，致使工作、生产、营业和教学、科研无法进行，造成严重损失的，对首要分子，处三年以上七年以下有期徒刑；对其他积极参加的，处三年以下有期徒刑、拘役、管制或者剥夺政治权利。"《中华人民共和国治安管理处罚条例》第 19 条规定，扰乱机关、团体、企业、事业单位的秩序，致使工作、生产、营业、医疗、教学、科研不能正常进行，尚未造成严重损失的，处 15 日以下拘留、200 元以下罚款或者警告。本案例中，曹某家属将曹某尸体放在校门口长达 4 天之久，造成了相当恶劣的影响，但是由于其造成的损失很难衡量，因此公安机关应该对曹某家长进行治安处罚。

当前，一些家长的法制意识比较薄弱，一旦自己的孩子在学校发生伤害事故，他们往往不是寻求通过法律途径进行维权，而是召集亲属到校闹事甚至殴打教师。这种非法维权的行为不但不受法律保护，还要受到法律的惩处。

那么，学校遇到此种情形时该如何处理呢？首先，学校要明确自己是否应该承担责任、承担多大的责任。如果学校确实存在较大过错，那就要坦诚认错、合理担责。如果在某些赔偿项目上学校与学生家长难以达成一致，那么学校可以就已经达成一致的赔偿项目先行赔偿，未达成一致的其他赔偿项目，学生及其家长可另行通过诉讼的方式来解决。这样可以稳定家长情绪，以免激化矛盾。如果学校不存在过错，或者仅有轻微过错，那么学校在对学生家长进行耐心解释的同时，可在力所能及的范围内给予其一定的经济补助(不是赔偿，也不是补偿)，还可以倡议全校师生进行募捐，帮助学生家长渡过难关。如果学生家长提出的要求远远超出学校可以接受的范围，则学校应设法引导学生家长通过诉讼的方式来解决问题。必要时，学校可考虑为其先行垫付诉讼费用。切忌因学生家长提出过分要求就对其置之不理。其次，如果学生家长蓄意扰乱学校教学秩序，且不听劝阻，那么学校应及时向公安机关报案。维护社会治安是公安机关的基本职责，其中自然包括维护学校正常的教育教学秩序，保护其他学生的受教育权。不管学校是否存在过错，公安机关都应该及时制止家长扰乱教学秩序的行为，然后再深入调查事故原因。而在上述案例中，公安机关对于校门口设立灵堂一事没有予以制止，这属于行政不作为。学校应设法敦请公安机关迅速处理此事，如当地公安机关不作为，则必要时，可请当地公安机关的上级主管部门出面干预。

（本文作者系甘肃民族师范学院政法与经济管理系副教授）

第二篇 学生与法

《侵权责任法》中学生伤害事故赔偿责任若干问题探讨

张文国

《中华人民共和国侵权责任法》(以下简称《侵权责任法》)已于 2010 年 7 月 1 日生效，该法第 38 条、第 39 条和第 40 条对未成年学生伤害事故赔偿问题做了规定。与最高人民法院颁布的《关于审理人身损害赔偿案件适用法律若干问题的解释》(以下简称《解释》)和教育部颁布的《学生伤害事故处理办法》相比，《侵权责任法》的最大变化在于将未成年学生分为无民事行为能力人和限制民事行为能力人两类，并分别将幼儿园、学校等教育机构(以下简称学校)对两类人员受到伤害时赔偿责任的认定方式规定为过错推定和过错责任。即对无民事行为能力人所受伤害，首先推定学校有过错，学校只有在证明自己已尽教育、管理职责时方可免责；而对限制民事行为能力人所受伤害，只有在受害人能够证明学校在履行教育、管理职责中有过错时学校才承担责任。

对于立法中的上述变化，在《侵权责任法》的立法阶段和该法颁布之后已有较多讨论，本文不再重复。然而在该法实施之后，对学生伤害事故赔偿责任的其他有关制度仍有必要进行研究，本文拟加以探讨。

一、 关于未成年学生致他人人身损害的问题

《解释》第 7 条规定，学校未尽职责范围内的相关义务，致使未成年人遭受人身损害，“或者未成年人致他人人身损害的”，应当承担与其过错相应的赔偿责任。由此可见，该司法解释将未成年学生在校学习、生活期间的伤害事故分为两类：(1)学生受到人身损害；(2)学生损害他人人身权利。《侵权责任法》第 38 条、第 39 条和第 40 条仅规定了未成年学生受到人身损害时的责任承担问题，而对未成年学生损害他人人身的责任承担问题没有做出规定。这给实践中如何处理该类纠纷留下了讨论空间。

《侵权责任法》生效后，对一般情形下的未成年人致人损害的责任承担问

题，应根据该法第 32 条来处理，即由监护人承担责任。该条规定："无民事行为能力人、限制民事行为能力人造成他人损害的，由监护人承担侵权责任。监护人尽到监护责任的，可以减轻其侵权责任。"但是，如果是无民事行为能力人、限制民事行为能力人在学校学习和生活期间造成他人损害的，责任承担问题则相对复杂。未成年学生在学校学习、生活期间造成他人损害的情形又可分为两种：(1)造成同校学生人身损害。例如：同校小学生张强与夏雨(均为 9 岁)在校内因琐事发生冲突，夏雨推倒张强致其左臂骨折。(2)造成校外人员人身损害。例如：马晓鹏(12 岁)在学校组织的校外游乐活动中，踢毽子打在路过的儿童王壮壮(4 岁)的眼睛上，王壮壮父母花去医疗费 2000 元。

在第一个案例中，依据《侵权责任法》第 32 条，张强所受损害应由夏雨的监护人承担；而依据第 38 条，在不能证明学校已尽教育、管理职责的情况下，则应由学校承担。这样，对夏雨的侵权行为就存在两个责任承担主体。那么，夏雨侵权行为的民事责任究竟应该由谁承担？这一案例涉及的其实是《侵权责任法》第 32 条与第 38 条、第 39 条的关系。笔者认为，在未成年学生致人损害的责任承担问题上，第 32 条是一般规定，第 38 条、第 39 条是第 32 条的特别规定。即一般情况下由监护人承担，而在符合第 38 条、第 39 条规定的情形下则由学校承担。第 38 条、第 39 条从受害学生求偿权的角度规定了学校在有过错的情况下的赔偿责任。如果从实施侵权行为的未成年学生的角度解读，那么这两条也是关于因学校有过错致使未成年学生伤害他人时监护人免责的规定。换句话说，第 38 条、第 39 条其实包含着这样的内容：未成年学生在校学习、生活期间造成他人人身损害的，学校在履行教育、管理职责中有过错的，由学校承担相应责任，在学校的过错范围内监护人免责。

在第二个案例中，王壮壮所受伤害可以根据《侵权责任法》第 32 条的规定要求马晓鹏的监护人承担赔偿责任，这一点应无疑问。但是，王壮壮可否要求学校承担责任？或者在马晓鹏的监护人承担赔偿责任后可否向学校追偿？这取决于学校是否负有教育、管理未成年学生不损害校外人员人身的义务。如果学校负有上述义务，且学校履行义务有过错致使学生伤害校外他人，则学校就需承担相应责任；否则，学校就不需要承担责任。然而，对于学校是否负有上述义务，《侵权责任法》并未给予明确规定。对于这一问题，笔者的回答是肯定的。理由是：(1)如上文所述，《侵权责任法》第 38 条、第 39 条已暗含了学校防免未成年学生伤害同校学生的义务，如果学校对其伤害校外人员不负防免义务，则显失公平。(2)教育和管理学生遵纪守法、关爱他人的生命健康、防止发生伤害他人的事故是学校教育教学活动的重要内容和内在要求。如果学校疏于履行义务而致损害发生，学校当然需要承担责任。

在《侵权责任法》对未成年学生伤害校外他人应由谁承担责任无明确规定的情况下，可以将第 28 条和第 32 条结合起来考量。第 28 条规定："损害是因第三人造成的，第三人应当承担侵权责任。"此即"第三人过错"条款。在受害人起诉被告以后，被告可以提出该损害完全或部分是由于第三人的过错造成的，从而要求免除或减轻自己相应的责任。在未成年学生伤害校外他人人身的案件中，监护人可以提出伤害事故是因为学校未履行教育、管理义务导致的，主张应由学校承担相应责任，从而免除或减轻自己的责任。监护人的这一主张与第 32 条的规定正好契合。该条规定："监护人尽到监护责任的，可以减轻其侵权责任。"未成年学生在校学习、生活期间由学校教育和管理，监护人行使监护权事实上存在不便，对此期间发生的某些侵权事故可以认为监护人已尽监护责任，应当减轻监护人责任，由学校就其管理过错承担相应责任。这样，监护人责任和学校的责任就形成互补。

二、 关于学校的补充责任问题

《侵权责任法》第 40 条规定："无民事行为能力人或者限制民事行为能力人在幼儿园、学校或者其他教育机构学习、生活期间，受到幼儿园、学校或者其他教育机构以外的人员人身损害的，由侵权人承担侵权责任；幼儿园、学校或者其他教育机构未尽到管理职责的，承担相应的补充责任。"该条是关于校外人员侵犯学生人身时学校承担补充责任的规定。对此规定尚有相关问题值得探讨。

1. 学校的补充责任及其承担条件

在校外人员损害学生人身的情况下，学校承担补充责任的原因在于它未尽到为学生提供安全保障的义务。该义务是指在教育教学活动中学校承担的对明显的、可能的或者可以合理预见的危害学生人身安全的事件应给予注意并采取合理的预防措施的义务。对于校外人员侵权的情形，伤害是由侵权人所致，根据"责任自负"原则，侵权人应承担全部责任，这是一种"自己责任"，学校承担的补充责任则是"替代责任"，属于代人受过的性质。由此可见，补充责任既非按份责任，亦非连带责任，在这类伤害事故中，侵权人是第一顺位的赔偿义务人，学校是第二顺位的赔偿义务人。

根据补充责任的内涵，权利人应当首先向侵权行为人请求赔偿，而不能直接向学校要求承担补充责任。在侵权行为人承担了全部的赔偿责任后，权利人不得再向学校要求赔偿，侵权人也无权向学校追偿。在此种情形下，学校的补充责任只具有形式意义，学校并没有实际承担。学校的补充责任只有在下列情形下才会实际覆行：(1)无法确定侵权的校外人员是谁；(2)侵权人逃逸或不知去向；(3)侵权人没有赔偿能力或赔偿能力不足。在上述情形下，权利人无法获得赔偿或者无法获得足额赔偿，才可以要求学校承担补充责任。

补充责任是一种过错责任。学校补充责任的大小应与其过错大小相适应，与其防控侵害行为发生的能力相适应，而不是只要学校履行管理职责有过错，就要对受害人的全部损失承担补充责任。需特别强调的是，学校的补充责任还受侵权人赔偿能力的影响，学校是在侵权人赔偿能力不足的范围内承担补充责任，侵权人全部赔偿了，学校就无须再承担补充责任。

2. 要求学校承担补充责任的举证责任

依据《侵权责任法》第 40 条的规定，受害人要求学校承担补充责任的前提是学校在履行管理职责时有过错。那么应该由谁来证明学校未尽管理职责呢？对于限制民事行为能力的学生，按照“谁主张，谁举证”的原则，由受害学生承担举证责任，这一点应无争议。而对无民事行为能力的学生，有学者认为，应根据《侵权责任法》第 38 条的规定适用过错推定方式，由学校举证其已尽管理职责，否则即推定其有过错，要承担相应的补充责任。笔者认为，将第 38 条的责任认定方式套用到第 40 条无民事行为能力人受校外人员侵害的情形值得商榷。理由是，虽然第 38 条没有明确该条的适用范围，但是可以看出该条只适用于校内人员(包括教职工和校内学生)侵权的情形，不适用于校外人员侵权。因为从学校的责任类型看，学校依据第 38 条承担的是直接责任，这种责任在理论上属于按份责任，由学校与校内侵权人按照各自过错大小按份分担责任。而依据第 40 条，在校外人员侵权的情形下，由校外侵权人承担直接责任，学校只承担补充责任。依据上述两条规定，学校责任的性质是完全不同的。因此从内容上讲，第 38 条和第 40 条是并列关系，而非包含与被包含关系。如果认为第 40 条在责任认定上必须适用第 38 条的规定，那么在理论上和逻辑上都难以说得通。

基于此，在无民事行为能力的学生受到校外人员侵害时，应由谁承担举证责任呢？笔者认为，应当根据《侵权责任法》第 6 条第 1 款关于过错责任原则的一般规定，适用“谁主张，谁举证”的方式，由受害学生举证学校履职存在过错。这类案件不能适用过错推定方式。因为，依据《侵权责任法》第 6 条第 2

款，只有在法律有明确规定的情况下才能以推定方式认定过错，而第 40 条对无民事行为能力学生受校外人员侵权的情形并没有这种规定。

3. 关于学校补充责任的范围问题

《侵权责任法》第 40 条规定，在履行管理职责有过错的情况下，学校应当对“幼儿园、学校或者其他教育机构以外的人员”对学生的人身损害承担补充责任。而之前《解释》第 7 条第 2 款则规定，“第三人”侵权致未成年人遭受人身损害，学校、幼儿园等教育机构有过错的，应当承担相应的补充赔偿责任。

上述条文中的“第三人”和“校外人员”在所指范围上是不同的。司法解释中的“第三人”是相对于学校和受害学生而言的。学校因为未尽职责范围内的教育、管理、保护义务而致学生受到伤害的，学校承担相应的直接赔偿责任。教职工在执行学校工作任务中的过错应被视为学校的过错，由学校承担责任；教职工与执行工作任务无关的个人行为造成学生伤害的，就只能视为其个人的过错，应由其个人承担赔偿责任。在与履职无关的教职工个人行为所造成的学生伤害事故中，相对于学校和受害学生，教职工就是司法解释中所指的“第三人”。按照司法解释的规定，这种情形下的赔偿责任就应当由造成伤害事故的教职工承担，学校只承担相应的补充责任。

《侵权责任法》中“校外人员”则是指“教职工及校内学生”以外的人员。根据第 40 条的规定，学校在其过错范围内对校外人员损害学生人身的行为承担补充责任，对校内人员造成的学生伤害，学校一律承担直接的赔偿责任，受害人可以根据第 38 条或第 39 条直接要求学校在其过错范围内承担相应的责任。所以在《侵权责任法》中，学校对教职工造成的学生伤害行为，无论是与教职工履职有关还是无关，学校有过错的，均承担的是直接责任，而非补充责任。对立法上的上述变化，实践中值得关注。

三、 关于学校的追偿权问题

学校承担了学生伤害事故赔偿责任后，可否向有关人员追偿，这一问题《侵权责任法》没有明确规定。学生伤害事故可由三类人员造成：教职工、本校学生和校外人员。教职工造成的伤害事故又可以分为两种情形：执行工作任务的行为造成的伤害、与执行工作任务无关的行为造成的伤害。笔者拟分 4 种情形讨论学校的追偿权问题。

1. 教职工执行工作任务的行为造成学生伤害的情形

此种伤害应由学校根据《侵权责任法》第 38 条或第 39 条承担相应责任。对学校而言，此种责任也属于《侵权责任法》第 34 条规定的用人单位责任。该条规定："用人单位的工作人员因执行工作任务造成他人损害的，由用人单位承担侵权责任。"员工执行工作任务的行为在理论上应视为用人单位的行为，由用人单位承担损害赔偿责任。员工是在为单位执行工作任务，单位可以从员工的工作中获取收益，由单位承担因员工工作产生的风险符合风险与收益对等原则。并且与员工相比，用人单位具有更强的经济实力和风险防范能力，由用人单位承担责任也有利于维护受害人的权益。基于上述原因，用人单位在为员工执行工作任务中的侵权行为承担责任后，并不享有向员工追偿的权利。同样的道理，在一般情况下，学校在对教职工执行工作任务中造成的学生伤害承担赔偿责任后，也不享有向教职工追偿的权利。

但是，限制学校的追偿权是一把双刃剑，这虽然可以保护教职工的工作热情，但却不利于对教职工履职行为的管理和监督，尤其是难以遏制教职工的故意侵权行为。因此，教育部《学生伤害事故处理办法》第 27 条规定，对教职工履职中故意造成的学生伤害，学校承担赔偿责任后可以向相关教职工追偿。同时，教职工履行职务中因重大过失造成学生伤害的，学校承担赔偿责任后也可以向有关责任人员追偿。实践中，教职工履职造成的学生伤害绝大多数均因过失造成。对于何为一般过失、何为重大过失，多数情况下很难区分。在学校相对于教职工处于明显强势地位的情况下，判断具体伤害事故中的过失是一般过失还是重大过失，教职工显然处于弱势地位。这种情形对教职工权利的保护是极为不利的。为此，笔者建议在相关的法律法规中明确重大过失的情形。

2. 教职工与工作任务无关的行为造成学生伤害的情形

这种侵权行为完全属于教职工的个人行为，应当由教职工个人承担全部责任。但是由于该损害发生在未成年学生在校学习、生活期间，且学校履行教育、管理职责有过错，所以依据《侵权责任法》第 38 条、第 39 条的规定，学校需要在其过错范围内向学生承担直接的赔偿责任。但是，对于造成伤害事故的教职工而言，学校是为教职工的个人行为承担了责任。从理论上讲，要求学校为教职工的这种个人行为承担责任是没有根据的。因此，学校在向受害人赔偿后，无论伤害事故的发生是因为教职工的故意、重大过失还是一般过失，学校都有权向其追偿。

3. 同校学生的侵权行为造成学生伤害的情形

这是指对学生相互之间的侵权行为，学校向受害学生赔偿以后可否向侵权学生的监护人追偿的问题。笔者认为，此种情形下学校不享有追偿权，因为学校对受害学生和侵权学生都负有教育、管理的义务。

4. 校外人员侵权行为造成学生伤害的情形

在校外人员伤害未成年学生人身的情况下，学校承担补充责任。这种补充责任是在直接侵权人无法确定、逃逸或者清偿能力欠缺的情况下，由学校在一定范围内代为垫付的责任。法律要求学校代为垫付的理由在于：(1)学校本来可以完全或者在一定程度上防止侵权行为的发生，但因其过错而未能防止；(2)保护受害人的权益，尽量使其能够得到及时、足额的赔偿。但是，学校的过错并未使校外人员获得伤害学生的合法根据，对学校而言，其补充责任的产生完全是由该校外实际侵权人造成的，学校没有义务替该实际侵权人承担其侵权行为造成的最终损失。基于上述理由，学校在承担补充赔偿责任后，可以向该校外实际侵权人追偿。

（本文作者系华东师范大学教育学部副教授）

从《侵权责任法》看学校侵权责任的归责原则

解立军

《中华人民共和国侵权责任法》(以下简称《侵权责任法》)已由十一届全国人大常委会第十二次会议审议通过，自 2010 年 7 月 1 日起施行。鉴于近年来幼儿、学生伤害赔偿纠纷逐年增多，《侵权责任法》第 38 条、第 39 条和第 40 条等条款对此问题做出了规定，这对于明确界定幼儿园、学校或者其他教育机构的侵权责任(以下简称学校侵权责任)，及时解决纠纷，切实保护未成年人的合法权益，加强学校、幼儿园的教育管理工作，有重要的现实意义。

关于学校侵权责任，争议最大的是如何确定归责原则。下面结合《侵权责任法》的有关规定，对学校侵权责任的归责原则问题做简要分析。

归责原则，是指据以确定侵权责任由行为人承担的理由、标准，是侵权责任的核心要素。确定学校的归责原则，要考虑各方面的因素和社会经济发展状况，做到"两个维护"的统一：既要维护未成年人的合法权益，又要维护幼儿园、学校的正常教学和管理秩序。在此基础上，《侵权责任法》根据未成年人的年龄和民事行为能力的不同，规定了不同的归责原则，对学校侵权责任做了适当界定。

一、 限制民事行为能力学生受到伤害时， 学校侵权责任适用过错责任原则

过错责任原则，是指造成损害并不必然要承担责任，必须要看行为人是否有过错，有过错有责任，无过错无责任。《侵权责任法》第 6 条第 1 款对此做了规定："行为人因过错侵害他人民事权益，应当承担侵权责任。"《侵权责任法》第 39 条明确规定："限制民事行为能力人在学校或者其他教育机构学习、生活期间受到人身损害，学校或者其他教育机构未尽到教育、管理职责的，应当承担责任。"即学校侵权责任适用过错责任原则，受害学生承担举证责任。

根据《中华人民共和国民法通则》(以下简称《民法通则》)第 12 条第 1 款规定，10 周岁以上的未成年人是限制民事行为能力人，可以进行与他的年龄、智力相适应的民事活动。下面就是一起限制民事行为能力人受到伤害但未能举证学校存在过错而败诉的案例。

某日上午，某中学初一年级学生被安排在教学楼 4 楼一间教室考试。突然，15 岁的考生海燕(化名)离座走向窗前，踩在一个凳子上，猛地一下跳出了窗外。事发突然，等监考老师和同学反应过来，为时已晚。随后，海燕立即被送往当地医院治疗。出院后，海燕及其家人认为，此事是监考老师和学校管理不善造成的，一纸诉状将学校诉至法院，要求学校赔偿损失 14 万余元。一审法院认定学校存在过错，判定学校赔偿 8.9 万余元。双方不服，均提起上诉。二审法院审理认为，学校有过错，才承担相应的赔偿责任。但是，海燕并未提供学校在教育管理活动中有过错的相关证据，也无证据证实学校在课时设置以及设施设置上存在过错，亦无证据证实教师发现海燕准备跳窗而未进行制止。因此二审法院判决海燕败诉，认定学校在该事件中没有任何过错，不承担任何责任。上述案例中二审判决所适用的归责原则与《侵权责任法》第 39 条的规定是一致的。

《侵权责任法》第 39 条之所以规定过错责任原则，最主要的原因是：限制民事行为能力人的心智已渐趋成熟，对事物已有一定的认知和判断能力，能够在一定程度上理解自己行为的后果，对一些容易导致人身伤害的行为也有了充分的认识；学校应当在构建和谐的成长环境的同时，鼓励学生参与学校组织的各类活动，以利于其更好地学习、成长。如果适用过错推定原则，课以学校较重的举证负担，那么为避免学生发生意外事故，有的学校就会采取消极预防手段，如减少体育活动、劳动实践，不再组织春游、参观等校外活动，严格限制学生的在校时间，甚至不允许学生在课间互相追逐打闹等，最终不利于学生成长。

二、 无民事行为能力人受到伤害时， 学校侵权责任适用过错推定原则

《侵权责任法》第 6 条第 2 款规定了一种特殊形式的过错责任即过错推定。所谓过错推定，就是指根据法律规定推定行为人有过错，行为人不能证明自己没有过错的，应当承担侵权责任。《侵权责任法》第 38 条规定：“无民事行为能力人在幼儿园、学校或者其他教育机构学习、生活期间受到人身损害的，幼儿

园、学校或者其他教育机构应当承担责任，但能够证明尽到教育、管理职责的，不承担责任。”即无民事行为能力人受到伤害时，学校侵权责任适用过错推定原则。

根据《民法通则》第 12 条第 2 款规定，不满 10 周岁的未成年人是无民事行为能力人。无民事行为能力人年龄小，智力发育还不成熟，对事物的认识和判断存在较大不足，不能辨认或不能充分理解自己行为的后果，必须特别加以保护。这就要求学校更多地履行保护孩子身心健康的义务。无民事行为能力人在幼儿园、学校受到伤害，难以对事故发生的情形准确加以描述，如果按照“谁主张，谁举证”的一般原则来处理，显然对未成年学生一方有失公正。整个教育活动都在学校的控制之下，超出了监护人的控制范围，要让监护人来证明学校的过错，也几乎是不可能的，这对保护学生及其监护人的利益非常不利。因此，《侵权责任法》第 38 条规定无民事行为能力人受到伤害时，学校侵权责任适用过错推定原则，是合理的。采用过错推定原则，学校也能举证反驳，通过证明已经尽到了相当的责任并且实施了合理的行为，来达到免责的目的。

三、未成年学生受到校外第三人侵害，学校侵权补充责任的归责原则应视受害学生年龄区别对待

《侵权责任法》第 40 条规定：“无民事行为能力人或者限制民事行为能力人在幼儿园、学校或者其他教育机构学习、生活期间，受到幼儿园、学校或者其他教育机构以外的人员人身损害的，由侵权人承担侵权责任；幼儿园、学校或者其他教育机构未尽到管理职责的，承担相应的补充责任。”据此规定，未成年学生在校学习、生活期间受到校外人员人身损害的，侵权人应当承担侵权责任，但此时学校仍负有管理职责；如果学校未尽到管理职责，对损害的发生也有过错，其未尽到管理职责的行为是损害发生的间接原因，那么应当承担与其过错相应的补充责任。

从上述规定可知，学校是否承担相应的补充责任，关键是看学校是否尽到了管理职责。那么应该由谁来证明学校未尽到管理职责呢？根据《侵权责任法》第 38 条、第 39 条的规定，在无民事行为能力人受到校外第三人侵害的场合，学校未尽到管理职责的证明责任应当由学校承担，如果学校不能证明其已尽到管理职责，则推定其有过错，应承担相应的责任；在限制民事行为能力人受到校外第三人侵害的场合，学校未尽到管理职责的证明责任应当由受害学生承担。

四、 公平分担损失的规定不是学校侵权责任的归责原则

关于侵权责任的归责原则，在我国曾存在“二元论”和“三元论”两种不同的主张。“二元论”认为，我国侵权责任的归责原则应包括过错责任和无过错责任。“三元论”认为，我国侵权责任的归责原则应包括过错责任、无过错责任和公平责任。

《侵权责任法》关于侵权责任归责原则的规定采用了“二元论”，即过错责任原则和无过错责任原则，并没有将公平责任规定为一种归责原则。《侵权责任法》第 24 条规定：“受害人和行为人对损害的发生都没有过错的，可以根据实际情况，由双方分担损失。”该条所规定的是双方分担“损失”而不是双方分担“责任”，也就是说，该条并不是确定侵权责任的原则，而是在损害发生后无法适用归责原则处理的特殊情形下如何公平分担损失的规则。

侵权责任的承担以行为人有过错为基本构成要件，行为人对损害的发生没有过错的，除法律规定承担无过错责任的情形外，不承担责任。但是在现实生活中，有些损害的发生虽然行为人无过错，但毕竟由其行为引起，且损害严重，如果严格按照无过错即无责任的原则处理，受害人就要自担损失，这样处理有失公平。因此在这种情形下，可以根据实际情况，由双方分担损失，但分担损失的前提是双方对损害的发生在主观上没有过错。如果受害人、行为人或者第三人对损害的发生存在过错，则适用过错责任原则，根据过错程度和原因力分配责任，而不适用分担损失的规定。此外，分担损失的主体仅限于受害人和行为人，不能随意扩大化，将与致害行为无关的第三人也作为分担损失的主体。下面就是一个公平分担损失的典型案例。

晓鑫(化名)在某校上小学五年级。一天上午课间，同校六年级的晓畅(化名)与晓阳(化名)相互追逐嬉戏，奔跑的晓阳不慎将正在玩耍的晓鑫撞倒，致晓鑫受伤。晓鑫受伤后，学校立即与家长取得联系，同时将晓鑫送往医院诊治。家长后因赔偿问题诉至法院。经法庭认定，事故造成晓鑫经济损失 82280.60 元。一审法院经审理认定学校不存在过错，不需承担赔偿责任；同时基于公平分担的考虑，判决两致害行为人与受害人晓鑫的家长各自承担晓鑫的医药费等费用的 1/3。

上述案例中受害人晓鑫与致害行为人晓阳、晓畅对损害的发生都没有过错，如果根据无过错即无责任的过错责任原则免除致害行为人晓阳、晓畅对损失的分担，而由受害人晓鑫自己承担 82280.60 元的经济损失，显然有失公平，

因为损害毕竟是由晓阳、晓畅两人的嬉闹行为造成的。因此法院基于公平分担的考虑，判令受害人和行为人各承担全部损失的 1/3。未成年学生课间追逐嬉戏属正常的娱乐活动，晓阳、晓畅的玩要不具有潜在的危险性，无须教师亲自直接管理，晓鑫被撞倒受伤属偶然和不能预见的意外事故。事故发生后，学校及时与学生家长取得联系，并积极施救，避免了不良后果的加重和损失的扩大，最大限度地履行了教育、管理的义务，事故发生后学校也不存在管理的疏忽和过错，不应承担责任。学校对事故的发生不存在过错，法院判决学校不应承担责任是无疑义的，但法院应否判决学校分担损失呢？回答是否定的。因为学校不是导致损害发生的行为人，不能因为损害发生的场所是学校，就随意让学校分担损失，这将会与公平分担的立法精神背道而驰。在未成年学生受伤害事故中，学校作为行为人分担损失必须符合两个条件：一是实施了导致损害结果发生的行为；二是对损害结果的发生主观上不具有过错。如果学校没有实施导致损害发生的行为，则根本谈不上分担损失；如果学校实施了导致损害发生的行为但主观上存在过错，则应按过错大小承担侵权责任而不是分担损失。

学校作为行为人有可能分担损失的情形主要表现在：学生在学校依法组织的勤工俭学活动、社会公益活动、校外体育比赛活动中受到损害，学校和学生均无过错，损害也不是第三人造成的。在这种情况下，各方对造成损害均无过错，而按过错责任将无人承担责任，学生因此受到的损害将无法得到赔偿，这就显失公平。因为学生是在为了学校利益的活动中受到损害的，因此应由学校和学生根据实际情况分担损失。

（本文作者系山东省高密市教育科学研究院研究员，山东升信律师事务所兼职律师）

学生伤害事故中的连带责任与按份责任

阎玉珍　焦益华

在学生伤害事故中，如果侵权人是二人以上，那么数个侵权人是承担连带责任，还是承担按份责任？在实践中，人们对此不容易分清楚。其主要原因是对连带责任的内涵理解不清。本文主要对连带责任和按份责任进行辨析，并分析连带责任的复杂类型。

先来看一个案件：鲍某、孙某、吕某、王某是黑龙江省某镇中学同一班级的学生。一个星期天，四名学生都到学校参加补课。上午第一节课课间，孙某、吕某、王某因遭到罗某等人的殴打，认为与鲍某有关，于是吕某回教室打了鲍某一耳光，称"你等着"，走出教室。三人到王某的奶奶家取了根木棒再次返回教室，吕某先踹了鲍某一脚，随后孙某用木棒打了鲍某头部一棒子，鲍某倒在地上。鲍某被送到医院救治，经市法院鉴定为头部外伤。一审法院认为，孙某、王某、吕某故意打伤鲍某，其行为侵害了原告的生命健康权，该镇中学疏于管理，四被告应对原告支付合理的医疗费及其他费用，负相应的赔偿责任：孙某应负60％的赔偿责任，吕某两次先动手殴打鲍某，是导致损害事实发生的直接原因，应负20％的赔偿责任，王某及镇中学各负10％的赔偿责任。同时，法院判决，四被告负连带赔偿责任。判决后，镇中学不服，上诉至市法院。市法院认为，镇中学在星期日补课期间对学生疏于管理，学生打群架造成此案，应适当承担赔偿责任，但判令该中学与三被告人之间负连带责任没有法律依据，故判决，撤销"四被告负连带赔偿责任"一项，其他维持原判。

该案的两次判决，说明连带责任和按份责任有着本质区别，下面笔者依据《中华人民共和国侵权责任法》(以下简称《侵权责任法》)对连带责任和按份责任进行辨析。

一、 连带责任与按份责任的辨析

1. 连带责任与按份责任的侵权行为方式不同

《侵权责任法》第 12 条规定，按份责任是“二人以上分别实施侵权行为造成同一损害”，每个人的侵权行为只造成部分损害。学校不服一审法院的判决，是因为学校认为该案中鲍某受伤，是孙某、王某、吕某造成的，学校教师并没有直接参与其中，只是疏于管理，因此只能承担疏于管理的责任。孙某、王某、吕某作为打人的一方和学校疏于管理的一方分别实施侵权造成鲍某受伤，因此学校一方和孙某、王某、吕某一方应分别按份承担责任，学校承担 10%的赔偿责任，孙某、王某、吕某一方承担 90%的赔偿责任。二审法院采纳了学校的这一上诉意见，判决学校对于鲍某的受伤承担疏于管理的这一份责任。至于孙某、王某、吕某三人之间，由于每人对鲍某的伤害不同，因此他们各自是承担按份责任。二审法院维持了一审法院的这一判决。

《侵权责任法》第 8 条明确规定，连带责任适用于“二人以上共同实施侵权行为，造成他人损害的”情况。虽然孙某、王某、吕某三人对鲍某的伤害不同，承担的责任也不同，但是由于他们是共同侵权行为造成了鲍某头部外伤，因此他们相互之间应当承担连带责任，即对鲍某的损害共同承担的那 90%的赔偿责任是互负连带责任。对于一审法院的这一判决，二审法院做了维持原判的裁决。

2. 连带责任与按份责任的侵权责任承担不同

连带责任和按份责任的侵权责任承担不同，是二者之间的根本区别。这也是学校对一审法院判决不服而上诉的根本原因。

《侵权责任法》第 12 条规定，按份责任的责任承担是“能够确定责任大小的，各自承担相应的责任；难以确定责任大小的，平均承担赔偿责任”。也就是说，侵权人按照事先定好的比例承担各自的责任，被侵权人只能请求侵权人承担其应当承担的责任，不得要求任何一方承担超出其比例的责任。二审法院判决学校承担按份责任，学校只需为疏于管理造成学校发生打架事件而承担 10%的责任，受伤的鲍某不得要求学校承担超过 10%的赔偿责任。

连带责任的责任承担分为对外和对内两种关系。依据《侵权责任法》第 13 条的规定，连带责任的责任承担的对外关系是，“被侵权人有权请求部分或者全部连带责任人承担责任”。二审法院维持了一审法院关于孙某、吕某、王某三人对鲍某受伤承担连带责任的判决，孙某、吕某、王某三人做为一个共同侵权的整体，对外，也就是对鲍某承担连带责任。鲍某依法可要求三人分别承担赔偿责任，也可选择其中一人先予全额赔偿；孙某、吕某、王某三人中的任何一个人都有义务支付超出自己赔偿的数额或者先予支付全部赔偿数额。

依据《侵权责任法》第14条的规定，连带责任的对内关系是，“连带责任人根据各自责任大小确定相应的赔偿数额；难以确定责任大小的，平均承担赔偿责任”。法院已经判决三人分别承担自己应该承担的责任。如果三人中的一个人支付了超过自己应该承担的数额，那么他可以依据《侵权责任法》第14条的规定，“支付超出自己赔偿数额的连带责任人，有权向其他连带责任人追偿”，要求其他连带责任人支付自己应当承担的赔偿数额。

学校对一审法院判决不服而上诉的根本原因是关于责任的承担，按照一审的判决，如果孙某、吕某、王某三人中有人不赔，或者三人全都不赔，那么鲍某可以依照判决，要求学校承担超出10％或者承担100％的赔偿责任，虽然学校先予赔偿后可以向没有赔偿的人追偿，但是能否追偿回来，追偿回来多少就不得而知了。

二、连带责任的复杂类型

从侵权的复杂程度来看，相比较按份责任，连带责任要复杂得多。连带责任分为几种。

1. 共同侵权行为的连带责任

《侵权责任法》第8条明确规定：“二人以上共同实施侵权行为，造成他人损害的，应当承担连带责任。”重庆市某中学初二女生廖某为拒绝同桌男生黎某(15岁)示爱，谎称“已与沈某恋爱”。没想到，黎某竟当面拨通电话与沈某较劲：“有本事我们决斗一番!”双方约定了决斗的时间、地点。2010年12月25日，黎某邀约同学王某、江某、李某和孟某四人帮忙决斗。为表示感谢，黎某还请四名同学到镇上一餐馆吃饭，送了每人两包香烟。为保证战果，他还许诺：事成后还要重谢！与此同时，接到决斗挑战的沈某(18岁)同样不甘示弱，他请来任某、陈某、雷某等八名少年。决斗者年龄最大的18岁，最小的只有11岁。一场混战，导致一死三伤的惨剧。当事人是否要承担刑事责任，承担什么样的刑事责任暂且不谈，但肯定要承担民事赔偿责任。决斗的双方都对对方实施了共同侵权行为，对共同侵权造成的一死三伤承担连带的民事赔偿责任。

2. 教唆、帮助他人实施侵权行为的连带责任

《侵权责任法》第 9 条规定："教唆、帮助他人实施侵权行为的，应当与行为人承担连带责任。"仍以上述案件为例，导致一死三伤的直接侵权人要承担民事赔偿责任，由于黎某邀约同学王某、江某、李某和孟某四人帮忙决斗，沈某请来任某、陈某、雷某等八名少年前来参战，所以，黎某和沈某是教唆他人实施侵权行为的人，其他人则是分别帮助黎某和沈某实施侵权行为的人，因此，即使他们中的一些人在一死三伤中没有直接的侵权责任，他们也要与直接侵权人一起承担连带责任。由于这场决斗中有成年人，也有未成年人，所以，依据《侵权责任法》第 9 条的规定，"教唆、帮助无民事行为能力人、限制民事行为能力人实施侵权行为的，应当承担侵权责任；该无民事行为能力人、限制民事行为能力人的监护人未尽到监护责任的，应当承担相应的责任"。

3. 共同危险行为的连带责任

《侵权责任法》第 9 条规定："二人以上实施危及他人人身、财产安全的行为，其中一人或者数人的行为造成他人损害，能够确定具体侵权人的，由侵权人承担责任；不能确定具体侵权人的，行为人承担连带责任。"江苏扬州市某中学的学生张某、李某、王某三人去同学家玩耍。回家途中，行至学校办公楼后的河边，看见在河对面有一些同学在池塘中游泳。这时张某提议用石子砸他们。于是三人纷纷用石子砸。池塘中一位同学小刘见有石子砸来，欲取鞋子避让，不料被一粒石子砸中左眼。小刘当日入院治疗，诊断为左眼球破裂伤，住院 30 天，用去医疗费 1909.52 元，交通费 288 元，住宿费 430 元。为此，小刘要求张某、李某、王某三人赔偿其损失。三名学生用石子砸同学是一种对他人人身、财产安全有危险的行为，这种共同危险行为造成了小刘眼睛受伤。由于不能确定是谁扔的石子砸中了小刘的眼睛，因此张某、李某、王某三人承担连带赔偿责任。

在处理学生伤害事故时，我们要依照《侵权责任法》，区分哪些是按份责任，哪些是连带责任；如果是连带责任，还要区分是何种情形的连带责任，以便帮助受害者明确自己的权利，同时使侵权者明确自己承担的责任。

（本文第一作者系南京晓庄学院经法学院教授）

学生伤害事故中的举证责任与证据收集

马雷军

在学校发生学生伤害事故之后，随之而来的很可能就是关于事故的责任认定以及涉及经济赔偿的法律纠纷。无论是责任认定还是赔偿处理，我们都要以事故中的各种证据作为基础。在司法实践中，人们常说："打官司就是打证据。"掌握确实、充分、有利的证据是学校妥当处理学生伤害事故的重要保障。一些学校因为对事故的举证责任认识不清，没有重视事故的证据收集，导致在学生伤害事故处理中处于被动局面，甚至在诉讼中败诉。因此，在日常的教育教学管理中，学校应当加强证据意识，重视日常工作中以及事故发生后各种证据的收集工作。

一、 学校在学生伤害事故中的举证责任

学生伤害事故中的举证责任是指事故的当事人对自己提出的主张，有提出证据并加以证明的责任。假如当事人对于自己的主张不能提供证据或者提供证据后不能证明自己的主张，那么就可能导致法院做出对自己不利的裁决。依照我国民事诉讼法中"谁主张，谁举证"的原则，学生伤害事故的各方当事人都有责任对自己的主张提供证据并加以证明。只有法律规定无须证明的事实，当事人方可不负举证责任，如事故当事各方共同认可的事实、众所周知的事实、自然规律、定理等。

根据《中华人民共和国侵权责任法》(以下简称《侵权责任法》)的规定，无民事行为能力人，即十周岁以下的未成年学生在学校受到伤害后，实行举证责任倒置。也就是说，已往受伤学生要想让学校承担责任，必须由学生和家长提交学校具有过错的证据，而《侵权责任法》实施之后，无民事行为能力的学生诉学校承担因意外伤害造成的损失时，必须由学校首先提交自己没有过错的证据，证明事故的发生是由于学生、校外第三方或者不可抗力原因造成的，学校在事

故过程中不存在过错才能够免责。假如学校不能提交充分有效的证据证明自己没有过错，就要承担相应的法律责任。《侵权责任法》的这一规定加大了学校的举证责任，要求学校，尤其是小学要进一步加强证据意识。

对于十周岁以上的学生在校发生的伤害事故，首先要由学生和家长提交学校负有过错的证据，但学校也需要在反驳对方观点时提交相应的反证。另外，按照《侵权责任法》的有关规定，在一些特殊的学生伤害事故类型中，即使是十周岁以上的学生受到伤害，学校也要适用过错推定责任。这些事故类型主要有：学校饲养的动物伤人，学校建筑物上的搁置物、悬挂物坠落伤人，学校的堆放物伤人，学校的树木折断伤人，学校挖坑、下水井伤人等。在这些事故中，学校也必须用充分的证据证明自己已经尽到了应尽的义务，在事故的发生过程中没有过错，否则也要承担赔偿责任。

二、 学生伤害事故中的证据效力

在学生伤害事故处理中，双方当事人有时会对同一事实举出相反的证据，这时就涉及证据的证明效力问题。根据我国有关法律法规的规定，不同类型的证据，其证明效力是不一样的。在司法实践中，如果两份证据证明的事实截然相反，那么法官会根据证据的不同效力决定取舍。

例如：某校一名学生在上体育课时突然晕倒，学校立即进行急救并通知家长。学生家长到达后，马上用随身携带的 MP3 录下了现场学生讲述的事情经过。该学生事后因抢救无效死亡。在诉讼程序中，学校提交了一份和家长录音证明事实截然相反的证人证言，法官在对证据的效力进行认定后，采取了真实性更高的家长现场录音证据。这个事例提醒学校和教师，在收集证据的过程中一定要注意证据的效力等级，尽量收集效力更高的证据。

1. 经过公证的证据效力更高

《中华人民共和国民事诉讼法》将证据分为书证、物证、视听资料、证人证言、当事人的陈述、鉴定结论、勘验笔录和现场笔录七种。根据有关法律法规的规定，物证、档案、鉴定结论、勘验笔录等证据，如果经过公证机关的公证，那么其证据效力就会高于普通的证据。所以学校在关键性证据的收集过程中，可以及时让公证机关介入，对证据的真实性进行公证，以增强证据的证明力。

2. 尽量获取第一手的原始证据

原始证据是指直接来源于案件事实的证据，即所谓第一手材料，如学校的入学通知书、学生的体检报告书、使学生受伤的物品等原件。与原始证据相对应的是派生证据，是指从原始证据中派生出来的证据，如学校入学通知书、学生体检报告书的复印件，使学生受伤物品的照片，等等。原始证据直接来源于案件，具有较高的可靠性。而派生证据是复制的证据，所以真实性相对原始证据就要大打折扣。所以学校在收集证据时，要尽量获取第一手的原始证据。

3. 注意不能单独使用的证据

考虑到不同证据类型的证明效力，《最高人民法院关于民事诉讼证据的若干规定》要求以下证据不能单独作为认定案件事实的依据：未成年人所做的与其年龄和智力状况不相当的证言；与一方当事人或者其代理人有利害关系的证人出具的证言；存有疑点的视听资料；无法与原件、原物核对的复印件或复制品。这些证据要与其他证据共同使用，才具有相应的证明能力。对于这些不能单独使用的证据，学校要尽量再收集其他的证据，与其配合使用，才能得到法官的认可。

三、 学生伤害事故中的证据收集

1. 收集证据应当及时

因为证据本身的特点，很多物证如果不及时收集，日后便很难得到。而且因为主观方面的原因，学校如果不及时收集有关目击者、知情人的口供，那么日后再去收集时会遇到很大的麻烦。例如：某校在一起学生伤害事故发生几个月后收到法院的传票，在诉讼过程中，学校请求某位刚刚从该校毕业的学生作证时，遭到该学生的拒绝。如果学校在事故发生后马上收集该学生的证言，那么其拒绝作证的可能性就很小。

2. 收集证据应当合法

学校收集证据的程序一定要合法。例如：有的学校对知情学生以不准上学等手段相威胁，要求其提供有利于学校的证言。这不仅侵犯学生的受教育权，而且在日后的诉讼中也有可能使对方当事人对该学生证言的可信性提出质疑，使该证言的证明力降低。另外，有的学校为了胜诉，提供了一些伪证，这更是要不得的，相关责任人也会因此承担相应的法律责任。

3. 收集证据应当严谨

在收集证据的过程中，学校一定要注意过程的严谨，防备收集的证据在今后使用时出现瑕疵。例如：在收集证人证言时，一定要让证人在证言上签字，也可以利用录音等手段进行记录。确有必要时，可以聘请律师协助收集证据，并邀请公证机关对人证、物证加以公证，以增强证据的效力。司法鉴定书和伤残鉴定书等，都必须到法院指定的单位去开具，其他任何非指定单位的类似证明都不具有法定效力。

4. 收集证据应当全面

在发生学生伤害事故后，学校要尽可能地多收集证据，以备日后选用。另外，收集的证据不仅仅是事故发生之后出现的证据，有很多证据是在事故发生之前学校就要注意收集和保存的。例如：班主任为学生开具的出门条、家长为学生开具的请假条等，学校和有关教师一定要注意保存一定的时限，以防止出现发生意外后这些证据难以收集的现象。学校在收集证据时尽可能收集证据效力高的证据，但对于一些效力较低的派生证据、间接证据等也不能轻视，要注意全面收集，这样才能在今后选取证据时更加有针对性。

（本文作者系中国教育科学研究院副研究员，中国教育学会中小学安全教育与安全管理专业委员会副秘书长）

学生伤害事故中学校证据的收集与固化

肖宝华　谢朝霞

一、 证据的特征及效力

证据是指证明案件真实情况的所有客观事实材料。证据一般分为七种，分别是书证、物证、视听资料、证人证言、当事人的陈述、鉴定结论、勘验笔录和现场笔录。由于鉴定结论、勘验笔录和现场笔录主要由专门机关或专业人员做出，当事人的陈述属于诉讼中的证据，所以学生伤害事故中涉及学校收集与固化的证据主要有书证、物证、视听资料和证人证言四种。

无论哪种证据，都要满足客观真实性、关联性和合法性的要求，这是对证据的基本要求。所谓客观真实性是指一切证据都必须是客观存在的真实情况资料，不能是主观的推断、假设和想象，这也是证据的本质特征。所谓关联性是指证据必须与学生伤害事故有必然的内在联系，如果与学生伤害事故的发生、发展、变化没有任何联系，那么即使是客观存在的事实，也无法作为学生伤害事故的证据。所谓合法性是指获取证据的手段必须符合法律的要求。按照《最高人民法院关于民事诉讼证据的若干规定》(以下简称《规定》)第 68 条的规定："以侵害他人合法权益或者违反法律禁止性规定的方法取得的证据，不能作为认定案件事实的依据。"这就要求学校收集、固化证据时必须合法，不能采取引诱、胁迫的方法获取证人证言，以及伪造物证、书证证据等。

对于证据的效力，《规定》第 77 条规定："人民法院就数个证据对同一事实的证明力，可以依照下列原则认定：(一)国家机关、社会团体依职权制作的公文书证的证明力一般大于其他书证；(二)物证、档案、鉴定结论、勘验笔录或者经过公证、登记的书证，其证明力一般大于其他书证、视听资料和证人证言；(三)原始证据的证明力一般大于传来证据；(四)直接证据的证明力一般大于间接证据；(五)证人提供的对与其有亲属或者其他密切关系的当事人有利的证言，其证明力一般小于其他证人证言。”这就要求学校在学生伤害事故发生后，要尽量收集固化公文书证、物证、原始证据、直接证据以及第三方的证人证言等效力较高的证据。

二、学生伤害事故中学校收集与固化证据的必要性

1. 学校举证责任的加大

按照《中华人民共和国民法通则》和《最高人民法院关于审理人身损害赔偿案件适用法律若干问题的解释》的规定，对于学生伤害事故适用过错原则。也就是说，如果受害学生要让学校承担责任，那么必须由受害学生和家长通过证据证明学校存在过错，否则学校不承担责任。而 2010 年 7 月 1 日开始实施的《中华人民共和国侵权责任法》第 38 条规定：“无民事行为能力人在幼儿园、学校或者其他教育机构学习、生活期间受到人身损害的，幼儿园、学校或者其他教育机构应当承担责任，但能够证明尽到教育、管理职责的，不承担责任。”该条款规定了对于无民事行为能力人在学校发生伤害事故由学校承担举证责任，加大了学生伤害事故中学校的举证责任。这就需要学校树立证据意识，注意收集与固化证据。

2. 证据的可能灭失性

随着时间的推移，有的证据可能会灭失，如学生伤害事故现场的物品、事故现场的环境情况等证据。如果学校不注意收集与固化这些证据，那么学校在诉讼中就会处于不利地位。

3. 证人的环境变化和被干扰性

在学生伤害事故中，证人证言属于直接证据，其证据效力较高。但由于证人的环境变化和被干扰性，导致学校有可能无法获取对学校有利的证人证言。比如，某初中三年级发生一起课间伤害事故，六个月后受害学生家长提起诉讼。学校要求学生作证时，学生证人已经毕业，拒绝为学校作证，结果学校因无法提供有力的证据支持，而被法院判决承担责任。此外，有的证人可能受到各种因素的干扰，要么拒绝作证，要么提供了不真实的证人证言，也可能使学校不能拥有对己方有利的证据。

4. 学生伤害事故的发展变化

有的伤害事故起初可能比较轻微，但随着时间的变化，多种原因导致伤害事故的结果可能发生变化。例如：某小学四年级学生张某和李某在体育课上打

架，造成了轻微伤害的后果。李某性格内向，有一定的心理问题，后来被诊断为“儿童期情绪障碍症”。李某家长将张某及其家长和学校告上法庭，法庭委托司法鉴定机构对李某病情进行因果关系鉴定，鉴定结论为李某的病情与打架有一定的因果关系。由于学校没有注意证据的收集与固化，因此无法证明其不存在过错，据此法院判决学校承担一定的责任。

三、 学校收集与固化证据的方式

1. 及时报案，获取国家机关公文书证

某初中二年级学生张某在学校组织的期中考试中作弊，学校给予其记过处分。几天后，张某从学校楼梯处跌落，造成左臂桡骨骨折和一根肋骨骨折。事情发生后，学校及时将张某送往医院治疗，并通知了张某的父母。考虑到前几天学校曾给予张某记过处分，学校及时向公安机关报案。在张某治疗过程中，公安机关按照程序对张某进行了询问，张某承认是由于自己下楼梯时不小心而导致从楼梯跌落。张某痊愈后，其家长认为造成张某跌落的原因是学校的处分决定对张某造成了心理伤害，要求学校赔偿张某的各项损失 21200 元，学校拒绝了张某父母的要求。后张某父母向法院提起诉讼，认为造成张某伤害的原因是学校的不公平处分，要求学校赔偿各项损失 38200 元。在法庭审理中，学校依法请求人民法院调取公安机关处理张某案件的全部案卷，由于张某和其他见证人陈述均说明了张某是失足从楼梯跌落，同时查明学校楼梯符合国家建筑设计标准，学校也履行了安全教育职责，所以法庭认定学校在张某跌落楼梯案件中不存在过错，判决驳回了张某父母的诉讼请求。

在该案中，学校及时向公安机关报案，由公安机关对案件进行了调查，对相关人员进行了询问，形成了国家机关公文证据，事后尽管张某父母辩解，但无法改变公安机关已经认定的事实，法院也根据公安机关的询问笔录，认定了张某的伤害属于意外事件，据此，判决学校不承担责任。在该案中，如果学校不选择报案，则人民法院要根据张某父母的诉称，审查学校对张某的处分决定是否合法，是否考虑了未成年人的心理特点和是否公平公正，学校面临着巨大的举证责任，学校有可能要承担责任。因此，在发生学生重大伤害事故后，学校应首先选择向公安机关报案，公安机关介入学生伤害事故后，必然要对学生伤害事故进行调查、询问和记录，形成公文书证。而公安机关的调查证据属于国家机关的公文书证，其效力大于一般书证效力，这样有利于学校固化学生伤害事故的证据。

2. 谈话记录形成书证或录音证据

学生伤害事故发生后，学校必然要与受害学生及其家长谈话，很多谈话记录就可以作为书证在学生伤害事故处理中使用，这就需要学校固化谈话内容，形成证据。固化谈话内容的最好办法就是记录谈话内容，形成谈话记录。谈话记录包括谈话的时间、地点、参加人、内容等，在谈话记录的最后应让谈话的各方签字并注明“以上谈话内容属实”，这样就可以形成很好的书证证据。但如果受害学生及其家长拒绝在谈话记录上签字，那么谈话记录尽管有校方人员和其他人员的签字，也不具有证据效力，不能作为证据使用。对于这种情况，学校可以采用录音的方式记录谈话内容，形成视听资料证据。谈话录音中必须说明谈话的时间、地点、参加人员和主要内容，同时学校还要根据谈话录音形成文字材料，与谈话录音一同形成谈话录音证据。

3. 收集与固化证人证言

在学生伤害事故中，学生大多是事故的亲历者，学生证人证言属于直接证据，因此学生证言效力较高。但中小学生多是未成年人，容易受到父母或者利害关系人的误导和暗示性影响，因此学校应及时获取学生证言，避免其因受到其他因素干扰而影响证言的真实性。获取学生证言时，还要请学生家长在场，形成的文字证言，应由所有问话现场的人签字证明。公证证据的效力高于自行收集的证据，如果学校有条件，则可以申请公证机关对学生证言进行证据保全。当然，对于证人证言，最好的办法是学校在发生学生伤害事故后，及时报案，由学校提供线索，由公安机关取得证人证言，这样的证人证言效力较高。对于学校自行收集的教职工的证人证言，如果受害学生方以教职工与学校存在利害关系为由，否定教职工证人证言的效力，则其不能作为证据使用，在诉讼中也不会为法院所采纳。

4. 固化档案证据

《学生伤害事故处理办法》第 9 条规定：“学校组织学生参加教育教学活动或者校外活动，未对学生进行相应的安全教育，并未在可预见的范围内采取必要的安全措施而导致发生学生伤害事故，学校应该承担责任。”根据该条规定，在学生伤害事故中，学校是否对学生进行安全教育，是判断学校是否承担责任或学校责任大小的依据。因此，学校应将日常安全教育和告诫的情况进行证据固化。

学校日常安全教育的证据固化有三个方面：(1)学校应建立学生安全教育档案管理制度，将每次安全教育活动记录成文字材料形成档案，包括安全教育活动的时间、地点、内容、参加人员等，妥善保管这些档案材料，便于以后有据可查。(2)学校应将学校安全管理制度和学生的危险行为告知学生家长，并要求学生家长签署收到安全管理制度和学生危险行为安全告知书的回执，并将学生家长回执留存备案，以证明学校对学生进行了有效的安全教育。(3)学校应将安全教育活动记录形成文字材料，由至少3名以上的学生代表签字。对于个别学生的安全教育和危险行为告诫也要由被教育学生签字，同时要由学生注明“以上内容记录属实”的字样，这样可以使学校安全教育档案资料真实可信，形成档案证据。

四、学校收集与固化证据需注意的问题

1. 及时合法

虽然在学生伤害事故中，对于证据的收集和固化没有时限的要求，但随着时间的变化，有可能出现证据灭失、证人记忆不清等情况，因此学校应及时固化相应的证据，避免以后产生争议。同时，学校收集与固化证据应当合法，不能事后伪造证据，更不能引诱或胁迫证人做虚假的证人证言，这是证据合法性的要求。

2. 客观全面

证据具有客观性，这要求学校在收集与固化证据时首先要做到客观，不能对证据随意取舍、捏造证据、引导学生证言等，这样不仅不能有效维护学校的自身权益，还有可能承担不利的法律后果，甚至影响学校的声誉。学校收集与固化证据还要做到全面，不仅要收集与固化事后证据，还要收集与固化事中和事前证据；不仅要收集与固化效力较高的证据，也要收集与固化效力较低的间接证据和传来证据等。

3. 严谨细致

学校对于学生日常安全教育和学生伤害事故预防的教育，应有完整的档案资料，注意档案记录的完整和符合档案要求保存的时间规定。学校与学生或家长的谈话，如果涉及学生违纪或者学生安全问题，则应有文字谈话记录，记录谈话的完整过程，做到文字工整、清楚、规范，不得有涂改或更改情况，谈话时应有两位教师在场，谈话人与记录人不得为学校同一工作人员，并应有各方的签字说明。

4. 充分利用现代媒体技术

学校可以采用录音、录像、拍摄照片等方式，记录事故现场和事故处理情况，保存证据。

（本文第一作者系首都师范大学初等教育学院副教授）

从 203 例司法判例看学校体育伤害事故诉讼中的归责问题

郭秀晶

学校体育伤害事故主要是指：各类学校在体育课教学(体育教学)、课外体育活动(体育锻炼)、课余体育训练(运动训练)和体育竞赛(运动竞赛)中发生的，造成了在校学生人身损害后果的事故。尽管当前我国尚未对学校体育伤害事故建立专门的定期监测和统计数据发布制度，但有关研究表明，我国学校体育伤害事故正日益呈现出发生频率高、原因多样化、责任认定难的趋势。

关于学校体育伤害事故的归责问题，目前已经有不少相关理论研究文献，但缺少对司法判例的研究。为此，本研究通过深入调查，以"体育伤害""体育纠纷""体育课"等为关键词，对北京市法院系统内部网站的判决书、调解书、裁定书等司法文书进行检索和筛选，在不排除有个别遗漏的情况下，共获得 2000 年 1 月至 2010 年 11 月间一审和二审已审理终结的学校体育伤害事故纠纷诉讼案件 203 例。我们以此为研究对象，分析司法判例的归责特点，为学校依法治教、处理体育伤害事故纠纷提供参考。

一、 归责问题是学校体育伤害事故诉讼争议的焦点

案例 1(本案例根据北京市西城区人民法院民事判决书[2010]西民初字第 9255 号整理，为保护当事人权益而隐去真实姓名)：吴某与张某是北京市某中学学生。在 2008 年 4 月 29 日下午的体育活动课中，吴某与张某参加了篮球活动。张某阻拦吴某投篮时不慎抓到其衣服，致吴某失去重心而摔倒。当日，吴某被送往医院住院治疗，并被诊断为踝关节骨折脱位及腓骨粉碎性骨折。经司法鉴定，评定伤残等级为十级。

吴某起诉至法院，要求判令：(1)张某赔偿其因身体伤害而支出的医药费、交通费、住院伙食补助费、护理费、营养费、伤残赔偿金(具体数额按照法律规定来计算)，及伤残鉴定费、精神损失费。(2)北京市某中学对张某的上述赔

偿费用承担连带清偿责任。(3)本案诉讼费由二被告承担。

被告张某一方辩称，篮球本是一项存在较高风险的体育赛事，不可避免地会出现身体的接触与碰撞。张某阻拦原告投篮时不慎抓到其衣服，本身并无故意。根据公平原则，原告吴某因此产生的损失应当由张某、吴某共同承担责任。同时，张某、吴某作为未成年人，在学校上课期间接受老师的教学安排，参加篮球对抗赛，使原告受伤，学校应该独立承担相应的赔偿责任。综上，原告的损失应当由张某、吴某及学校三方在各自责任范围内承担相应的民事责任。

被告北京市某中学辩称：(1)本案原告诉称的体育活动课是根据国家体育总局的要求开设的。在由教师带领学生做运动后，学生自主活动，学校安排一名教师巡视管理。所以，体育活动课与体育课是有区别的。(2)事发时张某、吴某参加的篮球比赛，是学生的自主行为，并非学校组织和安排。学校发现原告受伤后及时进行了救治并通知家长，在征得家长同意后将原告送往医院治疗，尽到了相应的义务。(3)原告受伤是被告张某犯规行为所致。综上，学校尽到了管理义务，对原告身体损伤没有过错，故不同意承担赔偿责任。

在本案例中，原被告争议的焦点并不在于侵权事实和证据确认，而在于责任的认定和承担。原告吴某请求法院判令被告张某承担相应的损害赔偿责任，并要求共同被告学校对赔偿费用承担连带清偿责任；被告张某认为，原告的损失应当由张某、吴某及学校三方在各自责任范围内承担相应的民事责任；而学校则认为，原告吴某受伤是被告张某犯规行为所致，学校已尽到管理义务，对原告身体损伤没有过错，故不应承担赔偿责任。那么，此类由学校体育伤害事故引发的侵权赔偿责任究竟该如何判定？侵权责任法的归责原则和学生伤害事故归责原则，在学校体育伤害事故这一侵权类型中究竟该怎样运用？学校是否应当对所有发生于学校的体育伤害事故承担责任？上述种种疑问，其核心实质就是关于学校体育伤害事故的归责问题。由此可见，归责问题才是学校体育伤害事故诉讼争议的关键和焦点。

二、　司法判例对学校体育伤害事故诉讼的归责

在对北京市2000—2010年203例有关学校体育伤害事故的司法判例进行统计和分析后我们发现，北京市此类司法判例的归责主要呈现出以下特点。

1. 以适用过错责任原则为主

在司法实践中，学校体育伤害事故的诉讼主要是受害人针对与生命权、健

康权、身体权有关的侵权行为而提起的人身损害赔偿的民事诉讼。在此类案件的司法审判中，主要适用的归责原则是过错责任原则。在203例审结案件中，除7例(约占3%)因超过诉讼时效或原告放弃诉讼请求等原因失去诉讼权的案件外，适用过错责任原则的判例有182例(约占90%)，而适用公平原则的判例为14例(约占7%)。

2. 以适用公平责任原则为补充

此前多数研究均认为，司法实践中公平责任原则的广泛适用，使得许多学校虽无过错或存在免责事由却不得不承担一定的补偿责任，学校“赔不胜赔”。但通过对203例司法判例的分析我们发现，其中完全或部分适用公平原则的判例仅约占判例总量的7%，且其中学校独自承担责任的判例仅有3例，其他的由第三人与学校分担，或者由第三人独自承担(见表1)。由此可见，在有关学校体育伤害事故的司法审判中，对公平责任原则的运用是十分审慎的。学校体育伤害事故归责仍是以适用过错责任原则为主，而以适用公平责任原则为补充。

表1　公平责任案件中责任承担主体统计

公平责任承担主体	案件数量	比例(%)
学校独自承担	3	22
第三人独自承担	2	14
学校与第三人共同承担	9	64
合计	14	100

3. 共同承担责任的比例最高

依据侵权赔偿责任的承担主体的不同，我们可以将203例判例分为四类：第一类是由学校承担赔偿责任，第二类是由第三人承担赔偿责任，第三类是由受害人承担责任，第四类是共同承担责任。在以上四类中，共同承担责任的比例最高，达到62例，约占判例总量的31%。案例1的判决结果就充分体现出共同承担责任的特点。在该案中，法院以适用过错责任原则为主，兼顾适用公平责任原则，对于侵权责任的认定和分担采用了共同承担责任的方式，即三方均应承担不同程度的民事责任。其中，被告张某因具有明显的过错承担70%的民事责任，被告北京市某中学因公平原则承担20%的补充责任，原告因其参加体育运动的自愿性而承担10%的民事责任。

4. 未成年人是最主要的受害主体

从203例司法判例来看，在学校体育伤害事故中，未成年受害人所占比重最大。其中，10周岁以下的无民事行为能力人约占受害人总数的15%，而10～18周岁的限制民事行为能力人约占受害人总数的82%。

5. 学校是最主要的责任承担主体

从承担侵权赔偿责任的主体来看，单独由学校承担责任的判例就有59例，约占判例总量的29%；学校与第三人共同承担的有62例，约占判例总量的31%。也就是说，在203个判例中，裁判由学校承担责任的案件共有121例，约占总数的60%(见表2)。可见，在体育伤害事故诉讼判例中，学校是最主要的责任承担主体。

表2 承担责任主体统计

承担责任主体	判例数量	比例(%)
学校承担	59	29
第三人承担	51	25
受害人承担	31	15
共同承担	62	31
合计	203	100

三、 关于学校应对体育伤害事故诉讼的建议

1. 避免过错，方能依法免责

过错责任原则，是指当事人的主观过错是构成侵权行为的必备要件的归责原则。《中华人民共和国民法通则》第106条第2款规定："公民、法人由于过错侵害国家的、集体的财产，侵害他人财产、人身权的，应当承担民事责任。"这一规定表明我国通过民事立法确认了过错责任原则作为一般归责原则的法律地位。按照过错责任原则，如果学校和第三人对损害的发生均有过错，即构成共同过错，应由共同加害人按过错大小分担民事责任，且相互承担连带责任；如果受害人对于损害的发生也有过错，则构成混合过错，依法可以减轻加害人的民事责任。

除了过错责任原则外，过错推定责任原则、无过错责任原则中法定的过错情形，以及适用公平责任原则时对无过错情形的判定，都是围绕主体的过错展

开的。可以说，在学校体育伤害事故诉讼中，主体是否具有过错，是确定责任归结和责任承担的主要依据之一。因此，学校在体育教学和体育活动中，必须进一步明确“如何认定学校是否已尽到职责而无过错”“教师如何避免其职务行为中的过错”“学生如何防范自身存在的过错”等，这对于预防学校体育伤害事故的发生和学校依法免责均大有裨益。

2. 风险分担，方能强化保障

上述对侵权赔偿责任主体的分析表明，在司法判例中，公立中小学是最主要的责任承担主体。而公立中小学的办学经费主要依靠国家的公共财政拨款，其独立承担侵权民事责任的能力非常有限。因此，相关部门需建立学校办学的风险分担机制，进一步完善现行的学生伤害事故保险机制，将学校体育伤害事故风险社会化。

3. 关系明确，方能有效保护

未成年人是学校体育伤害事故中最主要的受害群体。为保障未成年人和学校的权利救济与责任归属处于一个比较合理和适度的范围，我们必须科学界定学校与学生之间的法律关系。对此，学界曾有过监护权转移说、部分监护权转移说、监护代理关系说、特别权力关系说、契约关系说等不同的观点。但随着理论研究的深入，认为学校与学生构成的是一种特殊的有别于监护人的监护职责、是以教育和管理为基本内容的一种公法关系的观点，逐渐获得教育法学界的认同。

《学生伤害事故处理办法》明确规定：“学校对未成年学生不承担监护职责。”2010 年 7 月开始实施的《中华人民共和国侵权责任法》更将被侵权人的年龄因素纳入归责的构成要件，对于无民事行为能力人，规定幼儿园、学校或者其他教育机构承担过错推定责任；对限制民事行为能力人，学校在未尽到教育、管理职责时方承担过错责任。这样的规定表明，学校并非要承担无限责任，过错推定和举证责任倒置要求学校对无民事行为能力人应当尽更大的注意义务。

（本文作者系北京市教育科学规划领导小组办公室副主任，北京教育科学研究院副研究员）

学校体育伤害事故精神损害赔偿的法律缺陷分析

何彦辉

学校（指中小学校）体育伤害是指在学校体育教学、课外活动、运动训练、体育竞赛中，发生的肢体残疾、组织器官功能障碍及其他影响人身健康的损害。近年来，学校体育伤害事故频繁发生，教育部有关数据显示，全国中小学生每年在学校内因意外伤害受伤和死亡的有14000余人，其中，学生在学校体育课或课外体育活动中发生的意外伤害事件占30％～40％。一旦发生较大事故，受伤学生及家庭与学校在医疗费、伤残补助费、精神损害等方面的纠纷经常无法通过协商解决，只能诉诸法律。

在有关学校体育伤害事故的精神损害赔偿方面，我国的理论研究还十分薄弱。在中国知网上，以“学生”“精神损害”为篇名进行模糊查询，从2000年至今只找到两篇硕士论文和7篇期刊论文。在司法实践层面上，笔者就所属地区两级4个人民法院审理的案件进行统计，结果发现：2012年共审理中小学生人身伤害事故赔偿案件97起，其中原告方提起精神损害赔偿请求的有49起，仅有7起得到了法院的判决支持，占提起总数的14.3％，占案件总数的7.2％。由此可见，在学生人身伤害事故中，学生能够获得精神损害赔偿的比例极小。之所以出现这一问题，与我国相关法律的不完善有关。

一、 直接法律依据缺失

《学生伤害事故处理办法》（以下简称《办法》）第26条规定：“学校对学生伤害事故负有责任的，根据责任大小，适当予以经济赔偿，但不承担解决户口、住房、就业等与救助受伤害学生、赔偿相应经济损失无直接关系的其他事项。”从该条规定可以看出，《办法》未提及在学生伤害中适用精神损害赔偿。因为规定只赔偿相应的经济损失，即不赔偿非经济损失，也即不承担精神损害赔偿责任。

当前学校体育伤害事故的精神损害赔偿只能依据《中华人民共和国民法通则》(以下简称《民法通则》)、《中华人民共和国侵权责任法》(以下简称《侵权责任法》)、《最高人民法院关于确定民事侵权精神损害赔偿责任若干问题的解释》(以下简称《精神损害赔偿解释》)、《最高人民法院关于审理人身损害赔偿案件适用法律若干问题的解释》(以下简称《人身损害赔偿解释》)等法律或司法解释。这些通行法律关于精神损害赔偿的规定多针对成年人的精神损害，未成年人的精神损害具有自己的特点，与成年人的精神损害存在差别，通行法律的内容未必适合中小学生的精神损害赔偿。况且，这些通行法律也只是对精神损害赔偿问题做了原则性规定，很多内容有待细化，这点在下文中还会阐述。

二、 赔偿权利主体过窄

根据《民法通则》的规定，享有精神损害赔偿请求权的主体只能是自然人，而且还必须是具有民事行为能力的自然人。《精神损害赔偿解释》进一步指出，法人及其他组织不享有精神损害赔偿请求权。《侵权责任法》则没有对精神损害赔偿主体问题做明确而具体的规定。目前对精神损害赔偿权利主体的规定比较具体的是《人身损害赔偿解释》，其第 1 条规定："因生命、健康、身体遭受侵害，赔偿权利人起诉请求赔偿义务人赔偿财产损失和精神损害的，人民法院应予受理。本条所称'赔偿权利人'，是指因侵权行为或者其他致害原因直接遭受人身损害的受害人、依法由受害人承担扶养义务的被扶养人以及死亡受害人的近亲属。"按照这一规定，在学校体育伤害事故中，学生作为直接受害人，是精神损害赔偿的权利主体，有权提起诉讼请求；只有在学生死亡的情况下，死亡受害人的近亲属才能作为精神损害赔偿的权利主体提起诉讼请求。

学校体育伤害事故中的精神损害有其特殊性。首先，中小学生的年龄特点决定了精神损害对其影响的周期较成年人更长，容易形成伴随其一生的心理阴影，甚至影响以后的正常工作和生活。其次，每个孩子都承载着全家人的莫大希望，一旦孩子重伤甚至死亡，会给全家人造成严重的精神损害。因此，在学校体育伤害事故中，除了学生这一直接受害人之外，还存在间接受害人。所谓间接受害人，是指与直接受害人关系密切的人因直接受害人民事权利受损而造成自身民事权利受损及精神损害的受害人。

我国现行法律否认了在受害人未死亡的情况下，间接受害人提起精神损害赔偿的主体资格。而事实上，学生产生重伤或者残疾等损害时，其受伤害的过程和结果不仅使直接受害人产生了极大的肉体上的痛苦和精神上的创伤，同样也给受害人的近亲属带来了不同程度的精神创伤，同时可能导致间接受害人在照料直接受害人过程中产生巨大的经济压力和精神压力等，间接受害人所受的精神损害有时并不亚于直接受害人，所以法律理应给予间接受害人以精神损害赔偿请求权。

发达国家的立法大都对间接受害人的精神损害赔偿做出了明确的规定，比如大陆法系的代表性国家日本、德国等就在法律中规定："当受害人的健康受到程度较为严重的损害时，家中的亲属能够获得精神损害赔偿。"在美国，请求精神损害赔偿的主体不仅限于受害人本人，还包括受害人的近亲属，并且规定受害人之外的近亲属获得精神损害赔偿应坚持危险区域原则和可预见性原则。

三、 适用范围不够明确

根据《精神损害赔偿解释》和《人身损害赔偿解释》的规定，人的生命权、健康权、身体权遭受侵害时，可以向人民法院起诉请求赔偿精神损害。但《精神损害赔偿解释》第 8 条规定："因侵权致人精神损害，但未造成严重后果，受害人请求赔偿精神损害的，一般不予支持。"何为"严重后果"？现行的法律并没有给出解释，只能靠法官自行把握。《侵权责任法》第 22 条规定："侵害他人人身权益，造成他人严重精神损害的，被侵权人可以请求精神损害赔偿。"与《精神损害赔偿解释》和《人身损害赔偿解释》相比，《侵权责任法》的规定显然更为笼统。

由于规定过于笼统，导致当事人甚至法官都不能准确判断到底哪些情况可以获得精神损害赔偿，因此实践中会出现两种现象：有些受害人在发生精神伤害后不知道有提起精神损害赔偿的权利而失去权利救济的机会；有些案件的受害人无论受到的伤害种类和严重程度如何，都向法院提起精神损害赔偿请求，大多得不到法院的支持。如在前文提及的 49 起提起精神损害赔偿请求的案件中，仅有 7 起得到了法院的判决支持，就是一个例证。

在司法实践中，对于"严重后果"的认定可以从以下几个方面把握：凡是造成受害学生死亡的，受害学生近亲属遭受的精神损害，就属于造成严重后果的情形；凡是造成受害学生残疾的，无论伤残等级如何，受害学生及其家属所受的精神损害就是严重的精神损害；对于其他情形，则要就具体情况而定，如受害人受到什么样的损害，是否住院，住院的时间长短，是否影响到受害人的饮食起居等。由于孩子在家庭中的特殊地位，以及学生正处于生长发育阶段，因而伤害事故所造成的精神损害往往比其他事故更为严重，这一点是法官在裁判过程中应考虑的。

四、 赔偿计算标准不详

当前我国人身伤害的物质赔偿有明确的计算标准，鉴定确定伤残等级后，以上一年度的人均收入水平为基准计算赔偿总额。而精神损害不像外在身体伤害那样，可以通过伤情鉴定来确定其严重程度，其深浅程度比较难以判断。有学者指出，“在精神损害赔偿中，赔偿金问题最大。如何掌握精神损害赔偿的标准和具体数额，是一个极其复杂的问题，也是法学理论和司法实践中有待解决的问题”。虽然《精神损害赔偿解释》第10条规定了精神损害赔偿数额的六个考量因素，包括：侵权人的过错程度，侵害的手段、场合、行为方式等具体情节，侵权行为所造成的后果，侵权人的获利情况，侵权人承担责任的经济能力以及受诉法院所在地平均生活水平，但只有侵权人的获利情况和受诉法院所在地平均生活水平两项是比较明确的因素，而侵权人侵害他人能够计算出具体获利数额的案件极为少见，所以受诉法院所在地平均生活水平是唯一一项在计算赔偿数额时具有具体参照意义的因素。而且，这六个因素只是考虑了侵权人的情况，而没有考虑受害人的情况，比如受害人的性别、年龄、家庭情况等与精神利益相关的因素。

缺乏计算标准，实践中只能由法官行使自由裁量权，依据具体案件情况做出判断，因而，极易受到受害人的社会关系、受害人及其家属的态度等来自于案件之外的各种人为因素的影响。当前有关学生伤害的精神损害赔偿数额，从几百元到几万元不等，差异极为悬殊，甚至相同的案件，一审法院与二审法院的判决结果也差异很大，这与精神损害赔偿计算标准模糊有很大关系。比如，2010年8月，由于课前体育老师未对双杠进行安全检查，河南省汝州市某小学五(1)班学生孙某因双杠一侧不稳晃动而摔落受伤。孙某家庭困难，无力支付医疗费用，导致孙某一直未能痊愈，留下伤残。出院后，孙某将学校诉至法院，要求学校赔偿其医疗费、残疾赔偿金、精神抚慰金共计40613.6元。一审人民法院判决被告向原告赔偿31723.6元，包括精神抚慰金1000元。孙某不服，向二审法院提起上诉。二审法院判决被告向原告赔偿35723.6元，包括精神抚慰金5000元。一审法院与二审法院判决结果的差异完全体现在精神抚慰金的数额上，二者相差五倍。

笔者认为，对学校体育伤害事故中精神损害赔偿数额的计算，可借鉴日本的做法，根据受伤害的种类、等级，确定精神损害的上下限度和不同赔偿幅度的赔偿基数，制成相应的表格，由法院根据具体的案件情况，在相应表格下选择赔偿的幅度和数额，使法院在判案时有法可依，也可以限制法官的自由裁量权，真正体现公平、平等的法律原则。

另外，需要说明的是，《精神损害赔偿解释》第 9 条规定，精神损害抚慰金包括残疾赔偿金、死亡赔偿金和其他形式。在此，残疾赔偿金和死亡赔偿金的性质是精神损害抚慰金，但自《人身损害赔偿解释》出台后，残疾赔偿金和死亡赔偿金的性质已发生了变化，不再是精神损害抚慰金了，而是受害者家庭整体减少的家庭收入。根据《人身损害赔偿解释》第 31 条和第 36 条的规定，《精神损害赔偿解释》第 9 条实际上已经被废止。因此，法院在判决精神损害赔偿数额时，应把残疾赔偿金和死亡赔偿金排除在外。

（本文作者系河南平顶山学院教师）

午休时间发生学生伤害事故，学校要担责吗

肖宝华　孔凡英

一、案　例

案例1：辽宁大连市某小学三年级学生张某午休时见两名同班同学在玩耍，便打招呼想加入。其中一名学生王某见状想用拳头阻止，结果没打到，于是将其绊倒，随后把张某摁在墙上，将其左腿踢伤。经诊断，张某韧带损伤，住院花去医药费七千余元。出院后双方因赔偿问题未达成一致，于是张某家长向法院起诉。法院宣判，学校在学生在校期间有教育管理责任，学生受伤，学校应负赔偿责任。

案例2：辽宁沈阳市某街道中心小学学生刘某和王某于午休时间在校园里玩耍，王某不小心将刘某的食指打伤，导致刘某左手食指近节指骨远端骨折。经司法鉴定，刘某构成九级伤残。事故发生后，刘、王两家就赔偿问题未达成一致，于是刘某将王某、王某父亲以及街道中心小学告到了法院，要求被告赔偿原告医疗费、交通费、护理费、伤残补助费等共计近两万元。法院审理认为：原告刘某身体受到被告侵害，被告王某应当承担赔偿责任。事故发生在午休时间，被告街道中心小学在本案中无责任，故不应承担赔偿责任。最后，法院判决被告王某父母赔偿原告刘某医疗费、交通费等相关费用。

案例3：广西柳州市某小学一年级(2)班学生张某被午托于本校，某日中午吃完午饭回教室后，再次从教室跑出时意外摔伤。事故发生后，张某被送到校医务室治疗，校医察看了张某的身体后，立即通知其父母到学校将张某接回。张某父母到达后，将张某送至该市人民医院就诊，经诊断为左肋骨踝间骨折，张某住院花费医疗费8354.60元，护理费2580.00元。出院后张某的父母与学校之间就赔偿问题未达成一致，于是张某的父母向法院起诉。法院判决：被告某小学赔偿原告张某医疗费、护理费等共计3702.56元，其余费用由张某

自己承担。

二、分　析

上述三个案例都是在学校午休时间发生的学生伤害事故，但法院判决的结果不同。处理在学校午休时间发生的学生伤害事故，相关的法律依据有两个：(1)《中华人民共和国侵权责任法》(以下简称《侵权责任法》)第 38 条规定："无民事行为能力人在幼儿园、学校或者其他教育机构学习、生活期间受到人身损害的，幼儿园、学校或者其他教育机构应当承担责任，但能够证明尽到教育、管理职责的，不承担责任。"第 39 条规定："限制民事行为能力人在学校或者其他教育机构学习、生活期间受到人身损害，学校或者其他教育机构未尽到教育、管理职责的，应当承担责任。"(2)《学生伤害事故处理办法》第 13 条第 3 款规定："在放学后、节假日或者假期等学校工作时间以外，学生自行滞留学校或者自行到校发生的造成学生人身损害后果的事故，学校行为并无不当的，不承担事故责任。"

结合上述规定，在认定学校责任时，有三个问题需要讨论：(1)午休时间是否属于学生在校学习、生活时间？(2)如何界定"学生自行滞留学校或者自行到校"？(3)如何判断"学校行为并无不当"？这就需要对具体的情况进行具体分析。

1. 学校允许学生午休时间滞留学校

学校一般禁止学生在午休时间滞留学校，但在一些农村地区，由于交通条件和其他条件的影响，导致学生当天午休时间无法回家，只能在学校休息。这种情况虽然属于《学生伤害事故处理办法》第 13 条规定的学生放学后自行滞留学校，但因为学校允许学生午休时间滞留学校，所以学校就产生了对学生午休时间的教育管理附随义务。也就是说，学生在校午休时间属于《侵权责任法》第 38 条和第 39 条规定的学生在校学习、生活时间。在此期间发生的学生人身伤害事故，学校没有尽到管理职责的，应根据其过错程度承担相应的赔偿责任。

2. 学校禁止学生午休时间滞留学校

如果学校明确禁止学生午休时间滞留学校或者自行到校，而学生擅自滞留或者进入学校的，则不属于《侵权责任法》规定的学生在校学习、生活时间。在这种情况下发生的学生伤害事故，判断学校是否应该承担责任，还要考虑学校是否尽到了注意义务，因此这种情况又分为两种情形。

(1)学校禁止学生午休时间滞留学校或者自行到校为一般性禁止。主要表现为：学校没有采取封闭措施；虽然采取了封闭措施，但只是简单的封闭措施，学生可以很容易进入学校区域；虽然有禁止学生午休时间滞留学校或者自行到校的规定，但学校教师及其他工作人员采取放任态度，听任学生滞留学校或者自行到校。在此期间发生的学生伤害事故，虽然属于《学生伤害事故处理办法》第 13 条规定的"学生自行滞留学校或者自行到校发生的造成学生人身损害后果的事故"，但学校在客观上存在管理疏忽，学校的行为不属于"并无不当"的情形，因此学校仍然应对管理的疏忽承担过错责任。

(2)学校严格禁止学生午休时间滞留学校或者自行到校，并且采取了严格的封闭措施。如果学生在午休时间采取钻越栏杆或攀爬学校围墙自行进入学校并发生学生伤害事故，学校就不应承担责任。

3. 午托与寄宿制学校

对于午托学生与寄宿制学生而言，午休时间属于学生的在校学习、生活时间。在午休期间发生的学生人身损害事故，如果学校存在过错，则要按照《侵权责任法》第 38 条和第 39 条的规定承担过错责任。同时，午托学生和寄宿制学生与学校之间还存在着服务合同关系，要接受《中华人民共和国合同法》(以下简称《合同法》)的调整。学生在午休期间受到人身损害，学校依据《合同法》要承担违约责任。此种情形下，出现违约责任与侵权责任的竞合。

由此可见，上述案例 3 中法院的判决是合适的，至于案例 1 和案例 2 中的学校是否应该承担责任，还要看学校是否严格禁止学生午休时间滞留学校或者自行到校，并且在管理上是否存在疏忽。

三、建　议

目前，对于午休时间学生伤害事故责任的认定，我国还缺少具体的法律规定，只能依靠法官根据《侵权责任法》和《学生伤害事故处理办法》的相关条款进行推定。为减少此类案件纠纷，笔者提出以下建议。

1. 学校要加强对午托学生和寄宿制学生的午休管理

由于午托学生和寄宿制学生与学校形成了管理服务合同关系，因此午休时间学校仍有管理服务的责任。而午休时间不仅是学生休息的时间，也是教师休息的时间，很容易出现管理真空，引发学生伤害事故。因此学校要注意加强对午托学生和寄宿制学生的午休时间管理，安排教师或工作人员照管负责，避免因学生自由活动引发学生伤害事故。

2. 严格禁止学生午休时间滞留学校或自行到校

午休时间是学校的静校时间，学校应采取严格的午休时间静校制度，严格禁止学生午休时间滞留学校或自行到校。首先，应有专门的工作人员负责午休时间的静校检查，防止学生滞留学校或者进入学校。其次，学校应完善学校封闭设施，围墙的高度要适中，在护栏配置上，要注意护栏的隔栅密度，最好选用网格栅栏。最后，严格禁止教师利用午休时间安排学生活动，如出板报、排练节目等。

3. 实施滞留学生统计登记制度

如因特殊原因，学校允许学生午休时间滞留学校，应对滞留的学生进行统计登记，安排教师或工作人员进行专门管理。

（本文第一作者系首都师范大学初等教育学院副教授）

学生擅自离校发生伤害事故的责任分析

肖宝华　宋文宇

一、案　例

案例 1：某中学初一年级几名男生上自习课时，利用学校围墙下的废砖，欲爬墙离校，恰被校长看到。校长对学生进行严厉批评后，学生回到教室上课。几天后，其中两名男生又在晚自习时离开教室，将围墙下的废砖搬到围墙角落处，翻墙离开学校。两人在街上游玩时，被一名社会青年勒索。双方在争执过程中发生打斗，一名学生被打成轻伤。报案后，由于天黑，两名学生无法描述社会青年的相貌，导致公安机关一时无法破案。受害学生家长为治疗学生的伤病，先后共花费医疗费 18000 多元。家长认为，学校在学生管理上存在过错，起诉到法院，要求学校赔偿各种损失共计 27000 多元。法院审理后认为，学校在管理上存在过错，应承担补充责任，判决学校承担受害学生 40％的损失费用。

案例 2：某小学规定学生午间不准擅自离校，八岁的小和午休时擅自离校，在马路上被一辆吉普车撞倒，住院治疗 30 多天后出院，花费医疗费近 5000 元，经鉴定为十级伤残。案发后，交警部门认定小和违反交通法规，未走人行横道，负事故主要责任，驾驶员负次要责任。事后，小和家人将驾驶员和学校一起告上法庭。法院经调查认为，小和属于限制行为能力人，被告学校负有一定的管理和保护不当的责任，对小和的经济和精神损失应负一定的赔偿责任。小和经公安部门认定负事故主要责任，驾驶员负事故次要责任。因此，小和受伤害所发生的经济损失和精神损失自己应承担 40％，驾驶员承担 40％，被告学校承担 20％。

案例 3：原告李某、刘某之子李建系某中学初二(2)班的学生。一天下午，学校举行期末历史考试，李建在 14∶50 左右交卷离开考场，与同班的三位同学相约到离学校一千米处的池塘游泳，因体力不支溺水死亡。事故发生后，学校曾多方组织人员进行抢救，事后又派人送去慰问金共计 3200 元。后李建父母李某、刘某以学校对学生管理不善，导致学生在考试期间私自离校从事有危险性的活动，致使其子死亡为由，将学校诉至县法院，要求学校赔偿两原告丧葬费 4000 元和死亡补偿费 19224 元。法院经审理认为，死者李建年满 15 周岁，属限制民事行为能力人，应当知道在无监护的情况下游泳的危险性。作为教育单位的学校，不是李建的监护人，但有教育、管理的责任，其已制定了安全保卫制度，并与学生及家长签订了安全责任状，故李建之死，不是学校教育、管理上的原因造成的，学校没有过错，不应承担责任。

上述三个案例都是由于学生擅自离校引发的学生伤害事故，伤害事故的情形不一，法院的判决也各不相同。以下对学生擅自离校发生伤害事故的问题进行讨论，以便引起学校的重视。

二、 学生擅自离校引发伤害事故的责任分析

1. 学校是否担责的法律适用

学生在校内发生伤害事故，适用《中华人民共和国侵权责任法》(以下简称《侵权责任法》)第 37 条和第 38 条的规定，因这两条都规定了学生在校学习、生活期间受到人身损害的学校责任承担方式。而学生擅自离校后的人身损害不是在学校发生的，就排除了对《侵权责任法》的适用，而应适用其他法律的规定。

《最高人民法院关于审理人身损害赔偿案件适用法律若干问题的解释》(以下简称《解释》)第 7 条规定："对未成年人依法负有教育、管理、保护义务的学校、幼儿园或者其他教育机构，未尽职责范围内的相关义务致使未成年人遭受人身损害，或者未成年人致他人人身损害的，应当承担与其过错相应的赔偿责任。"该条规定了无论学生伤害事故发生在校内还是校外，只要未尽教育、管理、保护职责，学校都应承担过错责任。

因此，对于学校在学生擅自离校后发生伤害事故是否承担责任，应适用《解释》第 7 条的规定。

2. 学校承担责任的要件

学校是否承担责任的要件，应根据《学生伤害事故处理办法》来考察。《学生伤害事故处理办法》第 13 条规定：在学生自行外出或者擅自离校期间发生造成学生人身损害后果的事故，学校行为并无不当的，学校不承担事故责任。

考察学校行为的当与不当，应主要从三个方面来衡量：一是学生离校后，学校是否及时通知了学生家长。《学生伤害事故处理办法》第 9 条规定：对未成年学生擅自离校等与学生人身安全直接相关的信息，学校发现或者知道，但未及时告知未成年学生的监护人，导致未成年学生因脱离监护人的保护而发生伤害的，学校应当承担责任。二是是否有有效阻止学生擅自离校的管理措施，如果因学校管理不到位或设施缺陷，使学生很容易擅自离开学校，那么学校就存在着管理过错，应承担责任。三是是否有激化学生擅自离校的起因，如果因教师体罚学生、不当批评学生、威胁恐吓学生，或者学生之间发生矛盾后教师未及时处理，而导致学生擅自离校，那么学校存在过错，也要承担过错责任。

3. 学校承担责任的方式

《侵权责任法》虽然不适用于学生擅自离校发生伤害事故的情形，但该法第 37 条和第 38 条明确规定了学校对学生应承担教育、管理职责，而非监护职责。《学生伤害事故处理办法》第 7 条也明确规定：学校对未成年学生不承担监护职责，但法律有规定的或者学校依法接受委托承担相应监护职责的情形除外。因此，对于非寄宿制和托管制学生擅自离校发生伤害事故，学校不承担监护职责，只承担教育、管理的过错责任，应由学生监护人承担主要责任，学校承担相应的过错责任。而对于寄宿制和托管制学生擅自离校发生伤害事故，由于学校承担着相应的监护职责，所以学校应承担未尽监护责任应承担的主要责任。

三、建议：完善校门管理制度，严格管理寄宿学生

1. 健全门卫管理制度

案例 2 和案例 3 中，学生很容易就离开了学校，这与学校的门卫管理不严有很大关系。因此，学校应完善门卫管理制度，实行严格的进出校门管理制度。学生离开学校应实行出门条制度，出门条由学校统一印制，由班主任或任课教师签字，并注明理由。门卫在查验出门条时，应主动和签发出门条的教师联系予以确认，也可以规定由班主任或任课教师通知门卫，同时在确保未成年学生有监护人迎接时，由监护人在出门条备注签字后才可放行学生，否则不得自行放学生离开学校。

2. 加固学校围挡设施

案例 1 就是因学校围墙管理不当引发的学生擅自离校伤害事故。学校应加固围墙或栅栏设施。采取围墙封闭管理方式的学校，应保证围墙的高度和坚固

性，保证学生在不借助外力的情况下无法翻越围墙，并及时清理围墙周边的杂物。目前有很多学校采用了铁艺栅栏做围挡，要注意保证栅栏的间隔密度不能让学生轻易钻出，并能有效防止学生攀爬。学校围墙和栅栏出现损坏时，应立即进行修复，在修复之前应做到有效巡守。

3. 加强对寄宿制和托管制学生的日常管理

对于寄宿和托管的学生，学校承担着委托监护职责。而寄宿和托管的学生在午休时间或晚上翻墙擅自离开学校的事件时有发生。这就要求学校必须对寄宿和托管的学生加强管理，完善宿舍管理制度，建立宿舍管理员、学生班长、宿舍长一体的安全管理体系，严格实行宿舍缺员报告制度。要安排专人加强午休时间的管理；晚上，宿舍楼门口应有专人轮班值守，防止学生擅自离开。

4. 加强防止学生擅自离校的措施及擅自离校后的应对教育

学校要对教职工加强防止学生擅自离校的教育。教师在处理学生矛盾后，要注意学生的异常反应，防止学生因情绪冲动而擅自离校。学生擅自离校后，教师要及时报告学校领导，立即通知学生家长，向学生家长说明学生擅自离校的时间和可能的原因。班主任要建立班级学生出勤报告制度，学生擅自离校后，学生干部应立即报告班主任。在对学生进行教育时，学校应以生动的案例展示的形式向学生讲明擅自离校的危害，尤其是翻越围墙的危害。

5. 与家长签订安全责任协议书

学校在做好学生家长的教育工作的同时，一定要与家长签订安全责任协议书，特别约定学生擅自离校的处理方式。

（本文第一作者系首都师范大学初等教育学院副教授）

学生在春游中受伤，责任谁承担

张文国

一、案　例

2006年4月4日，广东广州市京溪小学告知全校学生家长，拟于4月11日组织全校学生到花都区宝桑园进行春游活动，该活动委托三茂旅行社组团出游，每名学生的费用为55元。4月10日上午，京溪小学通过校内广播对学生进行安全教育，各班的班主任还向学生强调了此次春游活动中需要注意的安全事项。

4月11日，京溪小学34个班1800多人参加了春游活动。三茂旅行社依约派出16名导游，负责此次春游活动的导游和管理工作，京溪小学派出100名教师带队。根据三茂旅行社与宝桑园中心签订的协议，学生进入景区后由宝桑园中心派导游提供服务，三茂旅行社的导游则在整个园区内负责巡视、监督和协调工作。除个别教师外，京溪小学大多数教师因参加三茂旅行社安排的自由活动而没有全程跟班陪同、管理学生。春游活动期间，宝桑园景区向京溪小学每个班发放了8个至10个风筝，很多学生在园内的山坡上放风筝。当日13时55分，京溪小学学生黄某(10岁)被一个突然飞来的风筝(事后未查明是何人放的风筝)的支架插入左眼，造成左眼受伤。京溪小学立即将黄某送往医院治疗。后经司法鉴定，此次事故导致黄某八级伤残。

事故发生后，京溪小学向黄某支付了7000元。另外，三茂旅行社向保险公司购买了旅游意外保险，保险公司在黄某受伤后向其支付了10736.54元。

黄某父母认为，京溪小学和保险公司支付的钱远远不能补偿黄某的损失。于是，以京溪小学、三茂旅行社、宝桑园中心、京奥旅行社为共同被告，向法院提起诉讼。黄某父母认为：(1)京溪小学没有安排足够的教师在春游现场进行管理，并采取必要的措施防止意外事故的发生，在事故中存在过错，应承担侵权责任。(2)由于京溪小学委托三茂旅行社组织本次春游活动，三茂旅行社对参加春游的学生也负有安全保障义务，故三茂旅行社也应对黄某所受伤害承担赔偿责任。虽然三茂旅行社向保险公司购买了旅游意外保险，保险公司为黄某支付了部分费用，但三茂旅行社还须就不足部分承担相应的赔偿责任。(3)春游地点宝桑园是由宝桑园中心开发经营的旅游项目，宝桑园中心与京奥旅行社签订了合作协议书，约定由京奥旅行社负责组织团队游客及自助游客，并在园区内提供全程的组织及导游服务。因此，宝桑园中心、京奥旅行社也负有相应的安全保障义务，对黄某受伤的后果应承担相应的赔偿责任。

京溪小学指出，根据京溪小学与三茂旅行社签订的旅游合同以及发给家长的通知，可以证实这次春游的组织者和实施者是三茂旅行社，即这次春游是三茂旅行社组织的旅游活动，原告通过京溪小学与三茂旅行社建立了旅游合同关系。京溪小学在这次春游中的责任仅仅是协助三茂旅行社做好学生的组织管理和安全保障工作。根据旅游合同附件第 5 条的规定，三茂旅行社应提供保障人身安全的服务，并就可能危及游客人身安全的情形做出警示，但三茂旅行社没有做到这一点，导致原告受伤，应承担相应的赔偿责任。宝桑园中心与京奥旅行社作为接待单位，对游客负有安全保障义务，并且造成原告受伤的风筝是由他们提供的，因此，他们也应承担赔偿责任。京溪小学已经向原告支付了 7000 元，剩余的赔偿应由其他 3 个被告分担。

三茂旅行社认为，京溪小学是此次春游活动的组织者，三茂旅行社只是协调者。根据三茂旅行社与宝桑园中心签订的协议，游客进园后由宝桑园中心派导游提供服务，虽然三茂旅行社没有为每个班配备导游，但也履行了巡视、监督和协调的义务。黄某被风筝支架插伤眼睛是由于不可抗力的因素造成，三茂旅行社没有过错，因此不应承担责任。退一步讲，即使三茂旅行社有责任，因三茂旅行社已向保险公司购买了旅游意外保险，原告也获得了保险公司的赔偿，所以三茂旅行社不应该再承担赔偿责任。

宝桑园中心指出，按照宝桑园中心与京奥旅行社签订的合作协议书，京奥旅行社负责宝桑园中心旅游景点的推广、宣传、销售等工作，并提供导游服务，宝桑园中心只提供园内的场地、设施。宝桑园中心没有向游客提供风筝，也没有对放风筝活动进行管理的责任，况且宝桑园中心在本案中学生放风筝的地点已经设置了警示标志。因此，宝桑园中心不存在过错，不应承担赔偿责任。

京奥旅行社则认为，京奥旅行社不是本次春游活动的组织者、参与者，对原告没有监护、管理的义务。京奥旅行社与京溪小学、三茂旅行社没有任何业务往来，故不应承担赔偿责任。

一审法院认为，原告提起的是侵权之诉而非合同之诉，而原告与被告三茂旅行社、宝桑园中心、京奥旅行社之间是旅游服务合同关系，故本案对原告与上述三被告之间的合同纠纷不做处理。在本案中，虽然被告京溪小学称将春游活动交由被告三茂旅行社组团进行，但是作为教育机构，京溪小学不能将其负有的在校外活动中管理和保护学生的法定义务转嫁给他人。尽管在本次活动前京溪小学对全校学生进行了安全教育，但在春游开始后，京溪小学没有安排教师跟班全程陪同学生进行游览活动，对学生进行管理和保护，而是安排教师脱离学生在景区内自由活动，将学生完全交由缺乏教育、管理、保护未成年人经验的导游带领。这种安排使学校没有尽到对学生应尽的管理和保护义务。因此，原告在春游活动中被风筝支架插伤左眼，造成终生残疾，京溪小学对此具有过错，在无法查明直接侵权人的情况下，京溪小学对原告受伤的后果应承担全部责任，赔偿原告医疗费等共 130810.41 元。京溪小学不服一审判决，提起上诉。二审判决驳回上诉，维持原判。

二、分　析

本案涉及多个主体，其争论的焦点有二：(1)春游活动是京溪小学组织的校外活动，还是三茂旅行社组织的旅游？(2)谁应当对伤害事故承担责任？

(一)春游活动的性质

京溪小学认为，此次春游是三茂旅行社组织的旅游活动，不属于校外活动。其理由是：京溪小学在通知中已告知家长，此次春游活动由三茂旅行社组团承办，而且旅游费由三茂旅行社直接向学生收取。而法院则认为，此次春游是京溪小学组织的校外活动，而不是三茂旅行社组织的旅游活动。其理由是：签订旅游合同的当事人是京溪小学和三茂旅行社，包括原告在内的参加春游活动的学生均不是该合同的当事人。并且，春游活动发生于 2006 年 4 月 11 日，该日既不是法定的休息日，也不是节假日，如果京溪小学与该次活动无关，则在该校就读的所有学生都应当在学校进行相应的学习活动，而不能擅自到校外活动。学生及其家长正是基于对京溪小学的信任，基于对春游活动是学校组织的校外活动的认识，才参与其中。因此，此次春游活动的性质应当认定为京溪小学组织的校外活动。京溪小学将此次活动交由三茂旅行社承办，仅是改变其具体实施的方式，并未改变其校外活动的性质。笔者以为，法院上述判决在事实认定方面是正确的。

（二）谁应当对学生伤害事故承担责任

1. 学校在伤害事故中的责任问题

按照我国法律规定，学校对学生负有教育、管理和保护的义务，其职责范围，从时间来看，既包括上课时间、课间休息时间，也包括学校组织的校外活动时间；从区域来看，既包括校园区域内，也包括校外活动区域及往返途中。学校对学生伤害事故赔偿责任的归责原则是过错责任原则，即对于学生伤害，学校只有在履行教育、管理、保护义务的过程中有故意或者过失时，才承担与其过错相应的赔偿责任。

如果学生的人身伤害是由第三人造成的，那么学校应当如何承担损害赔偿责任？《最高人民法院关于审理人身损害赔偿案件适用法律若干问题的解释》（以下简称《人身损害赔偿司法解释》）第 7 条规定："第三人侵权致未成年人遭受人身损害的，应当承担赔偿责任。学校、幼儿园等教育机构有过错的，应当承担相应的补充赔偿责任。"这一规定包含以下几层意思：（1）如果造成学生人身伤害的是学校之外的第三人，那么应当由该直接侵权的第三人承担损害赔偿责任。（2）学校只有在履行教育、管理、保护职责有过错的情况下才承担补充责任。（3）学校承担的补充责任应当与其过错大小相适应。（4）在不能确定直接侵权的第三人或者第三人下落不明的情况下，受害学生可以直接要求学校承担与其过错相应的补充责任；在能够确定直接侵权的第三人的情况下，受害学生可以只要求第三人赔偿，也可以在要求第三人赔偿的同时要求学校承担补充责任，以防止第三人没有赔偿能力或赔偿能力不足。（5）学校的补充责任就其性质而言是一种"替代责任"。即使学校在履行教育、管理、保护职责的过程中有过错，第三人也不得侵犯学生的人身权利。因此，学生的伤害最终应当由第三人全额承担，学校承担补充责任只是"替人受过"。所以，学校在承担补充责任后，有权向直接侵权的第三人追偿。

在本案中，京溪小学组织学生参加校外活动，对学生负有管理和保护的义务。京溪小学与三茂旅行社签订合同，将校外活动交由三茂旅行社具体承办，并约定在活动期间由三茂旅行社负责管理、保护学生，并不导致校外活动性质的变化，亦不因此减轻或免除京溪小学管理、保护学生的法定义务。京溪小学在春游活动前对学生进行安全教育，并派出 100 名带队教师随同管理和保护，由此可见，学校已经预见到在如此人数众多的校外活动中，存在发生安全事故的可能。但进入景区后，大多数教师参加了三茂旅行社安排的自由活动，没有全程陪同和管理学生。这种脱队行为是带队教师履行职责中的过错行为。一般来说，带队教师只有在相信不会发生事故的情况下才会离开学生，因此在主观方面，带队教师对事故的发生不属于故意，而属于过失。作为一种职务行为，带队教师的过失也就是京溪小学的过失。

依据侵权行为理论，只有当过错行为与损害结果有因果关系时，行为人才承担损害赔偿责任。本案中教师脱队与伤害事故的发生是否有因果关系？换句话说，本案事故的发生是否是由教师脱队而引起？如果教师不脱队，那么本案事故是否就可以避免？笔者认为，对此并不能轻易定论。例如：酒后驾车是一种过错行为，但是某一具体交通事故的发生可能与酒后驾车并无因果关系，而是因为对方驾驶员逆向行驶所致。

综上所述，笔者认为，认定京溪小学责任的大小，需要证实如下问题：(1)事故发生时带队教师是否在现场？如果教师在场，则可以减轻学校的责任。(2)根据事故发生时的现场情形，是否只要教师在场就能避免本次伤害事故的发生？如果回答是否定的，那么意味着学校的过错较小，不应当对学生的全部损失承担赔偿责任。

2. 相关经营者在伤害事故中的责任问题

本案涉及的经营者有三茂旅行社、宝桑园中心和京奥旅行社 3 家。依据宝桑园中心和京奥旅行社签订的合作协议，二者之间是委托代理关系，即由宝桑园中心提供景点，委托京奥旅行社为项目总代理。依据委托代理制度，代理人在委托权限内发生委托行为产生的法律后果由委托人承担。因此，应由宝桑园中心为京奥旅行社的代理行为负责。这样，本案中与京溪小学和原告发生法律关系的经营者就有两家，即三茂旅行社和宝桑园中心。

《人身损害赔偿司法解释》第 6 条规定："从事住宿、餐饮、娱乐等经营活动或者其他社会活动的自然人、法人、其他组织，未尽合理限度范围内的安全保障义务致使他人遭受人身损害，赔偿权利人请求其承担相应赔偿责任的，人民法院应予支持。因第三人侵权导致损害结果发生的，由实施侵权行为的第三人承担赔偿责任。安全保障义务人有过错的，应当在其能够防止或者制止损害的范围内承担相应的补充赔偿责任。安全保障义务人承担责任后，可以向第三人追偿。赔偿权利人起诉安全保障义务人的，应当将第三人作为共同被告，但第三人不能确定的除外。"

由于经营范围不同，因此三茂旅行社和宝桑园中心的安全保障义务范围是不一样的。根据《旅行社条例》，旅行社对可能危及旅游者人身、财产安全的事项，应当向旅游者做出真实的说明和明确的警示，并采取防止危害发生的必要措施。在本案中，对于三茂旅行社来说，其安全保障义务应当限制在安全警示范围为宜。

对于宝桑园中心而言，其安全保障义务是否以口头警示或设立警示标志为宜，值得探讨。作为宝桑园的实际管理者，宝桑园中心对园区的场地、设施以及各项游乐活动可能存在的安全隐患，比三茂旅行社有更全面和深入的了解。因此，对于学生在园区内的游玩活动，宝桑园中心应承担比三茂旅行社更严格的安全保障义务。笔者认为，宝桑园中心对于放风筝中的安全保障义务至少应当包括：(1)划定区域，为放风筝行为提供界限明确的、合适的场地。(2)以恰当方式对放风筝中的危险因素进行警示说明。考虑到放风筝的多是未成年人，警示说明中应当包括“年龄较小的未成年人应由成年人陪同”等类似字样。(3)根据场地情况，限制投放的风筝数量。

在本案中，三茂旅行社和宝桑园中心在履行各自的安全保障义务的过程中是否有过错？法院判决对此问题的回答都是否定的。对于三茂旅行社，法院判决认为，一方面，它不是专门的教育机构，而是专业的旅游机构，其服务的对象一般是成年人，即使有少部分未成年人参与旅游，也往往是在成年人的陪伴、保护之下，旅游机构及其导游一般不具有管理、保护未成年人的经验，不了解未成年人的特点，尤其缺乏组织大规模的未成年人集体活动的能力；另一方面，京溪小学组织的该次春游，是教育机构组织学生进行校外活动，并非让教师度假，在校外活动中对学生进行管理、保护是教师的职责。对于宝桑园中心，法院判决认为，一方面，宝桑园中心作为游乐场所的经营者，其安全保障义务的限度只能根据一般游客的情况加以确定，而不能要求其达到专业教育机构保护未成年人的标准；另一方面，根据本案查明的事实，宝桑园中心在涉案事故发生的区域设置了警示牌，进行了合理的提示。

笔者认为，法院判决对上述结论的论证有欠充分，给人以说理不足之感。判断三茂旅行社和宝桑园中心是否尽到安全保障义务，应对如下事实和证据进行考察：(1)三茂旅行社和宝桑园中心在本案中各负有哪些安全保障义务。(2)三茂旅行社和宝桑园中心是如何履行其安全保障义务的。只有以上述事实为基础，才能做出准确判断。并且，在判断三茂旅行社和宝桑园中心是否有过错的过程中，还必须注意两点：(1)学校对学生负有管理和保护义务，并不排斥和替代三茂旅行社与宝桑园中心的安全保障义务，因为他们各自的安全保障义务产生的根据是不同的。(2)不能以受害人是未成年人为由减轻二者的安全保障义务，相反还应当加重其义务。小学生的风险认识能力和自我保护能力相比成年人而言要弱得多，这是一般常识，并非只有专业教育机构才知道。况且，本次活动是专门针对小学生开展的经营活动，三茂旅行社和宝桑园中心应对本次活动的服务对象的特殊性有清楚的认识。

(三)关于多个补充责任承担者的相互关系和补充责任的承担

基于材料的有限性，所以本文不对法院判决结论是否正确做出评价。本文的目的在于通过典型案例解析相关制度。为了讨论的深入，笔者拟对本案事实做如下假设：假设京溪小学、三茂旅行社和宝桑园中心对于事故发生都有过错，那么多个补充责任承担者之间存在什么关系？假设知道直接侵权的第三人，那么京溪小学、三茂旅行社和宝桑园中心应如何承担责任？

1. 多个补充责任承担者的相互关系问题

根据前述，京溪小学、三茂旅行社和宝桑园中心对原告均负有安全保障义务，如果三者在履行安全保障义务中均有过错，从而导致第三人对原告的伤害，那么应如何承担补充责任呢？这种情形在侵权法理论上属于一种特殊的“多因一果”，即行为人无共同过错的多个间接原因致同一损害结果的问题。在此情形下，多个行为人之间既无共同侵权的故意，也无共同过失，而是各有各的过失，同时与另一具有直接因果关系的侵权行为间接结合，从而导致损害结果的发生。对此，《人身损害赔偿司法解释》第 3 条第 2 款规定：“二人以上没有共同故意或者共同过失，但其分别实施的数个行为间接结合发生同一损害后果的，应当根据过失大小或者原因力比例各自承担相应的赔偿责任。”

在上述假设中，京溪小学、三茂旅行社和宝桑园中心在履行各自的安全保障义务中都有过错，但没有相互串通，因而只有各自过错而无共同过错。三者各自的疏于履行义务的过失行为与第三人对原告的直接侵害行为间接结合，造成了本案损害后果的发生。因此，根据《人身损害赔偿司法解释》的上述规定，三者应当根据各自的过错大小和各自的过错在造成伤害事故发生中的原因力的比例，承担相应的补充赔偿责任。在法院判决京溪小学承担全部赔偿责任的情况下，京溪小学可以以要求其承担违约责任为由向三茂旅行社追偿，三茂旅行社也可以进一步向宝桑园中心追偿。

2. 在直接侵权的第三人明确的情况下补充责任的承担

如果第三人明确，则受害人应当直接向该第三人要求赔偿。但是，在法院生效法律文书被履行前，受害人往往难以确定第三人是否有足够的赔偿能力，所以在司法实践中，受害人往往将直接侵权的第三人和安全保障义务人作为共同被告一同起诉。这样，在第三人没有能力承担全部赔偿责任时，可以直接要求安全保障义务人承担相应的补充责任。

补充责任具有“替人受过”的性质，所以《人身损害赔偿司法解释》第 6 条和第 7 条都规定，补充责任承担者对直接侵权人有追偿权。那么在本案中，如果确知直接侵权的第三者，那么京溪小学是否有权向其行使追偿权？笔者认为，对此应分为直接侵权的第三者不是京溪小学学生和是京溪小学学生两种情形进行讨论。

前种情形比较简单，京溪小学依法享有追偿权。后种情形相对复杂。依据《人身损害赔偿司法解释》第 7 条的规定，学校未尽职责范围内的教育、管理、保护义务，造成未成年人伤害他人的，应当承担与其过错相应的赔偿责任。据此，学校有义务防止未成年学生伤害他人。如果学校未尽该义务，那么学校应当按照其过错程度承担对受害人的直接赔偿责任，不能向侵权人追偿。本案中，如果造成原告伤害的行为人也是京溪小学的学生，且学校未尽相应的教育、管理、保护义务，那么对京溪小学而言，就发生了直接赔偿责任和替代赔偿责任的竞合。在这种责任竞合的情形下，替代责任也是直接赔偿责任，因此，京溪小学不能以替代责任为名向直接侵权的学生追偿。

（本文作者曾就读于上海交通大学法学院）

学生放学后发生伤害事故，学校担责吗

肖宝华

一、案　例

案例1：某小学放学后，该校两名学生小明和小红没有离开学校，而是在操场上追逐打闹。由于下着小雨，所以两人手中都带着雨伞，小红手中的长伞不慎戳到小明的左眼上。老师闻讯赶来，见小明左眼流血，连忙打电话通知了小明家长，并当即将其送往医院治疗。小明治愈后，司法鉴定伤残等级为六级。小明父母起诉小红的父母和学校，要求赔偿损失共计20多万元。后法院判决小红父母承担50%的赔偿责任，学校承担30%的责任，小明自行承担20%的责任。

案例2：某地农村中学初一(2)班学生放学后，数学教师让一些学生补写数学作业。在补完作业回家的路上，小刚和小磊发生争执。在争执打斗过程中，小刚将小磊打伤，小磊前后共花去治疗费3000多元。小磊父母因无法和小刚父母达成协议，遂将学校和小刚父母告上法庭。小磊父母认为，学校教师在放学后让小磊补作业，使小磊和小刚凑在一起而导致小磊受到伤害，因此学校应对小磊的受伤承担一定责任。法院最后判决，小磊受到的伤害和学校教师让小磊补作业没有因果关系，且学校已经进行过学生安全教育，判决学校不承担责任，由小刚父母承担80%的责任，小磊父母承担20%的责任。

案例3：某中学下午放学后，初二(4)班班主任安排学生出板报，宣传委员小丽请班里美术和书法较好的同学帮忙一起出。为了使本班的板报在学校板报评比中获奖，几个学生忙到傍晚才将板报出完。在回家路上，小丽横穿公路时发生交通事故，不幸身亡，交管部门认定小丽在此次事故中负次要责任。在肇事司机用交强险和第三者责任险赔偿后，各项损失中仍有约15万元不能得到赔偿。小丽父母要求学校赔偿约15万元的损失，但学校拒绝赔偿，于是小丽父母起诉学校，认为小丽出板报到傍晚，是导致交通事故的部分原因。最后法院判决，学校承担约 15 万元损失的 60%，赔偿小丽父母 9 万元。

上述三个案例都是发生在学生放学后，有的发生在校内，有的发生在校外。法院对发生在校外的学生伤害事故，有的判决学校承担责任，有的判决学校不承担责任。以下我们对学生放学后发生伤害事故的学校责任问题进行讨论。

二、分　析

1. 学生放学后自行滞留学校引发伤害事故的学校责任分析

案例 1 属于学生放学后在学校玩耍而引发的伤害事故。按照《学生伤害事故处理办法》(以下简称《办法》)第 13 条的规定，学生在放学后、节假日或者假期等工作时间以外，自行滞留学校或者自行到校发生学生人身损害后果的事故，学校行为并无不当的，学校不承担事故责任。在案例 1 中，教师发现后及时通知了学生家长，并当即将学生送往医院治疗，且平时注意了对学生进行安全教育，按照《办法》的规定，学校不应承担责任。

而《中华人民共和国侵权责任法》(以下简称《侵权责任法》)第 38 条规定："无民事行为能力人在幼儿园、学校或者其他教育机构学习、生活期间受到人身损害的，幼儿园、学校或者其他教育机构应当承担责任，但能够证明尽到教育、管理职责的，不承担责任。"第 39 条规定："限制民事行为能力人在学校或者其他教育机构学习、生活期间受到人身损害，学校或者其他教育机构未尽到教育、管理职责的，应当承担责任。"《侵权责任法》第 38 条和第 39 条的规定强调了学生在学校学习和生活期间的人身损害举证责任问题，但界定的是学生在学校学习生活期间的人身损害。案例 1 中虽然损害结果发生在放学以后，但是小明和小红尚未离开学校，仍在学校的管理和保护之中，学校应继续承担管理学生的义务和责任，所以应适用《侵权责任法》的规定，不适用《办法》第 13 条的规定，学校应承担一定的责任。

《最高人民法院关于审理人身损害赔偿案件适用法律若干问题的解释》(以下简称《解释》)第 7 条规定："对未成年人依法负有教育、管理、保护义务的学校、幼儿园或者其他教育机构，未尽职责范围内的相关义务致使未成年人遭受人身损害，或者未成年人致他人人身损害的，应当承担与其过错相应的赔偿责任。"虽然学校对学生进行了安全知识教育，并制定了学生日常行为规范，但学校没有加强放学后的管理，忽视了学生在放学后离校前容易造成伤害的情况，没有安排老师维护放学后的秩序，未能及时发现学生的危险行为。按照《解释》的规定，学校也应承担责任。

2. 学生放学后在校外发生伤害事故的学校责任分析

案例 2 和案例 3 都属于放学后教师让学生滞留校内，学生在回家路上发生的伤害事故，但案例 2 判决学校不承担责任，而案例 3 判决学校承担责任。显然，此类学生伤害事故已经不能再简单适用《侵权责任法》第 38 条和第 39 条的规定。而《办法》第 13 条规定：在学生自行上学、放学、返校、离校途中发生的造成人身损害后果的事故，学校行为并无不当的，学校不承担责任。在该条规定中，有两个核心概念需要说明，一是学生“自行”。如果学生是乘坐校车上学、放学、返校、离校，就不属于“自行”，若发生学生伤害事故，虽然是在校外，学校仍然需要承担责任。二是学校行为“并无不当”。首先，学校行为的正当是指对学生加强了安全教育，包括学生在校外活动的安全教育；其次，学校不得有引发学生伤害事故的危险做法。

《解释》第 3 条第 2 款规定：“二人以上没有共同故意或者共同过失，但其分别实施的数个行为间接结合发生同一损害后果的，应当根据过失大小或者原因力比例各自承担相应的赔偿责任。”在案例 2 中，虽然教师有让学生滞留的行为，但与学生回家途中发生争执打斗行为没有任何因果联系，因此学校不承担责任。在案例 3 中，虽然学校进行了学生交通安全教育，但学生出板报直到傍晚，由于傍晚光线较暗、学生视力受到影响，增加了发生交通事故的概率，所以符合《解释》第 3 条第 2 款的规定，学校应承担责任。

三、建　议

1. 加强对学生放学后的安全教育

对学生进行安全教育是学校的法定职责，这不仅包括校园内的安全教育，也包括校外生活的安全教育。在实践中，大部分学校比较忽视后者，尤其是上学和放学途中的安全教育。通过上述案例分析，学校应特别注意加强对学生放学后的安全教育，包括交通安全教育、自我保护教育、学生矛盾处理、游泳安全教育等。

2. 完善安全教育档案管理

当发生学生伤害事故后，学校往往面临举证责任，最常见的就是安全教育的举证责任。现实中，很多学校都对学生进行了有效的安全教育，但往往忽视了安全教育档案的管理。学校和各班级应加强学生安全教育的档案管理，注意将每次安全教育的内容、时间等记录在案，并应有见证人签字，形成安全教育档案，以便在发生学生伤害事故后，能有效举证。

3. 注意放学后、离校前的安全管理

学生放学后、离校前，往往是学生安全管理的真空时间。学校应安排各班级教师负责学生离校的秩序管理，并安排专人及时检查、清校、静校，防止因学生滞留学校出现管理真空而发生伤害事故。

4. 放学后，教师尽量不要让学生在校内滞留

有的教师为了教学工作和班级管理的需要，放学后让学生滞留校内，这有可能引发学生伤害事故。因此，教师最好不要放学后让学生留校。如果确实需要这么做，那么教师应及时通知学生家长，并在学生滞留结束后，完成与学生家长的交接。

（本文作者系首都师范大学初等教育学院副教授）

对学生托管问题的法律探析

尤　琳

小学生下午三四点钟放学，家长五点以后才能下班，无法准时去接孩子，这成了困扰很多家长的一个难题。在此背景下，专门替家长临时接送、照看和辅导孩子的新行业——托管应运而生。

目前，对学生提供托管服务的有在职教师、学校和社会托管机构。在职教师提供的托管服务极易演变为有偿家教，因此，不少地方和学校明令禁止在职教师从事有偿托管。比如，福建省教育厅明文规定：规范教师兼职行为和校外活动，不得涉及有偿补课、有偿托管。福建福州市教育局规定：对从事有偿托管活动的教师，教育主管部门将予以告诫，且评定其当年年度考核为不合格；同时，予以高职低聘或调整其聘任岗位，两年内不得评优评先，不得申报晋升高一级教师职务，并视情节轻重予以警告、记过、记大过处分；对从事有偿托管的校级领导，一律免去其职务。有鉴于此，本文主要探讨学校和社会托管机构提供托管服务的相关法律问题。

一、托管机构的性质

提供托管服务的学校属于教育机构，这点毋庸置疑。而对于社会托管机构的性质，目前没有统一的结论：有的人认为，社会托管机构属于民办教育机构；有的人认为，社会托管机构属于一般营利性服务机构。对社会托管机构的性质定位不明，直接导致对谁作为其主管机构的认定比较混乱，容易出现监管缺位。比如，在2003年前，广东中山市的托管班一直由教育部门监管；2003年后，根据相关文件的精神，托管班的审批权转到工商局；2006年9月，省市两级法制部门认为，托管班兼有教育的功能，其性质与托儿所的性质相似，所以其审批权应该转归教育部门。

笔者以为，社会托管机构是兼有教育性与社会服务性双重性质的机构。社会托管机构提供的服务不仅包括教育、管理学生，而且包括提供饮食、接送等不属于教育范畴的服务，所以不能简单将其归为民办教育机构。同时，在社会托管机构对学生进行教育、管理的过程中，出于保护未成年人身心健康的需要，社会托管机构的辅导教师必须持有教师资格证，所以，社会托管机构区别于一般的营利性服务机构。

托管机构兼具教育性与社会服务性双重性质，但其最主要的职能是教育、管理学生，因此，托管机构的主管机关应该是教育行政部门。同时，教育、工商、卫生、消防等部门在各自职权范围内对托管机构进行共同监管。托管机构除了要有教育行政部门颁发的从事教育服务的许可证外，还要有工商部门颁发的经营许可证、卫生部门颁发的卫生许可证。

二、托管机构与学生之间的法律关系

1. 社会托管机构与学生之间的法律关系

《最高人民法院关于贯彻执行〈中华人民共和国民法通则〉若干问题的意见》(以下简称《意见》)第 22 条规定："监护人可以将监护职责部分或全部委托给他人。因被监护人的侵权行为需要承担民事责任的，应当由监护人承担，但另有约定的除外；被委托人确有过错的，负连带责任。"根据这一规定，当家长与社会托管机构签订合同，委托托管机构对其子女进行教育、管理时，意味着家长将其对子女的部分监护职责委托给了社会托管机构，家长、学生与社会托管机构之间构成委托代理关系。

社会托管机构除了教育、管理学生之外，还要提供接送学生上下学、安排饮食等服务，这种服务与一般性的社会服务一样，社会托管机构与家长、学生之间构成平等的民事契约关系。社会托管机构按照合同约定提供服务的过程就是履行服务合同的过程。

2. 作为托管机构的学校与学生之间的法律关系

《学生伤害事故处理办法》第 5 条规定："学校对学生进行安全教育、管理和保护，应当针对学生年龄、认知能力和法律行为能力的不同，采用相应的内容和预防措施。"第 7 条规定："学校对未成年学生不承担监护职责，但法律有规定的或者学校依法接受委托承担相应监护职责的情形除外。"这里区分了两种情形：(1)学校按照国家规定对学生进行教育、管理。此时，学校与学生、家长之间既不是监护权的委托代理关系，也不是一般意义上的民事契约关系。学校对未成年学生所具有的教育权不是受托于家长，而是来自于教育法等有关法律的规定；不是一种代理权，而是法定教育权的组成部分。(2)学校为了满足部分学生、家长的特殊需要而提供服务。此时，学校通过与学生、家长签订服务合同，双方构成民事契约关系。通过该合同，家长也可以将其对子女的部分监护职责委托给学校。

托管并不是国家规定的学校教育教学工作的法定内容，而是学校为了满足部分学生家长的特殊需要而提供的一种服务，因此，作为托管机构的学校与学生、家长之间的关系，和社会托管机构与学生、家长之间的关系相同。

三、 学校收取托管费是否违规

安徽安庆江镇初中为留守儿童办起托管班，家长可自愿捐赠 2200 元，由学校担负起监管 3 年的责任。后有人向教育部门举报并投书媒体，认为该校以办托管班的名义，向学生家长乱收费。县教育局调查组建议校方清退学生家长的捐款。然而，校方在宣布退还学生家长的捐款、撤销托管班时，却遭到普遍抵制，大多数人请求保留托管班。这样的例子在各地并不少见。那么，学校收取托管费是否违反“一费制”政策的规定？是否属于乱收费呢？

“一费制”主要是为了规范正常的教育收费。物价部门规定学校应按照“一费制”要求收费，但学校对学生的课后托管属于正常教育以外的行为，是学校为了满足部分学生、家长的特殊需要而提供的服务，并不是学校应尽的义务，因此，学校收取托管费并不违背“一费制”政策。当然，托管费的收费标准不能过高，应由物价部门统一规定。目前，广东省物价局已经发出通知，把课后托管费纳入自愿选择的其他代收费项目，并统一规定了收费标准。

四、 托管机构的法律责任

托管机构对学生进行教育、管理的行为，是托管机构基于家长的委托部分履行监护职责的行为。根据《意见》第 22 条规定的归责原则，在托管期间，托管机构因为自身的过错，导致被托管学生的人身权益受损，托管机构应该按照“过错责任原则”承担与其过错相应的赔偿责任。如果托管机构未尽到对学生的教育、管理和保护义务，导致被托管学生侵害他人人身权益，那么托管机构也要承担与其过错相应的赔偿责任。托管机构以外的第三人造成被托管学生人身伤害的，根据《最高人民法院关于审理人身损害赔偿案件适用法律若干问题的解释》第 6 条的规定，由实施侵权行为的第三人承担赔偿责任。托管机构有过错的，应当在其能够防止或者制止损害的范围内承担相应的补充赔偿责任。托管机构承担责任后，可以向第三人追偿。

托管机构接送学生、提供饮食、安排学生休息等托管行为，是其按照合同约定提供服务的行为。如果托管机构没有按照约定及时接送学生、提供可口的饭菜等，那么家长可以要求托管机构承担违约责任。如果因为托管机构没有按照约定提供服务导致被托管学生受到人身损害，如因为托管机构没有按照约定及时接送学生导致学生独自回家遇到车祸、学生吃了霉变的食品中毒等，那么家长也可以要求托管机构承担违约责任。需要注意的是，在这种情形下，出现了违约责任与侵权责任竞合的问题。至于追究托管机构承担何种责任，则可由被损害学生自由选择。

为了避免纠纷，建议托管机构与学生家长签订合同时，尽量将合同条款细化，包括托管机构所要承担的义务、法律责任等。这样，一旦发生伤害事故，双方就可以按照合同约定明确彼此要承担的法律责任。

（本文作者系原景德镇陶瓷学院人文社科学院教授）

校车事故中的学校责任问题分析

肖宝华　兰侨成

一、案　例

案例一：

2009 年 5 月 18 日下午，小伟放学后乘坐校车回家。小伟家住复兴路西侧，校车行驶到复兴路时，为节省时间，就近停靠在马路东侧。这段马路中间设有隔离设施，严禁停车。跟车老师让小伟赶紧下车，校车随后驶离。看着家门口近在眼前，小伟便径直横穿马路。此时，一辆由南向北行驶的货车正好开过，将小伟撞倒在地。肇事司机刘某赶忙将小伟送往医院，但年仅 9 岁的小伟经抢救无效身亡。交警支队对这起事故认定：校车和货车的两名驾驶员均承担次要责任，小伟负主要责任。三个月后，小伟父母将两肇事方以及保险公司和学校告上法院。法院经审理后，判决保险公司在交强险 12 万元范围内予以赔偿，由于校车司机属于学校雇佣司机，所以判决货车司机和学校承担交强险赔偿范围外各 20％的赔偿责任，小伟父母承担其中 60％的责任。一审法院判决后，小伟父母不服，认为学校不仅应承担校车事故责任，还应承担对小伟照管不力的责任。二审法院再审后，认定学校对小伟照管不力，故改判在交强险赔偿范围之外，货车司机承担 30％的赔偿责任，学校承担 60％的赔偿责任。

案例二：

2010 年 11 月 29 日下午，校车送小明返家至岔道口。小明下车时不慎摔倒，致右胳膊损伤，随后被送往医院治疗，被诊断为"右肱骨髁上骨折"。2011 年 3 月 1 日，经司法鉴定机构鉴定，小明为九级伤残。法院审理后认为，原告小明作为无民事行为能力人，在下校车时仍处于学校的管理之中，被告学校应对其人身安全承担安全保障和保护义务，故判决学校赔偿原告的全部损失 31956 元。

案例三：

小雅就读于市区民办学校，该校有校车，定时定点发车。2009 年 9 月 14 日下午，小雅没有坐校车回家，而是自行沿公路步行回家，路上遇到车祸后死亡。事后，小雅的父母向交通肇事方和学校提出赔偿要求，但遭学校拒绝。家长遂向南湖区法院提起诉讼。法院审理后认为，小雅与学校之间存在教育服务合同关系，学校对未成年学生负有教育、保护、管理的义务，学校不履行义务的行为与小雅发生事故之间存在一定的因果关系，学校应当承担次要责任。最后，法院判令学校承担 40％的赔偿责任。

二、分　析

近期，有关校车事故的报道屡屡见诸报端，引发了全社会的广泛关注。校车事故涉及学校、学生、校车公司、第三方等多个主体，因此在责任的划分上也比较复杂，需要具体情况具体分析。

1. 校车事故中多个主体之间的法律关系分析

按照《校车安全管理条例》第 2 条的规定，校车"是指依照该条例取得使用许可，用于接送接受义务教育的学生上下学的 7 座以上的载客汽车"。无论校车是学校自己购买的还是租赁校车公司的，校车管理都是学校管理的延伸，因此学生在乘坐校车途中，学校应承担对学生的管理和保护义务。学校未尽到管理和保护义务导致学生受到伤害的，要依据《中华人民共和国侵权责任法》(以下简称《侵权责任法》)第 38 条、第 39 条、第 40 条的规定承担赔偿责任。

如果校车是租赁来的，那么学校与校车公司之间是一种合同关系。这种合同属于第三人利益合同。所谓第三人利益合同，又称向第三人履行合同，是指合同当事人为第三人设定了合同权利，由第三人取得利益的合同。第三人不是合同的缔约人，不需要在合同上签字或者盖章。我国司法实践严格遵循合同的相对性原理，认为债务人未按约定向第三人履行债务时，仅债权人有权请求其承担违约责任。《中华人民共和国合同法》(以下简称《合同法》)第 64 条对此做了明确规定，即"当事人约定由债务人向第三人履行债务的，债务人未向第三人履行债务或者履行债务不符合约定，应当向债权人承担违约责任"。也就是说，学生不是合同的主体，学生与校车公司既不存在合同关系，也不存在侵权关系。因校车公司的过错引发的学生伤害事故，受害学生不能直接要求校车公司承担违约或侵权赔偿责任，但可以要求学校承担赔偿责任。学校再按照与校车公司的约定，向校车公司索赔。有鉴于此，以下讨论校车事故中的学校责任时，仅指校车所有者为学校，对于学校租赁校车的情况，学校在承担过错赔偿责任后再依据租赁合同向校车公司索赔。

因第三方引发校车事故导致学生受到伤害的，应按照《中华人民共和国道路交通安全法》(以下简称《交通安全法》)和《侵权责任法》的规定，确定侵权赔偿责任。如果校车属于无责一方，则第三方与受害学生存在直接侵权关系，学校与受害学生不存在侵权关系，受害学生可以直接向第三方要求赔偿；如果校车与第三方都属于有责方，则第三方与学生存在侵权关系，学校也与受害学生存在侵权关系，受害学生可以同时要求第三方和学校按责任比例承担侵权赔偿责任；如果校车属于全责方，则受害学生与第三方不存在侵权关系，只与学校存在侵权关系，但第三方车辆应按照《交通安全法》第 76 条的规定承担 10%的无过错赔偿责任，第三方车辆投保的保险公司在交强险范围内承担 10%的交强险赔偿责任，学校承担其余的赔偿责任。需要说明的是，第三方引发校车事故造成学生受到伤害，当校车有责或全责时，学校与乘坐校车的学生之间还存在运输服务关系，根据《合同法》第 203 条的规定，出现侵权责任与违约责任的竞合，但不影响学校承担责任的比例。

2. 校车事故中的学校责任分析

根据事故发生的不同场合，可以将事故分为学生在校车上、上下校车时、离开校车后和校车未接送学生四种情形进行讨论。

(1)学生在校车上发生的伤害事故，通常有三种情形。

其一，学生在校车上因争吵、打闹发生的伤害事故。例如：某小学学生张明和李翔在乘坐校车途中发生争吵，张明用水杯将李翔打伤，后李翔的父母将学校和张明的父母告上法庭。法院认为，校车是校园的自然延伸，因此适用《侵权责任法》第 38 条和第 39 条的规定，学校因管理不善承担过错责任，张明父母应承担监护中管理、教育不当的责任，故判决学校和张明父母各承担 50%的赔偿责任。

其二，校车单方肇事引发的学生伤害事故。例如：某校车司机驾驶车辆速度过快，在躲避其他车辆过程中撞到了路边的护栏，造成部分学生受伤。这种情形下应按照《合同法》第 203 条规定、《侵权责任法》一般侵权责任规定和最高人民法院《关于审理人身损害赔偿案件适用法律若干问题的解释》(以下简称《解释》)中的雇佣关系规定，由学校承担违约或侵权责任，承担全部损害赔偿责任。如果学校投保了车上人员险，则在学校对受害学生赔偿后，由学校按照保险合同的约定，向保险公司要求理赔，受害学生无权向保险公司主张赔偿。

其三，校车与其他车辆(第三方)引发的学生伤害事故。在这种情形下，首先必须按照前面的论述，区分校车与第三方在事故中应承担的责任比例来确定学校的赔偿责任。学校在赔偿受害学生后，如果投保了车上人员险，则可再按照在事故中的责任比例，要求保险公司按照保险合同的约定进行赔偿。

(2)学生在上下校车时发生的伤害事故，也要分两种情形进行讨论。

其一，学生正常上下车时，只要有一只脚在车上，上下车时摔倒都属于学生在校车上发生的伤害事故，学校根据过错程度承担损害赔偿责任。

其二，中小学生活泼好动，很可能出现跑跳上下车的情形。在这种非正常上下车情形下发生的学生伤害事故，学校仅按照《解释》第 7 条的规定，承担相应的过错赔偿责任。如果学校没有过错，则不承担任何责任。

由此可见，在第二种情形中，学校承担的责任明显要比第一种情形小。在上述案例二中，小明下车时摔倒受伤，首先要看小明是否正常上下车，才能确定学校承担责任的大小。

(3)学生离开校车后发生的伤害事故。

学生离开校车后，其管理职责自然由学生的监护人承担。学校仅负有在规定的时间将学生送到规定的地点，并保障学生安全离开机动车道路的义务。对于学生离开校车后发生的伤害事故，如果学校履行了上述义务，那么学校就不承担任何责任。但在上述案例一中，校车违法停车，违反了《交通安全法》的规定，没有履行在规定地点停车的义务，同时在小伟监护人未接送小伟的情况下任其横穿马路，小伟的伤害事故与校车违法停车有直接的因果关系。因此在这起事故中，除肇事车辆、小伟的监护人应承担责任外，学校应承担管理过错责任。

(4)校车未接送学生发生的伤害事故。

上述案例三中，小雅没有乘坐校车，但法院仍然判决学校承担赔偿责任，其主要依据的是《解释》第 7 条的规定。虽然校车是自愿乘坐，但没有小雅家长声明小雅不乘坐校车的协议与说明，而学校没有督促小雅乘坐校车，任其自行回家，这样就出现了管理真空，故学校应对其未尽管理义务的行为承担相应的赔偿责任。

三、建　议

1. 投保校车的相关保险

校车除按车辆保险要求投保各种保险外，还必须投保车上人员险。所谓车上人员险是指在保险期间内，被保险人或其允许的合法驾驶人在使用被保险机动车过程中发生意外事故，致使车上人员遭受人身伤亡，依法应当由被保险人承担损害赔偿责任，保险人予以赔偿的保险险种。目前中国平安保险公司的车上人员险保额为1万～10万元，校车最好按最高限额投保车上人员险。这样，无论校车发生单方肇事事故、双方交通事故，或者其他意外事故，都可以从保险公司得到本车人员伤亡的损害赔偿，减轻学校的赔偿压力。

2. 规范校车管理

校车应按规定的路线、规定的时间、规定的地点接送学生，如因特殊情况出现变更，必须及时通知家长，便于与学生家长完成学生交接，保证学生安全。如果没有见到家长，则要及时联系家长，同时将学生护送离开机动车道。学校不仅要和乘坐校车的学生家长签订协议，也要和不乘坐校车的学生家长签订协议，避免出现学生管理和监护的真空。

未成年人活泼好动，容易在车上发生打闹或者争吵，因此要配备随车教师照管学生。学生上下车时比较容易出事故，因此校车必须在停稳后再开启车门，并由随车教师或司机在车下保护学生上下车。

与普通司机相比，校车司机负有更大的谨慎驾驶的义务，这就要求校车司机经验丰富，性格温和，在校车行驶中注意控制车速。

要注意对校车的每天检查与定期保养，建立安全维护档案，保证车辆的安全车况。校车应当配备逃生锤、干粉灭火器、急救箱等安全设备。安全设备应当放置在便于取用的位置，并确保性能良好、有效适用。一般应在校车上标示“校车请关照”，便于其他车辆辨认与避让。

3. 加强对学生和家长的安全教育

学校应当对学生、学生的父母或者其他监护人进行交通安全教育，向学生讲解校车安全乘坐知识和校车安全事故应急处理技能并定期组织演练。

4. 尽快完善《校车安全管理条例》

目前虽然已经出台了《校车安全管理条例》，但从《校车安全管理条例》可以看出，内容规定的还不尽完善，对学校与校车服务单位之间的服务协议没有做出详尽的规定，当发生学生伤害事故后，学校容易与校车服务单位产生法律纠纷。学校对学生上下车的谨慎照管职责、定点与家长交接学生等规定也需要进一步详尽和细化。

（本文第一作者系首都师范大学初等教育学院副教授）

中小学校方责任险：该谁为受伤害学生“埋单”

张　骥　解立军

自2008年起，全国各中小学校、幼儿园依照有关规定，普遍投保了意外伤害校方责任保险(以下简称校方责任险)。目前，校方责任险在运行中遇到了一些亟须明确的法律问题，本文拟对这些问题进行探讨。

一、 校方责任险和学生平安险是否可以相互代替

校方责任险属于财产保险，其投保人或被保险人是学校，保险标的是学校对学生人身受到损害而依法应承担的侵权赔偿责任；学生平安险属于人身保险，其投保人或被保险人是学生，保险标的是学生本人的身体和生命。可见，校方责任险和学生平安保险是两种不同性质的保险，不能相互代替。

不少学校认为，投保校方责任险后，学生在校发生的意外伤害，全部由保险公司“埋单”，学校就不用担心赔偿问题了。不少家长也认为，学校投保校方责任险后，家长就不需要再购买学生平安险了。其实，这些看法都是错误的。校方责任险不能包赔所有的学生意外伤害和全部损失。只有当学校对学生受到的伤害依法应当承担赔偿责任，且该赔偿责任属于保险责任范围时，保险公司才在责任限额内承担保险赔偿责任。况且，校方责任险转移的只是民事赔偿责任，不能免除因学生伤害而被追究的刑事责任和行政责任。因此，学校不能因为有了校方责任险而放松对学生的安全管理。在学校投保校方责任险后，家长最好再购买一份学生平安险，以便分散发生非校方责任的学生意外伤害的风险。

另一种情形是，以学生平安险来代替校方责任险。有的学校未投保校方责任险，发生学生意外伤害事故后，便用代为理赔的学生平安险的保险金来冲抵自己的赔偿责任。这种做法是没有法律依据的，实际上混淆了学生平安险和校方责任险的本质区别。《中华人民共和国保险法》(以下简称《保险法》)第46条

规定：人身保险的被保险人因第三者的行为而发生死亡、伤残或者疾病等保险事故的，保险人向被保险人给付保险金后，不享有向第三者追偿的权利，但被保险人或者受益人仍有权向第三者请求赔偿。据此规定，即使作为被保险人的学生从保险公司获得平安险的保险赔偿，也不妨碍其依法向侵权人即学校请求赔偿，也就是说，学生同时享有侵权赔偿请求权和保险金请求权两项权利。如果学校强行扣除代为理赔的平安险的保险金，从而使得其民事赔偿责任得以减轻，那就违反了《保险法》第46条之规定，也有获得非法利益的嫌疑。

投保校方责任险和学生平安保险两种保险，并不构成法律意义上的重复保险。各保险公司不能像重复保险那样，按照其保险金额与保险金额总和的比例承担赔偿保险金的责任。因为重复保险必须具备的条件是投保人对同一保险标的、同一保险利益、同一保险事故分别与两个以上保险人订立保险合同，而校方责任险和学生平安保险的保险标的和保险利益不是同一的，因而不存在重复保险的问题。

二、 保险责任和除外责任应如何约定

从中国人民财产保险股份有限公司《校(园)方责任保险条款》(2007年版)、中国平安财产保险股份有限公司《平安校方责任保险条款》(2009年版)、中国太平洋财产保险股份有限公司《校(园)方责任保险条款》(2009年版)(以下简称三家校方责任险条款)中关于保险责任和除外责任(责任免除)的表述来看，都采用了“一切都保，列明除外”的方式，即将保险责任界定为在列明的除外责任情形以外，“依法应当由学校承担的部分或全部赔偿责任”。有的校方责任险条款还同时列举了一些具体的保险事故。对于除外责任则列举了具体的除外情形，将学校不应承担责任的事故和学校应承担责任但保险公司不承保的事故排除在保险责任范围之外。

1. 保险责任的约定

从关于保险责任的约定来看，三家校方责任险条款大都将学校因过失致学生损害的赔偿责任约定为保险责任。但是，学校因故意致学生损害的赔偿责任，如学校明知其教育教学设施不安全仍继续使用，学校默许或放任其教职工殴打、体罚学生等造成的伤害，则不属于保险责任的范围。

被保险人故意致人损害的赔偿责任，不得为责任保险的标的，但其不具有绝对意义。并非因故意造成的所有的损害赔偿责任均不得作为责任保险的标的。如被保险人的雇员在执行职务或者工作时故意致人损害，被保险人对其雇

员的行为应当承担民事责任；受害人的损害之发生因雇员的故意行为而发生，但损害的发生对于被保险人则属于意外，可以投保责任保险。这就要求区分学校的故意与教职工的故意。虽然教职工体罚学生属于故意，但是，如果教职工的体罚行为并非学校的意图，即学校对此不存在默许或放任的故意，那么学校对教职工的体罚行为所承担的赔偿责任，就应属于责任保险的范围。三家校方责任险条款也都将这种情形明确约定归为保险责任范围。

此外，中国人民财产保险公司的《校(园)方责任保险条款》第 4 条还将“尽管被保险人已经履行了相应职责、行为并无不当，但法院或仲裁机构仍判决或裁决被保险人需对受伤害学生给予经济补偿”的情形，约定归为保险责任范围。例如：某学校组织的学雷锋活动小组每年都要为社会做许多好事，学校也收到了大量锦旗、感谢信等。某星期天，学雷锋活动小组在组长的带领下，来到敬老院帮着擦地板、桌椅等。15 岁的茹某在擦地板时不慎摔倒，造成左手骨骨折，共花去医疗费 1568 元。茹某受伤纯属意外，自身不存在过错，学校亦无过错，但茹某所在的学雷锋活动小组做好事不图回报，为学校争得了荣誉，根据公平原则学校应适当分担部分损失。茹某受伤系学校履行道德义务所致，故保险公司应承担保险赔偿责任。履行道德义务致他人损害，属于社会善良行为造成的损害，社会善良行为应受法律的保护和鼓励，在保险用于防范危险时，也不应当例外。

在现实中可能出现因保险责任约定不明而发生争议，应如何处理？下面就是一个典型的案例。

某高中在 2008 年 4 月 2 日投保的《校(园)方责任保险条款》第 2 条中注明：“在学校的教学活动或由学校统一组织的活动中，由于疏忽或过失造成依法应当由被保险人承担的经济赔偿责任，保险人负责赔偿。”2008 年 5 月 29 日晚，该校两名寄宿生(年龄均为 17 周岁)偷偷溜出学校后被车撞身亡。因肇事车辆逃逸，该校一次性赔偿两死者家属 18 万元后，诉至法院，要求某保险公司赔偿校方损失 18 万元。而保险公司认为，该事故发生在保险合同约定的保险范围外，保险公司不应承担赔偿责任。该案件争议的焦点在于，两名学生偷偷溜出学校的行为是否在《校(园)方责任保险条款》第 2 条约定的保险范围即“学校的教学活动”内。由于该条款属于格式条款，且双方当事人对格式条款的理解存在分歧，依据《保险法》第 30 条规定，应当做出有利于被保险人的解释，故法院判决保险公司赔偿该校经济损失 18 万元。

2. 除外责任的约定

除外责任，可分为法定除外责任和约定除外责任。根据我国法律规定，下列情形应作为法定除外责任，即使未约定也免予承担保险责任：学校的故意行为；因学校故意或者重大过失未尽及时通知义务导致无法确定的损失；未办理批改手续的新增学生发生的人身伤亡事故。

保险公司通常还与学校约定一些不承担保险责任的情形，即约定的除外责任。这些约定的除外责任不得与法律、行政法规的强制性规定相抵触，否则无效。

对保险合同中的除外责任条款，保险公司在订立合同时应当在投保单、保险单或者其他保险凭证上做出足以引起投保人(学校)注意的提示，并对该条款的内容以书面或者口头形式向学校做出明确说明；未作提示或者明确说明的，该条款不产生效力。

三、 学校和受害学生是否都可以直接请求保险公司赔偿

一般情况下，保险公司对被保险人学校的请求负赔偿责任，而受害学生对保险公司没有直接请求赔偿的权利。但基于责任保险保护受害人利益的特殊功能，在符合法律规定的条件下，受害学生也可以直接请求保险公司赔偿。

1. 学校可以直接请求保险公司赔偿

学校直接请求保险公司赔偿，有以下两种情形。

(1)学校直接请求保险公司向学校赔偿保险金。在学校已经赔偿了学生损失的情形下，学校可以直接请求保险公司向学校赔偿保险金。但是，根据《保险法》第 65 条第 2 款的规定，如果学校未赔偿学生损失，那么保险公司是不能直接向学校赔偿保险金的。这种情形涉及的主要问题是，学校赔偿受害学生的损失能否得到保险公司的认可；如果不认可，学校如何请求保险公司赔偿。对此，可通过以下途径解决：第一步，学校和学生可以先就学校赔偿责任的大小、数额等问题进行协商，并通知保险公司参加。如果达成协议且得到保险公司认可，那么学校在按协议约定的数额赔偿学生损失后，可直接请求保险公司向学校赔付。当然，如果协议约定的学校赔偿数额超出保险责任限额或不属于保险责任范围，那么保险公司只需按责任限额赔偿，其余部分仍由学校负责赔偿。第二步，如果没达成协议，或虽达成协议但保险公司不认可，那么学生可以学校为被告，向法院起诉，由法院判决或调解学校承担相应的赔偿责任。第三步，学校按法院判决书、调解书或自行达成的协议赔偿了学生损失后，可根据保险合同约定，直接请求保险公司赔偿。如果保险公司不同意赔偿，那么学校可以保险公司为被告提起诉讼。在诉讼中，如果学校与学生之间的赔偿金额已为法院发生法律效力的判决确认，那么保险公司对该赔偿金额提出异议要求

重新审核的，法院不予支持。如果学校与学生之间的赔偿金额系当事人自行协商确定，或通过法院民事调解程序确定的，那么法院可根据保险公司的请求对相关事实进行必要的审查，如审查调解中的数额与保险公司核定的理赔数额是否有较大差距、是否属于保险责任的范围等。

（2）学校直接请求保险公司向学生赔偿保险金。根据《保险法》第 65 条第 2 款的规定，如果学校的赔偿责任已确定，如法院判决确定了学校向学生的具体赔偿金额或者学校与学生达成的并经保险公司同意的协议确定了具体的赔偿金额，那么学校可以直接请求保险公司依合同约定向学生赔偿保险金。

2. 在一定条件下，学生可以直接请求保险公司赔偿

根据《保险法》第 65 条第 1 款、第 2 款的规定，在下列情形下，受害第三人可以直接请求保险公司赔偿保险金：（1）法律有直接规定。（2）责任保险合同有约定。（3）被保险人的赔偿责任已确定，而被保险人怠于请求保险公司向第三人赔偿。我国现行法律并无校方责任险中受害人可以直接请求保险公司赔偿的规定，因此，只有当校方责任保险合同中有约定，或学校的赔偿责任已确定但学校既不履行赔偿义务又怠于请求保险公司向学生赔偿时，学生才可以直接请求保险公司赔偿保险金。

四、　校方责任险的索赔时效是否应从学生伤害事故发生之日起算

根据《保险法》第 26 条规定，一般保险索赔时效的起算点是被保险人知道或者应当知道保险事故发生之日。但是校方责任险的索赔时效是从学生伤害事故发生之日起算，还是从学生向学校请求赔偿之日起算？也就是说，何为校方责任险中的保险事故？对此，中国保险监督管理委员会《关于索赔期限有关问题的批复》（保监复〔1999〕256 号）中指出，“对于责任保险而言，其保险事故就是第三人请求被保险人承担法律责任。保险事故发生之日，应指第三人请求被保险人承担法律责任之日”。因此，校方责任险的索赔时效应从受害学生请求学校承担法律责任之日起算。

根据《保险法》第 26 条规定，校方责任险的索赔时效是两年。然而，在校方责任险中，虽然保险事故发生了，但学校的责任往往不能马上确定，要经过多重程序才能最终确定学校的责任。这个确定责任的过程必然要花去一定的时间。这个时间过程应当适用诉讼时效中止、中断等规定。

（本文第一作者曾就读于中国政法大学国际法学院）

第三篇 教师与法

从《中华人民共和国劳动合同法》看学校如何完善用工制度

雷思明

《中华人民共和国劳动合同法》(以下简称《劳动合同法》)于2008年1月1日起正式施行。这是一部关系千千万万普通劳动者切身利益的法律，它以保护劳动者的合法权益为立法宗旨，矫正了当前劳动用工领域“强资本，弱劳动”的劳资博弈格局，对劳动用工方式产生了极其深刻的影响。作为用人单位，学校是否适用该法？面对该法，学校该如何完善用工制度？

一、《劳动合同法》在用工制度规定上的一些重大突破

与1995年施行的《中华人民共和国劳动法》(以下简称《劳动法》)相比，《劳动合同法》在用工制度的规定上有一些重大突破，主要表现在如下几个方面。

1. 适用人员范围扩大

《劳动合同法》将民办非企业单位的劳动者、事业单位聘用的工作人员、劳务派遣单位的劳动者以及非全日制用工的劳动者都纳入该法的保护范围。总体上看，除了公务员以及参照公务员管理的人员之外，其他劳动者的合法权益都可以受到该法的保护。

2. 规范了劳动合同的订立情形

针对现实中劳动合同签订率低、劳动者的合法权益得不到充分保障的状况，《劳动合同法》规定，用人单位应当与劳动者签订书面劳动合同，用人单位不与劳动者签订劳动合同将要承担严厉的法律责任。用人单位超过一个月不满一年未与劳动者签订劳动合同的，应当向劳动者每月支付双倍的工资；超过一年未订立劳动合同的，视为已与劳动者订立无固定期限劳动合同(一种长期的、无约定终止时间的劳动合同)。

3. 扩大了无固定期限劳动合同的适用情形

《劳动法》第20条规定，劳动者在同一用人单位连续工作满十年以上，如

果劳动者提出订立无固定期限的劳动合同，用人单位就应当与之订立无固定期限的劳动合同。《劳动合同法》在此基础上，又增加了订立无固定期限劳动合同的两种情形：用人单位初次实行劳动合同制度或者国有企业改制重新订立劳动合同时，劳动者在该用人单位连续工作满十年且距法定退休年龄不足十年的；连续订立两次固定期限劳动合同的。上述规定有利于解决劳动合同短期化的问题，促进劳动者的稳定就业。

4. 明确了用人单位的协商、公示或通知义务

用人单位在依据本单位的规章制度或重大决策，对职工进行处罚或进行某种安排的时候，应当证明其在规章制定或决策做出之前，已征求、听取了职工的意见，并已向职工进行告知，否则其处罚或安排行为将不受法律支持。

5. 完善了劳动合同内容的必备条款

与《劳动法》相比，《劳动合同法》增加了以下几项必备条款：(1)劳动关系双方主体的基本情况。(2)工作地点。(3)工作时间和休息休假。(4)社会保险。(5)职业危害防护。用人单位提供的劳动合同文本未载明必备条款的，由劳动行政部门责令改正；给劳动者造成损害的，应当承担赔偿责任。

6. 限制了违约金的适用范围，禁止用人单位随意约定违约金

针对一些用人单位随意约定高额违约金，以限制劳动者的合理流动、抬高劳动者的解约门槛的情形，《劳动合同法》规定只有以下两种情形可约定违约金：(1)用人单位为劳动者提供专项培训费用，对其进行专业技术培训的，可以与该劳动者约定服务期，劳动者违反服务期约定的，应当按照约定向用人单位支付违约金。违约金的数额不得超过用人单位提供的培训费用。(2)用人单位可以在劳动合同或者保密协议中与劳动者约定竞业限制条款，劳动者违反竞业限制约定的，应当按照约定向用人单位支付违约金。

7. 扩大了经济补偿金的适用情形

其中最为典型的便是劳动者由于用人单位的原因而被迫解除劳动合同的，以及劳动合同因期限届满而终止的，用人单位应当向劳动者支付经济补偿金。这为劳动者在失去工作后的一定时期内维持基本生活提供了有效保障，同时也引导用人单位权衡利弊，谨慎解除和终止劳动合同。

8. 加大了用人单位的违法用工成本

按照《劳动合同法》的规定，用人单位未与劳动者签订书面劳动合同的，违反法律的规定约定试用期的，未及时、足额向劳动者支付劳动报酬、加班费或经济补偿金的，违法解除或终止劳动合同的，以及有其他违法用工行为的，都将承担支付赔偿金等法律责任。

二、 学校劳动纠纷中《劳动合同法》的适用问题

在过去，无论是民办学校还是公办学校，发生劳动纠纷后适用什么法律一直是一个模糊的问题。《劳动合同法》的颁布使得这一问题有了明确的答案。民办学校的用工方式较为单纯，学校与全体教职工之间都是普通的劳动合同关系。《劳动合同法》第2条规定："中华人民共和国境内的企业、个体经济组织、民办非企业单位等组织(以下称用人单位)与劳动者建立劳动关系，订立、履行、变更、解除或者终止劳动合同，适用本法。"民办学校作为民办非企业单位，其与劳动者之间发生的用工纠纷完全适用《劳动合同法》。

公办学校的情况则要复杂一些。公办学校的劳动者可分为三类：具有正式编制的教职工(包括教师和职员)，雇用的工勤人员(如厨师、保洁员等)，代课教师。其中，第一类人员又被称为"在编人员"，后两类为"编外人员"。关于这三类人员的法律适用问题，《劳动合同法》做了区别性的规定。《劳动合同法》第2条规定："国家机关、事业单位、社会团体和与其建立劳动关系的劳动者，订立、履行、变更、解除或者终止劳动合同，依照本法执行。"公办学校作为事业单位，其与后两类人员(编外人员)之间建立的是普通劳动合同关系，根据《劳动合同法》第2条的规定，两者之间发生用工纠纷完全适用该法。这点和民办学校与教职工之间的关系并无二致。

难点在于第一类人员(在编人员)的法律适用问题。近些年，绝大多数学校都进行了人事制度改革，试行了聘用制，教师和学校签订了教师聘用合同，建立了聘用关系。然而即便如此，在编教师与学校之间的聘用关系也不同于编外人员与学校之间的劳动关系。在编教师与学校之间首先是一种人事关系，在这种关系中，双方的主体地位并不平等，行政色彩较浓，是干部管理体制下的一种管理与被管理的关系，不同于编外人员与学校之间完全平等的法律关系。其次，虽然试行了聘用制，但在编教师与学校订立的聘用合同在合同期限、试用期、加班费、工资、福利、保险等方面都有其特殊性，与企业的劳动合同并不完全相同。有鉴于此，《劳动合同法》对实行聘用制的事业单位第一类人员(在编人员)的法律适用问题做出了特别规定。该法第96条规定："事业单位与实行聘用制的工作人员订立、履行、变更、解除或者终止劳动合同，法律、行政法规或者国务院另有规定的，依照其规定；未作规定的，依照本法有关规定执

行。”根据这一规定，在编人员与学校之间发生的用工纠纷，首先适用人事方面的法律、行政法规或国务院发布的人事文件，即优先适用特别法(人事规定)；特别法没有规定的，才依照《劳动合同法》的规定执行。这便是目前公办学校第一类人员(在编人员)有保留地适用《劳动合同法》的特殊规定。

有学者认为，公办学校第一类人员(在编人员)完全不适用《劳动合同法》。其理由是，该法第96条用的词是“劳动合同”，而不是“聘用合同”，在编人员与学校签订的是聘用合同，建立的是聘用关系，故完全不适用《劳动合同法》。笔者认为，这一理解是错误的，此处的“劳动合同”应作广义的理解，包含聘用合同。这点可以从全国人民代表大会常务委员会法制工作委员会对《劳动合同法》第96条的释义中得到佐证：“……考虑到目前事业单位正处于改革过程中，用人制度的情况比较复杂，事业单位的聘用合同具有特殊性和复杂性，将事业单位实行聘用制工作人员纳入本法调整需要慎重。同时，考虑到事业单位中实行聘用制的工作人员如不纳入本法调整，将缺乏实体法依据，其合法权益得不到有效保护……(本法第96条)对事业单位聘用制工作人员的劳动合同如何适用本法做出特别规定。这样规定，既解决了本法与现行的事业单位人事管理制度的衔接，解决了事业单位聘用合同无法可依的局面，也为事业单位人事制度改革留下空间。”根据这一释义，立法机关法制工作部门的本意应当是将事业单位与其在编人员的聘用关系纳入《劳动合同法》的调整范围，只不过在适用时，先适用人事方面的特别法，其次才适用本法。

三、 学校如何完善用工制度

《劳动合同法》对用工制度做出了诸多新的规定。对此，作为用人单位，学校应当主动审视、检查自己的用工状况，不断完善用工制度，以减少劳动纠纷，维护学校和教师的合法权益。

1. 完善人员招聘制度

如何招聘到合适的人员，并制约受聘者随意解约跳槽，这是学校在招聘过程中最为关注的两个问题。

(1)如何招聘到合适的人员。对于学校而言，最大的苦恼莫过于与应聘者签了聘用(劳动)合同之后，却发现此人并不适合岗位的需要。尽管在签约之前，学校可以通过查看应聘者的个人简历、学历学位证书、获奖材料或安排应聘者进行试讲等方式来考察应聘者的水平和能力，但实践证明，这些方式并不足以甄别应聘者是否真的适合本单位的岗位需求。为此，学校可以考虑的措施有：①在聘用合同(劳动合同)中让受聘者对自己的学历、学位、获奖情况或学校欲了解的其他客观事项做出陈述与保证。这一措施的目的是为了防止受聘者在应聘过程中提供虚假材料或做虚假陈述，骗取学校与其签约。按照《劳动合同法》的规定，用人单位有权了解劳动者与劳动合同直接相关的基本情况，劳动者应当如实说明；以欺诈的手段，使对方在违背真实意思的情况下订立或者变更劳动合同的，合同无效或部分无效。据此，学校如发现受聘者在订立合同时存在欺诈的情形，则可主张合同无效。②约定试用期。学校可在合同中约定一个合法的试用期，在此期间内，受聘者被证明不能胜任所承担工作的，学校可在向其说明理由后与其解除聘用(劳动)合同。③约定一个合适的合同期限。法定的最长试用期为 6 个月，而要考察一名刚刚步出大学校门的年轻教师是否能胜任工作，这一时间显然是不够的。从理论上讲，最好能约定一个合理的合同期限，这个期限足以保证学校对教师的能力、水平乃至潜力做出准确的评价。合同期限届满时，如受聘者被认为不合格，合同自然终止，学校可选择不再与其续约；如其合格，学校则可与其续签长期甚至无固定期限合同。考虑到教育行业的特殊性，这样的合同期限以两至三年为宜。如果合同期限过短，则学校无法对人才的合格性做出准确判断，若学校欲对其继续考察，则只能与其续签合同。而按照《劳动合同法》第 14 条的规定，一旦续签了合同，学校今后即丧失了解约的主动权，无论受聘者水平如何，学校均面临着被迫与其订立无固定期限劳动合同的风险。

(2)如何制约受聘者随意解约跳槽。随着《劳动合同法》的施行，通过约定高额的违约金来制约劳动者随意解约的年代已经一去不复返了。除了两种法定的情形之外，《劳动合同法》禁止在劳动合同中约定劳动者承担违约金。对此，学校应当有清醒的认识，避免在合同中出现这样的条款。按照《劳动合同法》第 90 条的规定，劳动者违反该法规定解除劳动合同，给用人单位造成损失的，应当承担赔偿责任。显然，对于那些去意已决的劳动者而言，这样的代价根本难不住他们。对于用人单位而言，要想留住人才，只能在创造良好的工作环境、培养员工的忠诚感等方面下功夫了。

2. 加强合约管理

随着劳动人事制度改革的深入，合约管理将成为用人单位管理工作的一个重点。通过合约管理，最终实现对人、对岗位之权责的科学管理。对大多数学校而言，合约管理是一个新课题，当前应当着重解决以下两个问题。

(1)检查合约的合法性，确保合约的法律效力。由于《劳动合同法》对劳动合同的必备条款做出了强制性规定，同时对劳资双方的权利、义务做出了一些新的规定，所以今后订立的合同如果缺乏法定的必备条款，或者是合同中含有与《劳动合同法》的规定相违背的内容，将有可能导致合同无效或部分无效。为此，学校应当及时对本单位将要订立的劳动合同、聘用合同的相关内容进行合法性检查，以确保合约内容的合法性。同时，对于过去已经订立的合约，如发现有与现行法律相违背的内容，则应当考虑与劳动者协商，进行适当的变更，以保证合约更好地与现行的法律相衔接。

(2)检查、监督合约的履行情况，确保合约得到全面履行。与受聘者签订了劳动合同或聘用合同之后，学校应当定期检查合同的履行情况，既检查受聘者的履约情况，也检查学校的履约情况。检查的重点包括：受聘者是否已按约履行了义务，是否存在违约情形；学校是否已经按约为其安排了工作岗位，及时、足额地向其支付了报酬，为其缴纳了社会保险费，为其提供了符合约定的劳动条件，采取了约定的劳动保护措施、职业危害防护措施等。任何未履行合约的行为都构成违约，需要承担相应的法律责任。学校在检查履约情况过程中，如发现受聘者存在违约情形，则应当提醒其及时纠正，告知其法律后果；如发现自身存在违约情形，也应当及时采取相应的措施予以纠正，取得受聘者的谅解，以免矛盾激化，造成更大的损失。

3. 发挥规章制度的管理作用

从法律上讲，劳动者应当遵守用人单位的规章制度。对于严重违反规章制度的劳动者，用人单位可依法解除合同。可见，规章制度是劳动管理的一个重要手段。需要注意的是，按照《劳动合同法》第 4 条的规定，规章制度要想获得法律的保护，应当具备两个条件：一是用人单位在制定、修改规章制度时，应当与职工平等协商确定；二是用人单位应当将制定的规章制度进行公示或通知劳动者。对于学校管理者而言，依法建立健全学校的各项规章制度，加强对教职工的管理，不失为一种合法、高效的用工管理手段。

4. 建立有效的纠纷应对机制

为了有效地应对、化解纠纷，学校应当注意处理好以下两个方面的问题：一是在处罚或解聘时，应当做到程序正当、证据确凿、理由充分。这就要求学校对员工的行为加强监督、检查、考评，并做好记录，相关材料应力争让员工本人签字。在做出处理决定之前，应当听取被处理对象的申辩，维护其合法权益；做出处理决定之后，应当送达员工本人签收，并告知其可采取的救济途径。二是理性地选择纠纷解决途径。根据纠纷的具体性质和相关情况，考虑成本的大小，在协商解决、第三方调解(如教育行政部门调解)、仲裁或诉讼等各种纠纷解决方式中做出理性的选择。

(本文作者系北京市冠衡律师事务所律师，第八届北京市律师协会教育法律专业委员会副主任)

教师处分的法律分析：基于对《事业单位工作人员处分暂行规定》的解读

解立军

2012年11月，教育部发布《全面推进依法治校实施纲要》，明确提出要依法在教师奖惩考核等方面建立完善的制度规范，明确教师考核、监督、奖惩的规则与程序。而《中华人民共和国教育法》《中华人民共和国教师法》等教育法律并未对教师的处分问题做出具体规定。过去对教师的处分一直是参照《国务院关于国家行政机关工作人员的奖惩暂行规定》来处理，2006年《中华人民共和国公务员法》(以下简称《公务员法》)开始实施后，该规定被废止。《公务员法》和2007年国务院制定的《行政机关公务员处分条例》只适用于公务员，对教师不适用，由此导致了对教师处分的法律空白。2012年8月22日，人力资源和社会保障部、监察部联合制定的《事业单位工作人员处分暂行规定》(以下简称《处分规定》)填补了事业单位工作人员惩戒制度的空白，是学校对教师进行处分的直接法律依据。本文拟以《处分规定》为依据，结合学校的实际情况，探讨公立中小学教师处分的相关法律问题。

一、 教师处分的种类

教师处分是指处分决定单位依法对违法违纪教师实施的一种惩戒措施，也是违法违纪教师应承担的纪律责任。根据《处分规定》第5条的规定，教师处分有四种：警告、记过、降低岗位等级或撤职、开除。

1. 警　告

警告是一种警戒性的纪律制裁方式。其意义是指教师的行为已经构成了违纪，应当予以及时改正，如仍不停止此种违纪行为，将给予更为严厉的处分。警告适用于违反学校管理纪律，情节轻微，仍可继续担任现任职务的教师。处分期间(六个月)，教师不得被聘用到高于现聘岗位等级的岗位；在被做出处分决定的当年，该教师年度考核不能确定为优秀等次。

2. 记　过

记过是对违法违纪行为的过错予以记载，也是警戒性纪律制裁方式，其意为严重警告。记过适用于违反学校纪律，使国家和人民利益受到一定的损失，但仍可以继续担任现任职务的教师。处分期间(12 个月)，教师不得被聘用到高于现聘岗位等级的岗位，年度考核不得确定为合格及以上等次。

3. 降低岗位等级或撤职

降低岗位等级适用于违反学校纪律，使国家和人民的利益受到较重的损失，不能继续担任现任职务，应当降低现有工作岗位和工资福利待遇，重新聘用的教师。教师自处分决定生效之日起，降低一个以上岗位等级聘用，按照学校收入分配有关规定，确定其工资待遇；处分期间(24 个月)，教师不得被聘用到高于受处分后所聘岗位等级的岗位，年度考核不得确定为基本合格及以上等次。

撤职是一种撤销学校工作人员所担任的职务的纪律制裁方式，只适用于由行政机关按照行政程序任命的学校工作人员。目前在学校中有一部分人员既具有教师身份，又具有行政机关任命的领导身份，如教育行政主管部门任命的校长和教育管理办公室主任等。这部分人的录用不涉及聘用制，不适用降低岗位等级处分，故《处分规定》设置了撤职处分。被撤职者如果没有同时受到辞退、调离等处理的，那么仍属于学校工作人员，可由组织人事部门根据工作需要和本人一贯表现、特长等情况安排适当工作，或者继续参加岗位竞聘。

4. 开　除

开除是指解除教师与学校人事关系的一种纪律制裁方式。开除适用于严重违反学校纪律，造成国家和人民利益的重大损失，不宜留在学校工作的教师。自处分决定做出之日起，被开除教师不再具有事业单位工作人员身份。

需要注意的是：(1)开除与解聘(即解除聘用合同)的区别。虽然开除是解聘的事由之一，但是二者有着很大的区别：解聘是由学校决定的，开除则是由教育行政主管部门决定的。解聘不具有行政处分的性质，所解除的是学校与教师之间具有平等性质的聘用合同关系；而开除是一种行政处分，所解除的是学校与教师之间具有隶属性质的行政法律关系。被解聘的教师仍有人事编制，可以被别的学校聘用；但是被开除的教师，由于已经不在编，因此学校就不能再聘用其为教师，除非重新经过考试、考核符合条件并经人事主管机关批准。(2)被判处刑罚的教师应如何处分。《处分规定》第 22 条指出："事业单位工作人员被依法判处刑罚的，给予降低岗位等级或者撤职以上处分。其中，被依法判处有期徒刑以上刑罚的，给予开除处分。行政机关任命的事业单位工作人员，被依法判处刑罚的，给予开除处分。”据此规定，对于主观恶性不大，被判处有期徒刑以下的管制、拘役等刑罚的普通教师，可以给予降低岗位等级或者撤职以上处分；对于被判处有期徒刑以上刑罚的普通教师，则应给予开除处分。而对于行政机关任命的具有教师身份的领导人员，由于其职务任免与普通教师不同，要求更严格，所以在处分力度上应当与公务员保持一致，只要被判处刑罚，就一律给予开除处分。(3)暂停职责不是处分。根据《处分规定》第 25 条的规定，暂停职责仅限在已经被立案调查，不宜继续履行职责的情况下使用，是一种临时性、预防性措施。一般来说，不宜继续履行职责，是指被调查教师继续履行职责会妨碍案件调查工作的正常开展，或者已有证据能够证明被调查教师有严重违法违纪行为，甚至涉嫌严重犯罪。对于违法违纪情节轻微、不至于影响其开展公务活动的一般违法违纪行为，不宜采取暂停职责的措施。

二、 教师处分的权限

根据《处分规定》第 23 条之规定，对教师给予警告、记过、降低岗位等级处分，由其所在学校决定，并报学校的教育行政主管部门备案；给予开除处分，由学校的教育行政主管部门决定，并报同级事业单位人事综合管理部门备案。

根据《中华人民共和国行政监察法》(以下简称《行政监察法》)第 2 条、第 50 条的规定，行政机关按照行政程序任命的具有教师身份的学校领导人员，如教育行政主管部门任命的校长和教育管理办公室主任等，属于监察对象。如果其违法违纪案件由监察部门立案调查，那么对这类监察对象的处分不再由学校及其行政主管部门决定，而是由监察部门直接做出，其中给予开除处分的，应当报县级人民政府批准。《处分规定》第 2 条第 3 款对此做了明确规定。

三、 教师处分的程序

根据《处分规定》第 24 条和第 2 条之规定，处分教师应遵循以下程序，但对属于监察对象的具有教师身份的学校领导人员，如果由监察部门立案调查并直接做出处分，则应按《行政监察法》规定的程序处理。

1. 初步调查

初步调查是立案的前提和基础。当发现教师有违法违纪嫌疑时，经学校负责人批准或有关部门同意后，可以采取一定的措施进行初步调查，以确认需要调查处理的事项是否符合立案条件，也就是初步确认教师是否有违法违纪事实以及是否需要追究纪律责任。初步调查时可以采取向嫌疑人员所在部门侧面了解情况、向举报人了解情况、向有关单位发函等不同方式进行。

2. 立　案

立案是指经初步调查后，认为某教师涉嫌违法违纪，需要进一步查证的，决定案件成立并进行调查处理的活动。立案必须具备三个条件：(1)涉嫌违法违纪，即违法违纪的部分事实已经初步确认。(2)需要进一步查证，即已经初步确认了部分违法违纪事实，需要在此基础上进一步查证，以查明全部违法违纪事实。(3)经学校负责人批准或有关部门同意。对立案材料进行审核后，认为符合立案条件的，应写出立案报告，报学校负责人批准或有关部门同意。对于普通教师违法违纪行为的立案，由学校负责人批准即可；对于学校领导人员的立案，需要按照干部管理权限，由主管部门同意。

3. 全面调查

全面调查是指立案后对被调查教师的全部违法违纪事实进行调查，收集、查证有关证据材料，并形成书面调查报告。全面调查时要注意以下三个问题：(1)调查时要由两名以上办案人员进行。(2)收集完证据后要对证据进行查证，辨别真伪，只有同案件事实有关联性并排除一切合理怀疑的证据才能作为认定案件事实的证据。以暴力、威胁、引诱、欺骗等非法方式收集的证据不得作为定案的根据。(3)对涉嫌违法违纪问题进行调查核实后，要形成书面调查报告，即撰写说明案件事实真相、提出定性处理意见的书面材料。书面调查报告一般应包括以下几方面的内容：①立案依据及调查的简要情况。②主要违法违纪行为的事实及性质。对经过调查认为不能成立的问题也要写清理由。③有关人员的责任。④被调查人员对违法违纪行为的态度。⑤听取被调查人员所在单位领导成员、有关工作人员意见的情况。⑥处理意见。应写明提出处理意见的法律依据。对一案涉及多人的案件，对每个人的处分意见应分别表述清楚。如调查组内部对违法违纪行为的性质、有关人员的责任及处理意见等有较大分歧，经过讨论仍然不能形成统一的认识和意见，那么在报告中对不同的意见都应做适当反映。调查报告必须由调查组全体人员签名。

4. 听取被调查教师的陈述和申辩

听取被调查教师的陈述和申辩，是为保护被调查教师的合法权益而设置的一项法定程序。在这里必须注意以下三个问题：(1)在听取被调查教师的陈述和申辩之前，必须将调查认定的事实及拟给予处分的依据送交被调查教师阅知。(2)对被调查教师的陈述和申辩必须如实记录，不能根据自己的需要随意增减或改变。(3)对被调查教师提出的事实、理由和证据应进行复核，如认为成立的应采信。

5. 做出处分决定

根据全面调查的事实和被调查教师的陈述、申辩，按照处分决定权限，做出对该教师给予处分、免予处分或者撤销案件的决定。在这里必须注意以下两个问题：(1)处分决定应在批准立案之日起 6 个月内做出；案情复杂或遇有其他特殊情形的可以延长，但最长不得超过 12 个月。(2)最终是否给予处分和给予何种处分，不能仅凭办案人员提出的处分意见，这只是初步意见，不能简单审批了事，而应由处分决定单位的领导成员集体讨论后做出，即集体决策。

6. 印发处分决定

处分决定做出后，应制作处分决定书并印发。处分决定书的内容包括受处分人员的姓名、工作单位、原所聘岗位(所任职务)、等级等基本情况，以及经查证的违法违纪事实、处分的种类、受处分的期限和依据、不服处分决定的申诉途径和期限、处分决定单位的名称、印章和做出决定的日期。制作处分决定书必须注意以下三个问题：(1)对于共同违法违纪、一案多人的，对每个人都应当分别制作处分决定书，而不能在同一份处分决定书中做出。(2)对违法违纪行为中涉及的其他人员，如证人、受害人等，在调查报告中应写明其姓名和职务，但在处分决定书中是否应写明这些人的姓名，应征得当事人的同意。如不同意，则应在处分决定书中将这些人的姓名隐去，用某某等代替。(3)对涉及国家秘密的，只能概括叙述，不能写明秘密的内容。

7. 通知和宣布处分决定

应以书面形式将处分决定通知受处分的教师本人和有关单位，并在一定范围内宣布。此外，还要将处分决定书存入受处分教师的档案。在这里必须注意以下两个问题：(1)宣布的范围由处分决定单位根据案件的影响、知悉范围等因素和实际需要来决定。必要时还可将处分情况向社会通报和公布。(2)处分决定自处分决定单位做出之日起生效，而不是自通知和宣布之日起生效。

四、 教师应受处分的违法违纪行为类型

根据《处分规定》第 3 章的规定，教师应受处分的违法违纪行为有以下六大类型，可视情节轻重，给予不同种类的处分。

1. 违反政治纪律的行为

教师违反政治纪律的具体情形有：(1)散布损害国家声誉的言论，组织或者参加旨在损害国家利益的集会、游行、示威等活动的；(2)组织或者参加非法组织的；(3)接受境外资助从事损害国家利益或者危害国家安全活动的；(4)接受损害国家荣誉和利益的境外邀请、奖励，经批评教育拒不改正的；(5)违反国家民族宗教法规和政策，造成不良后果的；(6)非法出境、未经批准获取境外永久居留资格或者取得外国国籍的；(7)携带含有依法禁止内容的书刊、音像制品、电子读物进入国(境)内的；(8)其他违反政治纪律的行为。

2. 违反工作纪律失职渎职的行为

教师违反工作纪律失职渎职的具体情形有：(1)在执行国家重要任务、应对公共突发事件中，不服从指挥、调遣或者消极对抗的；(2)破坏正常工作秩序，给国家或者公共利益造成损失的；(3)违章指挥、违规操作，致使人民生命财产遭受损失的；(4)发生重大事故、灾害、事件，擅离职守或者不按规定报告、不采取措施处置或者处置不力的；(5)在项目评估评审、产品认证、设备检测检验等工作中徇私舞弊，或者违反规定造成不良影响的；(6)泄露国家秘密的；(7)泄露因工作掌握的内幕信息，造成不良后果的；(8)采取不正当手段，为本人或者他人谋取岗位，或者在事业单位公开招聘等人事管理工作中有其他违反组织人事纪律行为的；(9)其他违反工作纪律失职渎职的行为。

3. 违反廉洁从业纪律的行为

教师违反廉洁从业纪律的具体情形有：(1)贪污、索贿、受贿、行贿、介绍贿赂、挪用公款的；(2)利用工作之便，为本人或者他人谋取不正当利益的，如有的教师利用工作之便，向学生推销资料并收取回扣的行为；(3)在公务活动或者工作中接受礼金、各种有价证券、支付凭证的；(4)利用知悉或者掌握的内幕信息谋取利益的；(5)用公款旅游或者变相用公款旅游的；(6)违反国家规定，从事、参与营利性活动或者兼任职务领取报酬的；(7)其他违反廉洁从业纪律的行为。

4. 违反财经纪律的行为

教师违反财经纪律的具体情形有：(1)违反国家财政收入上缴有关规定的；(2)违反规定使用、骗取财政资金或者社会保险基金的，如某中学以虚报人员等方式，占用编制并冒用财政资金，十年来违规“吃空饷”73 万元；(3)擅自设定收费项目或者擅自改变收费项目的范围、标准和对象的；(4)挥霍、浪费国家资财或者造成国有资产流失的；(5)违反国有资产管理规定，擅自占有、使用、处置国有资产的；(6)在招标投标和物资采购工作中违反有关规定，造成不良影响或者损失的；(7)其他违反财经纪律的行为。

5. 严重违反职业道德的行为

教师严重违反职业道德的具体情形有：(1)利用专业技术或者技能实施违法违纪行为的；(2)有抄袭、剽窃、侵吞他人学术成果，伪造、篡改数据文献，或者捏造事实等学术不端行为的；(3)利用职业身份，进行利诱、威胁或者误导，损害他人合法权益的；(4)利用权威、地位或者掌控的资源，压制不同观点，限制学术自由，造成重大损失或者不良影响的；(5)在申报岗位、项目、荣誉等过程中弄虚作假的；(6)工作态度恶劣，造成不良社会影响的；(7)其他严重违反职业道德的行为。

6. 严重违反公共秩序、社会公德的行为

教师严重违反公共秩序、社会公德的具体情形有：(1)制造、传播违法违禁物品及信息的；(2)组织、参与卖淫嫖娼等色情活动的；(3)吸食毒品或者组织、参与赌博活动的；(4)违反计划生育规定的；(5)包养情人的；(6)有虐待、遗弃家庭成员，或者拒不承担赡养、抚养、扶养义务等的；(7)其他严重违反公共秩序、社会公德的行为。

五、 教师处分的救济途径

根据《处分规定》第 39 条的规定，受到处分的教师对处分决定不服的，可以自知道或者应当知道该处分决定之日起 30 日内向原处分决定单位申请复核。对复核结果不服的，可以自接到复核决定之日起 30 日内，按照规定向原处分决定单位的主管部门或者同级事业单位人事综合管理部门提出申诉。

根据《处分规定》第 2 条和《行政监察法》第 38 条的规定，如果受到处分的教师属于监察对象，但是其处分是由学校或教育行政主管部门做出，那么该教师如对处分决定不服，则既可以依法向学校或教育行政主管部门申请复核，也可以向监察机关提出申诉。但是，如果受到处分的教师属于监察对象，且其处分是由监察部门直接做出，那么该教师如对处分决定不服，则只能向监察机关提出申诉。

（本文作者系山东省高密市教育科学研究院研究员，山东升信律师事务所兼职律师）

教师申诉制度的法律分析

解立军

教师申诉制度是行政申诉制度的一种类型，从法律性质上看，它既是教师权利救济的方式，也是行政机关化解矛盾、对学校的教师管理行为进行行政监督的方式。《中华人民共和国教师法》(以下简称《教师法》)第 39 条规定了教师申诉制度。但是该条规定更偏重于原则性规定，操作性不强，实施效果不明显。国务院 2014 年公布的《事业单位人事管理条例》(以下简称《人事管理条例》)，以及中共中央组织部、人力资源和社会保障部同年印发的《事业单位工作人员申诉规定》(以下简称《事业人员申诉规定》)，对包括教师在内的事业单位工作人员的申诉问题做了较为详细的规定。人力资源和社会保障部、监察部 2012 年 8 月公布的《事业单位工作人员处分暂行规定》，以及教育部 2014 年 1 月印发的《中小学教师违反职业道德行为处理办法》，也规定了教师对处分决定不服的申诉制度。这些新制度的实施必将对教师申诉制度的健全、完善，对以法治思维和法治方式处理教师与学校、与教育和人事等行政机关之间的人事处理纠纷发挥重要作用。本文拟根据上述行政申诉制度的最新规定，结合我国教师申诉制度的现状，对教师申诉的法律性质、适用范围、申诉形式以及申诉处理决定的执行等法律问题进行解读。

一、 教师申诉的法律性质和适用范围

教师申诉是指教师的某些权益受到侵害时，向行政机关陈述理由，请求权利救济或者重新处理，而行政机关根据法定职权和程序做出处理决定的行政行为。

从权利救济层面看，教师申诉的适用范围，就是教师可以通过申诉方式解决的那些事项。从行政监督层面看，明确教师申诉的适用范围，就是要将行政监督机制不应涉及或者难于发挥作用的事项从教师申诉制度中排除。否则，就

无法保证教师申诉制度与其他权利救济制度的合理分工，难以使之发挥作用。例如：教师与学校之间的解除聘用合同纠纷，就不宜被纳入教师申诉范围通过申诉方式解决。因为处理教师申述的学校主管部门，对于教师与学校之间解除聘用合同的条件和程序以及解除聘用合同的经济补偿、赔偿违约责任等专业问题并不熟悉；而劳动人事争议仲裁机构则是处理此类问题的专业机构。所以，通过劳动人事争议仲裁解决聘用合同解除的纠纷是比较合适的。

究竟哪些事项适用于教师申诉的范围呢？《教师法》第 39 条规定："教师对学校或者其他教育机构侵犯其合法权益的，或者对学校或者其他教育机构做出的处理不服的，可以向教育行政部门提出申诉，教育行政部门应当在接到申诉的 30 日内，做出处理。教师认为当地人民政府有关行政部门侵犯其根据本法规定享有的权利的，可以向同级人民政府或者上一级人民政府有关部门提出申诉，同级人民政府或者上一级人民政府有关部门应当做出处理。"该条款中笼统的概括性规定，将申诉范围泛化，造成了认识上的混乱和实践上的被动，使人认为只要教师的合法权益受到侵犯或者对学校的处理不服，都可以进行申诉，结果将申诉与行政复议、行政诉讼、劳动人事争议仲裁等救济制度相混淆，使得教师的权益难以得到有效保障。

《人事管理条例》和《事业人员申诉规定》对包括教师在内的事业单位工作人员申诉的范围做了较为明确的规定。《人事管理条例》第 37 条、第 38 条分别规定："事业单位工作人员与所在单位发生人事争议的，依照《中华人民共和国劳动争议调解仲裁法》等有关规定处理。""事业单位工作人员对涉及本人的考核结果、处分决定等不服的，可以按照国家有关规定申请复核、提出申诉。"从上述规定可看出，《人事管理条例》第 37 条和第 38 条规定了两种并行的解决人事争议的救济机制，即劳动人事争议仲裁和申诉。根据最高人民法院《关于人民法院审理事业单位人事争议案件若干问题的规定》(法释〔2003〕13 号)，应当申请劳动人事争议仲裁的人事争议，具体是指"事业单位与其工作人员之间因辞职、辞退及履行聘用合同所发生的争议"。而可以申诉的争议则是指履行聘用合同、解除人事关系之外的其他人事处理行为，即《人事管理条例》第 38 条规定的涉及本人的考核结果、处分决定等人事处理(以下简称人事处理)。《事业人员申诉规定》第 11 条对上述可以申诉的人事处理做了详细规定，即事业单位工作人员对涉及本人的下列人事处理不服，可以申请复核或者提出申诉、再申诉：(1)处分；(2)清退违规进人；(3)撤销奖励；(4)考核定为基本合格或者不合格；(5)未按国家规定确定或者扣减工资福利待遇；(6)法律、法规、规章规定可以提出申诉的其他人事处理。

以上关于申诉范围的规定，可以直接适用于属于事业单位的公办学校的教师，但是不能直接适用于民办学校的教师，因为其不属于事业单位工作人员范畴。但是从民办学校教师和公办教师法律地位平等的角度看，对其权利的保护，需要纳入行政管理的视野。因此，将来修改《教师法》或者教育部制定教师申诉处理办法时，可以将民办教师纳入教师申诉的适用对象。

二、 教师申诉的形式

根据《事业人员申诉规定》的规定，教师申诉的形式主要有三种：复核、申诉和再申诉，这三种形式之间是先后的承接关系。

1. 复　核

申请人应自知道或者应当知道人事处理决定之日起 30 日内，向原处理单位递交书面申请书，提出复核。因不可抗力或者有其他正当理由，不能在规定的时效期间内申请复核的，经受理机关批准可以延长期限。

受理单位应在接到申请书之日起 15 日内，做出受理或者不予受理的决定，并以书面形式通知申请人。不予受理的，应当说明理由。

受理复核申请的单位应当自接到申请书之日起 30 日内做出维持、撤销或者变更原人事处理的复核决定，并以书面形式通知申请人。

已过规定期限没有提出申诉的复核决定，是发生效力的最终决定，应当在发生效力后 30 日内执行。

2. 申　诉

申请人对复核决定不服的，应自收到复核决定之日起 30 日内，向有管辖权的人事综合管理部门或者主管部门递交书面申请书，提出申诉。因不可抗力或者有其他正当理由，不能在规定的时效期间内申诉的，经受理机关批准可以延长期限。

受理单位应在接到申请书之日起 15 日内，做出受理或者不予受理的决定，并以书面形式通知申请人。不予受理的，应当说明理由。

受理申诉申请的单位应当自决定受理之日起 60 日内做出处理决定。案情复杂的，可以适当延长，但是延长期限不得超过 30 日。

受理申诉的单位应当组成申诉公正委员会审理案件。申诉公正委员会由受理申诉的单位相关工作人员组成，必要时可以吸收其他相关人员参加。申诉公正委员会组成人数应当是单数，不得少于 3 人。受理申诉的单位有权要求有关单位提交答辩材料，有权对申诉事项进行相关调查。调查应当由2名以上工作人员进行，接受调查的单位或者个人有配合调查的义务，应当如实提供情况和证据。

申诉公正委员会应当根据调查情况对下列事项进行审议：(1)原人事处理认定的事实是否存在、清楚，证据是否确实充分；(2)原人事处理适用的法律、法规、规章和有关规定是否正确；(3)原人事处理的程序是否符合规定；(4)原人事处理是否显失公正；(5)被申诉单位有无超越或者滥用职权的情形；(6)其他需要审议的事项。在审理对复核决定不服的申诉前，申诉公正委员会还应当对复核决定进行审议。

审理期间，申诉公正委员会应当允许申请人进行必要的陈述或者申辩。申诉公正委员会应当按照客观公正和少数服从多数的原则，提出审理意见。受理单位应当根据申诉公正委员会的审理意见，区别不同情况，做出下列申诉处理决定：(1)原人事处理认定事实清楚，适用法律、法规、规章和有关规定正确，处理恰当、程序合法的，维持原人事处理；(2)原人事处理认定事实不存在的，或者是超越职权、滥用职权做出处理的，按照管理权限责令原处理单位撤销或者直接撤销原人事处理；(3)原人事处理认定事实清楚，但认定情节有误，或者适用法律、法规、规章和有关规定有错误，或者处理明显不当的，按照管理权限责令原处理单位变更或者直接变更原人事处理；(4)原人事处理认定事实不清，证据不足，或者违反规定程序和权限的，责令原处理单位重新处理。

申诉处理决定书应当及时送达申请人和原处理单位。已过规定期限没有提出再申诉的申诉处理决定、中央和省级事业单位人事综合管理部门做出的申诉处理决定，是发生效力的最终决定，应当在发生效力后30日内执行。

3. 再申诉

申请人对申诉决定不服的，应自收到申诉决定之日起30日内，向有管辖权的部门递交书面申请书，提出再申诉。再申诉案件审理的要求与申诉相同。再申诉处理决定书参照申诉处理决定书的要求做出。

三、 教师申诉的管辖

根据事业单位的性质，《事业人员申诉规定》对包括教师在内的事业单位工作人员申诉处理的管辖权做了规定。

1. 复核的管辖

申请人对人事处理不服，申请复核的，由原处理单位管辖。

2. 申诉的管辖

申请人对中央和地方直属事业单位做出的复核决定不服提出的申诉，由同级事业单位人事综合管理部门管辖；对中央和地方各部门所属事业单位做出的复核决定不服提出的申诉，由主管部门管辖；对主管部门或者其他有关部门做出的复核决定不服提出的申诉，由同级事业单位人事综合管理部门管辖；对乡镇党委和人民政府做出的复核决定不服提出的申诉，由县级事业单位人事综合管理部门管辖。

3. 再申诉的管辖

申请人对主管部门做出的申诉处理决定不服提出的再申诉，由同级事业单位人事综合管理部门管辖。申请人对市级、县级事业单位人事综合管理部门做出的申诉处理决定不服提出的再申诉，由上一级事业单位人事综合管理部门管辖，但是，对中央和省级事业单位人事综合管理部门做出的申诉处理决定不服的，不能再申诉。因为根据《事业人员申诉规定》第 28 条规定，中央和省级事业单位人事综合管理部门做出的申诉处理决定，是发生效力的最终决定。

四、 教师申诉处理决定的执行

教师申诉处理决定具有行政法上的效力，原处理单位负有执行的义务，否则即应承担相应的法律责任。对此，《事业人员申诉规定》明确规定："处理决定应当在发生效力后 30 日内执行。""原处理单位逾期不执行的，申请人可以向做出发生效力的决定的单位提出执行申请。接到执行申请的单位应当责令原处理单位执行。"对教师处理错误的，应当及时予以纠正；造成名誉损害的，应当赔礼道歉、恢复名誉、消除影响；造成经济损失的，应当根据有关规定给予赔偿。

对教师的要求和管理应当有别于普通公民。如果教师一提出申诉，就停止人事处理的执行，不利于维护人事处理的权威性和严肃性，不利于保证正常的工作秩序。因此，《事业人员申诉规定》明确规定："复核、申诉、再申诉期间不停止人事处理的执行。"这也符合行政法的一般原理。

（本文作者系山东省高密市教育科学研究院研究员，山东升信律师事务所兼职律师）

教师申诉制度与其他救济制度的关系

解立军

根据国务院《事业单位人事管理条例》的规定，包括教师在内的事业单位工作人员对涉及本人的考核结果、处分决定等人事处理不服的，可以提出申诉。如果教师对申诉处理决定不服，那么该怎么办？如果教师对涉及本人的人事处理不服，那么是否可以不选择申诉，而直接选择行政复议、行政诉讼或者信访等救济渠道呢？这些问题涉及教师申诉与行政复议、行政诉讼、信访等救济制度的关系，需要加以辨析。

一、 教师申诉与其他救济渠道的适用范围

教师申诉的适用范围仅限于涉及教师本人的人事处理决定，这点笔者在上文中已有专门论述，这里不再赘述。

行政复议是指公民、法人或者其他组织认为某具体行政行为侵犯了其合法权益，向行政机关提出复议申请，行政复议机关依法对该具体行政行为的合法性、适当性进行审查，并做出行政复议决定的行政行为。行政诉讼是指公民、法人或者其他组织认为行政机关和行政机关工作人员的行政行为侵犯其合法权益而向人民法院提起的诉讼。根据《中华人民共和国行政复议法》和《中华人民共和国行政诉讼法》的规定，如果行政机关的具体行政行为侵犯了教师的人身权、财产权等合法权益，那么教师可以申请行政复议或直接提出行政诉讼。

信访是指公民、法人或者其他组织，采用书信、电子邮件、传真、电话、走访等形式，向各级人民政府、县级以上人民政府工作部门反映情况，提出建议、意见或者投诉请求，依法由有关行政机关处理的活动。信访的适用范围非常广，教师的权益受到侵害，可以通过信访途径维护自身权益。

二、 教师申诉与行政复议、 行政诉讼的关系

教师对涉及本人的人事处理不服的，能否在申诉和行政复议、行政诉讼之

间自行选择救济途径，取决于做出人事处理的部门的性质、人事处理对教师的基本权利义务是否造成重大影响并产生新的法律效果。

(一)人事处理由学校做出的情形

在这种情形下，由于学校不是行政机关，其做出的人事处理不属于行政行为，因而不属于行政复议和行政诉讼的受案范围。教师对学校做出的人事处理不服，只能在向学校申请复核后，按照规定的程序向有管辖权的教育行政部门、事业单位人事综合管理部门等(以下简称有管辖权的行政机关)提出申诉、再申诉。

有管辖权的行政机关对教师的申诉、再申诉做出处理决定后，如果教师对处理决定不服，那么能否申请行政复议或者提起行政诉讼，要看有管辖权的行政机关对教师申诉、再申诉做出的处理决定，是否对教师的基本权利义务造成了重大影响并产生了新的法律效果。如果是，那么应该将处理决定视为行政行为。教师对该申诉处理决定不服，可以申请行政复议或者提起行政诉讼。如果对教师的基本权利义务未造成重大影响，如对教师的警告、记过处分，或者涉及行为主体高度政策性、高度人性化判断的行为，如教师考核成绩等，则不宜列入行政复议或者行政诉讼的范围。

案例 1：姚某系北京市某区一位中学教师。2003 年 4 月，在学校职称晋升评选推荐工作中，姚某未获推荐。姚某认为，学校评委在小组推荐环节，没有认真履行法定职责，致使推荐结果显失公平、公正，使其不能晋升，其合法权益受到侵害。遂向该区教委申诉。后该区教委做出申诉处理意见：(1)姚某的申诉缺乏确凿的法律依据。在年度职称评定工作中，学校履行对教师的管理、考核、评价的法定职责，并未对姚某构成侵权。(2)学校执行政策准确，推荐程序合法。(3)无法认定学校对姚某存在打击报复行为。最终对姚某的申诉请求不予支持。姚某不服，向北京市教委申请行政复议。北京市教委做出“维持申诉处理意见”的复议决定。姚某又向法院提起行政诉讼，请求撤销该区教委的申诉处理意见。一审法院经审理后认为：该区教委对姚某做出的申诉处理意见仅系对姚某申诉进行的答复、告知，并未直接对其做出处理，该申诉处理意见对姚某的权利和义务未产生实际的影响，因此原告提起的诉讼不属于行政诉讼受案范围，遂裁定驳回姚某的起诉。姚某不服，提起上诉。二审法院经审理裁定驳回起诉，维持一审裁定。

(二)人事处理由行政机关做出的情形

教育行政部门、事业单位人事综合管理部门等行政机关对教师做出人事处理的行为，是现代政府行使公共管理职权的行政行为，并不属于“行政机关对其工作人员的奖惩、任免等决定”的内部行政行为。从结果来看，这种人事处理行为又分为以下两种情况。

1. 对教师的基本权利义务未造成重大影响

在这种情形下，如果教师对人事处理不服，那么他只能向有管辖权的部门申诉，而不能申请行政复议或者提起行政诉讼。

案例2：陈某系安徽省某县教师，他在自诉中称：自己长期自费从事“自主学习教学法”实验研究，成效显著。将相关实验数据上报安徽省教育厅后，安徽省教育厅决定在该县举办“自主学习教学法”专题学术研讨会。2008年5月13日研讨会召开当天，会议主题却被改成《英语寒假俱乐部》新书出版论证会，会议主持人干扰陈某发言，并且当众谩骂、侮辱陈某。陈某为此多次致信请求安徽省教育厅给予人身保护无果。2008年7月18日，陈某在安徽省教育厅出口处拦车服毒，后被抢救生还。2008年7月24日，安徽省教育厅向亳州市人民政府发出教秘基(2008)99号《关于请尽快解决陈某上访问题的函》，建议对陈某“身体和精神状况进行全面检查和医学鉴定，如属于精神病患者，及时采取治疗措施，并按照《中华人民共和国教师法》规定将其调离教育岗位”。其后，该县人事局依据该函，将陈某调至单集林场文广站工作。陈某不服调动，在寻求解决问题的过程中，两次被强行关进精神病院。陈某向法院提起行政诉讼，认为该函属于取消陈某的教师资格、送陈某进精神病院的行政指令；该函事实不清，程序不合法，侵犯了陈某的合法权益。因此请求撤销该函，恢复起诉人教师资格，妥善处理起诉人人身自由被限制的问题。一审法院经审理认为：安徽省教育厅教秘基(2008)99号函内容属于建议性质，不具有强制力，对陈某的权利义务不产生实际影响。陈某对该函内容不服提起的诉讼，不属于人民法院行政诉讼受案范围，遂裁定对陈某的起诉不予受理。陈某不服，提起上诉。二审法院经审理裁定驳回上诉。

2. 对教师的基本权利义务造成重大影响

在此情形下，如果教师对人事处理不服，那么他既可以选择申诉，也可以申请行政复议或者提起行政诉讼。

案例3：某民办学校实行董事会领导下的校长负责制。该学校的主要股东未经董事会决议就免去该校校长职务，并申请教育局出具证明，教育局依照主要股东申请向其他有关行政机关出具了证明。该校长不服提起行政诉讼。对于这种情况，法院是否应当受理呢？行政机关出具介绍信的行为是一种证明行为，这种证明行为是否可诉，关键看该行为对当事人的权利义务是否产生实际影响。如果这种影响是间接的，且通过另一行政行为对当事人的权利义务产生实际影响，那么这种行为就属于一种证据或者一种内部行为；如果产生直接的实际影响，那么这种证明行为就属于可诉的行政行为。

本案例中，教育行政部门出具介绍信的证明行为，对当事人的权利义务产生直接的实际影响，应属于可诉的行政行为。最高人民法院在《关于教育行政主管部门出具介绍信的行为是否属于可诉具体行政行为请示的答复》中也明确指出："教育行政主管部门出具介绍信的行为对行政相对人的权利义务产生实际影响的，属于可诉的具体行政行为。"

案例 4：教师王某与妻子杨某系山东省某市一所中学的事业编制教师。2005 年 3 月，王某与杨某未经批准违法生育二胎。2012 年 5 月，该市监察局致信市教育局，要求对教育局下属单位职工王某等人违法生育二胎的行为按照有关计划生育的政策做出处理。2012 年 8 月 7 日，该市教育局做出《关于开除王某、杨某公职的决定》，并于 2012 年 12 月 19 日通知了王某。王某不服，于 2012 年 12 月 29 日以该市教育局为被告，向市人民法院提起行政诉讼，市人民法院做出不予受理的裁定。王某不服上诉至中级人民法院，中级人民法院裁定撤销了市人民法院不予受理的裁定，指定该市人民法院立案受理。该市人民法院审理后认为，市教育局对王某开除公职的行为，属于行政诉讼的受案范围。市教育局作为该市行政区域内主管教育的行政部门，依照《中华人民共和国教师法》《中华人民共和国人口与计划生育法》的规定，对本辖区内的各类学校尤其是公办学校及其教师进行管理，是其职权及责任，对其管理下的教师王某进行行政处分并无不当，依法应予支持，判决驳回王某的诉讼请求。王某不服一审判决，上诉至中级人民法院。中级人民法院经审理依法驳回了王某的上诉请求。

本案例中，教育局做出的开除决定对教师的基本权利产生了重大影响，教师既可以选择申诉，也可以直接选择行政复议或行政诉讼。最高人民法院在《关于开除公职是否属于受案范围请示的答复》中也明确指出，此类案件应作为行政案件受理。

三、 教师申诉与信访的关系

申诉和信访有很大区别。从期限方面看，申诉有期限限制，超过期限则不予受理，而信访没有期限限制。从效力方面看，申诉处理决定具有行政法上的效力，而信访往往是将需要立案查处的材料转交主管部门处理，仅对主管部门的处理加以检查督促。从受理范围和功能方面看，申诉的事项仅是涉及本人的人事处理，因而教师申诉的功能为救济性质，而信访的受理事项包括反映情况，提出意见、建议，以及投诉请求三种类型，这就决定了信访的功能不仅包括救济功能，还包括信息功能和决策参与功能。把信访功能单纯解释为救济性质，不仅不符合实际，而且会增加负面影响。

申诉与信访在受理范围和功能方面有部分内容是相同的。如果教师信访的内容是对人事处理不服，要求有关行政机关予以纠正，那么这类“投诉请求”类信访的内容就与教师申诉的内容相同，属于救济性质。在这种情形下，教师申诉与信访之间应是一种选择关系，教师可在申诉与信访之间选择有利于自己的救济途径。

（本文作者系山东省高密市教育科学研究院研究员，山东升信律师事务所兼职律师）

劳务派遣人员伤害事故中，学校是否担责

肖宝华　张燕翔

目前许多学校使用劳务派遣人员工作，在此过程中难免会发生伤害事故。作为用工单位，学校是否需要承担相关法律责任，如果承担又该如何承担？学校管理者应从哪些方面入手，规避不必要的用工风险，保护学校和当事各方的合法权益？我们通过对几个案例的深度解析，尝试从法律角度为学校管理者提出几点建议。

一、案例：学校在使用劳务派遣人员时发生的几起伤害事故

案例1：李某为某公司派遣到某小学担任保洁工作的劳务派遣人员。2013年11月6日上午，该小学安排工作人员摘柿子，李某见到后主动要求帮忙，并提出要爬上树摘柿子。学校工作人员提示其不要上树，但李某仍自行上树摘柿子。在摘柿子过程中，树枝折断造成李某摔伤。后李某起诉该小学，要求赔偿各项损失15万余元。该小学辩称，李某为劳务派遣人员，受伤后应由劳务派遣单位赔偿，且李某在劳务派遣单位自行签署不投保保险的说明，应自行承担责任。法院审理后认为：李某受公司派遣在某小学从事保洁工作，现有证据不能证明李某从事的保洁工作包括爬树摘柿子，也无法证明该小学曾指派过李某完成爬树摘柿子的任务；李某作为成年人，其行为超出其工作职责范围、自行攀爬树木造成损伤，李某对自身损伤具有明显过错，故对李某要求某小学承担民事赔偿责任的诉讼请求不予支持。

案例2：黄某为某保安公司派遣到某小学从事保安工作的劳务派遣人员。2015年6月28日晚，黄某因阻止学生家长进入校门，与学生家长发生肢体冲突，李某进行劝架，被黄某持皮棍打伤。因赔偿数额问题未能达成调解协议，后李某起诉黄某及该小学，要求赔偿各项损失2.6万余元。该校辩称，黄某不是我校职工，我校与保安公司签有保安服务合同，打人行为是黄某的个人行

为，与学校无关，学校不承担责任。法院审理后认为：黄某受保安公司指派到该小学担任保安一职，该小学是接收劳务派遣的用工单位；黄某在阻止学生家长进入学校过程中，将劝架的李某打伤，其行为与履行职务有内在联系。法院认定黄某是在从事雇佣活动中致李某遭受身体损害；黄某使用皮棍击打李某的右前额，明显超过履行职务的必要限度，认定黄某对李某身体受损的后果具有主观故意。综上，法院认定黄某在从事雇佣活动中打伤李某具有过错，某小学作为接收劳务派遣的用工单位应当承担赔偿责任，因黄某具有主观故意，故黄某与某小学承担连带责任。

案例 3：温某为退休人员，被某劳务公司派遣到某小学负责门卫工作。2013 年 9 月 16 日 5 时许，温某在登梯查看雨罩上方滴水原因时，从梯子上摔落受伤，因赔偿问题无法达成调解协议，温某起诉某小学与某劳务公司，要求赔偿各项损失 11 万余元。该劳务公司辩称，公司与温某签订了劳务服务协议，只是向温某代发工资，温某只与某小学存在劳务关系，应由该小学承担赔偿责任。该小学辩称，温某系门卫，查看雨罩不是温某的职责，温某应对损害结果承担大部分责任。法院审理后认为：根据劳务公司与温某签订的《退休人员劳务协议》，温某为提供劳务的一方，劳务公司为接受劳务一方；温某主张该小学承担赔偿责任没有法律依据，不予支持；温某在登梯查看雨罩上方漏水原因时，从梯子摔落受伤，其自身未尽到谨慎注意义务，应承担 30%的责任，某劳务公司承担 70%的责任。

二、 分析： 学校作为用工单位， 是否需要承担责任

上述三个案例都是学校在使用劳务派遣人员过程中发生的伤害事故，有的是劳务派遣人员自身受到伤害，有的是劳务派遣人员造成他人伤害。在这些伤害案件中，学校作为用工单位，是否需要承担责任呢?

1. 劳务派遣人员工作中因履行职责致自身损害

在劳务派遣中，劳务派遣单位为用人单位，接收劳务派遣的单位为用工单位。劳务派遣人员在工作中受伤，应当申请工伤损害赔偿。在案例 1 中，李某以侵权责任为由起诉学校，可以说是选择了错误的诉讼事由、错误的诉讼主体和错误的程序。

《工伤保险条例》第 14 条规定：职工在工作时间和工作场所内，因工作原因受到事故伤害的，应当认定为工伤。案例 1 中，李某受到的伤害发生在工作时间和工作场所内，这点并无疑义。现在的问题是：李某是否因工作原因受到

伤害。

判断李某是否属于因工作原因受伤，首先要看李某是否属于履行职责，其次还要看劳务派遣单位和学校是否履行了管理职责。前者可以按照最高人民法院《关于审理人身损害赔偿案件适用法律若干问题的解释》(以下简称《解释》)第9条对“从事雇佣活动”的规定来确定。该条款规定：“从事雇佣活动”，是指从事雇主授权或者指示范围内的生产经营活动或者其他劳务活动。雇员的行为超出授权范围，但其表现形式是履行职务或者与履行职务有内在联系的，应当认定为“从事雇佣活动”。同时，学校仅仅是提醒而没有制止李某上树，属于用工单位未履行安全管理职责。所以，李某受伤应认定为属于工作原因受伤。法院关于李某超出工作职责范围的认定有待商榷。

案例1中，李某虽然与劳务派遣单位签署了不投保保险的说明，但这并不构成劳务派遣单位免责的事由。按照《中华人民共和国劳动法》(以下简称《劳动法》)、《中华人民共和国劳动合同法》(以下简称《劳动合同法》)、《中华人民共和国社会保险法》的规定，用人单位为劳动者缴纳工伤保险是法律的强制规定，用人单位不得以劳动者本人不要求缴纳保险为由不为劳动者缴纳工伤保险。如果用人单位没有为劳动者缴纳工伤保险，那么用人单位应赔偿劳动者的工伤损失。

同时，根据《劳动合同法》第92条的规定：“劳务派遣单位、用工单位违反本法有关劳务派遣规定的，由劳动行政部门责令限期改正；逾期不改正的，以每人五千元到一万元的标准处以罚款，对劳务派遣单位，吊销其劳务派遣业务经营许可证。用工单位给被派遣劳动者造成损害的，劳务派遣单位与用工单位承担连带赔偿责任。”在案例1中，如果学校作为用工单位明知劳务派遣单位没有为李某缴纳工伤保险，学校仍接收李某担任保洁人员，那么学校应与劳务派遣公司承担连带赔偿责任；如果学校不知劳务派遣单位没有为李某缴纳工伤保险，则学校不承担连带赔偿责任。因此，在案例1中，李某应通过劳动争议仲裁程序与劳务派遣单位解决赔偿问题。

综上所述，劳务派遣人员在工作中因履行职责造成自身损害，按照《工伤保险条例》的规定，享受工伤保险待遇。如果劳务派遣单位没有为劳务派遣者缴纳工伤保险，则由劳务派遣单位赔偿劳动者的损失；如果学校明知劳务派遣单位没有为劳动者缴纳工伤保险，则劳务派遣单位与用工单位承担连带赔偿责任。

2. 劳务派遣人员因履行职责致他人损害

在案例2中，黄某在阻止家长进入学校过程中将他人打伤，属于履行职责过程中致他人损害的情形。《解释》第9条规定："雇员在从事雇佣活动中致人损害的，雇主应当承担赔偿责任；雇员因故意或者重大过失致人损害的，应当与雇主承担连带赔偿责任。雇主承担连带赔偿责任的，可以向雇员追偿。"但是在劳务派遣中，到底谁是雇主，该《解释》未做出明确规定。2010年实施的《中华人民共和国侵权责任法》(以下简称《侵权责任法》)第34条规定："劳务派遣期间，被派遣的工作人员因执行工作任务造成他人损害的，由接受劳务派遣的用工单位承担侵权责任；劳务派遣单位有过错的，承担相应的补充责任。"该条款确立了"谁用工、谁负责"的用工单位无过错责任。法律之所以做这样的规定，主要是考虑用工单位具有实际意义上的"用工权"，也是实际意义上的劳动监督者，以促使用工单位更好地履行用工监督义务，同时也是为了减少用工单位基于转嫁雇主责任风险而选择劳务派遣的概率，避免劳务派遣用工形式的泛化。

需要说明的是，《侵权责任法》第34条仅适用于劳务派遣人员正常合理履行职责行为，如果劳务派遣人员在履行职责过程中由于故意或重大过失致他人损害，那么劳务派遣人员也应当承担责任，此时应适用《解释》第9条规定。如果劳务派遣人员在非履行职责过程中致他人损害，则应由其本人承担侵权责任。

3. 劳务派遣退休人员伤害事故中的责任问题

在学校实际工作中，一些学校为了节省成本，经常会使用一些退休人员做门卫或保洁工作。这有两种情形：一种是学校直接与退休人员签订劳务服务协议，另一种是学校通过劳务公司使用退休人员。由于退休人员已不再是《劳动法》规定的劳动者，因此不受《劳动法》和《劳动合同法》保护，其在工作中自身受到伤害不适用《工伤保险条例》的规定享受工伤保险待遇，而应由雇主承担责任。案例3看似属于劳务派遣，实际上已经不是《劳动法》所规定的劳务派遣，仅仅是个人之间的劳务关系。关于此种情形的损害责任承担问题，《侵权责任法》第35条规定："个人之间形成劳务关系，提供劳务一方因劳务造成他人损害的，由接受劳务一方承担侵权责任。提供劳务一方因劳务自己受到损害的，根据双方各自的过错承担相应的责任。"

在案例3中，温某是劳务的提供方，劳务公司为劳务的接受方，温某是受劳务公司的指派到学校进行劳务工作，温某与劳务公司属于雇佣关系。根据《解释》第11条规定：雇员在从事雇佣活动中遭受人身损害，雇主应当承担赔偿责任。结合《侵权责任法》第35条规定，由温某与劳务公司按照各自过错承担责任。因此判决劳务公司承担70%的责任，温某因未尽到谨慎注意义务，判决其承担30%的责任。

在案例3中，如果温某直接与学校签订了劳务服务协议，则无论是温某自身损害还是造成他人损害，学校都要承担责任。根据《解释》第9条规定，如果温某致人损害，应由学校承担赔偿责任；如果温某存在故意或重大过失，则温某与学校承担连带赔偿责任；如果温某致自身损害，则以学校承担责任为前提，再根据温某的过错程度确定温某应承担的责任比例。

三、建议：熟知法规，完善劳务派遣用工管理制度

学校应熟悉关于劳务派遣的法律规定，加强对《劳动合同法》《劳务派遣暂行规定》和《工伤保险条例》的学习，完善劳务派遣用工管理制度，并注意以下几个问题。

1. 劳务派遣伤害诉讼中应主动追加劳务派遣单位为被告

因劳务派遣发生伤害事故，一般被派遣人员出于学校为事业单位机构和对法律理解的错误，而仅以学校为被告主张赔偿责任。因此，学校应在劳务派遣伤害中积极追加劳务派遣单位为共同被告，这样便于人民法院合理确定责任承担，告知被告劳动争议的前置程序，也便于诉讼中举证责任的合理分配，以更好地维护学校权益。

2. 与劳务派遣单位签订劳务派遣协议时约定细节

学校与劳务派遣单位签订劳务派遣协议时，一要强调劳务派遣单位必须为劳务派遣人员缴纳工伤保险，并明确其不为劳务派遣人员缴纳工伤保险的损害责任承担归属；二要明确劳务派遣单位对劳务派遣人员的教育和保证义务，避免劳务派遣单位派遣自身带有疾病或某种心理疾病的人员进入学校，进而给学校造成损失；三要明确劳务派遣人员受伤期间的工资福利等细节问题。

3. 与劳务派遣人员签订岗位协议

学校与劳务派遣人员签订岗位协议，可以明确劳务派遣人员的岗位职责，确定劳务派遣人员哪些行为属于履行职责的行为，哪些不属于履行职责的行为。当出现伤害事故时，可以有效区分学校责任，也有利于劳务派遣人员的工伤认定。同时，学校应明确本校教职工不得安排劳务派遣人员从事与劳务派遣无关的工作，避免引发伤害导致学校承担责任。

4. 谨慎使用退休人员

因为退休人员不受《工伤保险条例》保护，并且退休人员因自身身体原因更

容易造成伤害事故，所以学校应尽量不使用或少使用退休人员。如果需要使用退休人员，那么学校首先应采取劳务派遣形式，其次必须要求劳务派遣公司为其投保人身意外伤害保险，所需费用由双方协商确定。

5. 加强对劳务派遣人员的教育管理

在劳务派遣中，学校作为用工单位，负有监督和管理责任。学校必须加强对劳务派遣人员的安全教育，明确其岗位职责，强化劳务派遣人员的安全意识。

6. 积极协助开展工伤认定

《劳务派遣暂行规定》第10条规定："被派遣劳动者在用工单位因工作遭受事故伤害的，劳务派遣单位应当依法申请工伤认定，用工单位应当协助工伤认定的调查核实工作。"当劳务派遣人员出现工伤事故时，学校应根据该条款的规定，积极协助劳务派遣单位进行工伤认定。

（本文第一作者系首都师范大学初等教育学院副教授）

教师网络言论自由的法律保护和限制

解立军

网络言论是言论的一种新的传播形式，网络言论自由是言论自由在互联网领域的延伸。国务院新闻办2010年9月26日发布的《2009年中国人权事业的进展》白皮书明确指出，中国公民在互联网上的言论自由受法律保护，公民可以通过各种形式在网上发表言论。

网络空间尽管是虚拟的，但通过网络折射出来的人的行为却是实实在在的。作为现代社会传播媒介的网络空间，既是人们传播信息和进行交流的场所，更是一个健康有序的活动空间，应当受到道德的规范和法律的制约，绝不能让其发展成为一些人为所欲为的工具。

教师作为我国公民，其在互联网上的言论自由既受我国法律的保护，也受到国家安全、社会公共利益、隐私权、名誉权等他人权利的限制。2010年9月19日，《现代快报》报道了一个由教师网络言论引发的事件：在不到一年的时间里，江苏邳州有3名教师(李某、刘某、王某)因利用网络发帖、跟帖而被公安机关拘留。记者通过调查发现，3名被拘教师通过网帖反映的问题，主要涉及个人工作岗位、名优教师津贴、有关校领导腐败等内容。其中2名教师长时间辱骂自己不满的教育系统领导，另外1名教师因为不满津贴被拖欠而骂教育局。最后3人都被警方拘留。

上述事件所折射出的主要问题是教师网络言论自由的法律保护与限制问题，即如何协调教师的网络言论自由与国家利益、社会公共利益、国家机关信誉以及名誉权等私人权利的冲突，才能做到既保护教师的网络言论自由，使其充分表达自己的思想观点和利益诉求，又不损害国家利益、社会公共利益、国家机关信誉以及名誉权等私人权利。

根据我国宪法和有关法律法规的规定，要解决教师网络言论自由的法律保护与限制问题，必须遵循以下三个基本原则。

一、 不得损害国家利益或者社会公共利益

任何国家的言论自由都是以维护其现存制度和社会稳定为前提的。如果一个人的言论威胁到了国家利益和社会公共利益，那就会被限制。根据《计算机信息网络国际联网安全保护管理办法》(以下简称《办法》)第 5 条、《互联网上网服务营业场所管理条例》(以下简称《条例》)第 14 条的有关规定，有损国家利益或者社会公共利益的网络言论主要表现在以下几个方面：(1)反对宪法确定的基本原则，煽动抗拒、破坏宪法和法律、行政法规的实施的。(2)危害国家统一、主权和领土完整的。(3)泄露国家秘密，危害国家安全或者损害国家荣誉和利益的。(4)煽动民族仇恨、民族歧视，破坏民族团结，或者侵害民族风俗、习惯的。(5)破坏国家宗教政策，宣扬邪教、迷信的。(6)散布谣言，扰乱社会秩序，破坏社会稳定的。(7)宣传淫秽、赌博、暴力或者教唆犯罪的。(8)危害社会公德或者民族优秀文化传统的。

衡量教师的网络言论是否损害了国家利益或者社会公共利益，要根据其在一定环境下的言论给现存制度和社会稳定造成的危险的性质和程度来确定。对具体的、极易引起社会动乱和威胁国家安全的煽动性言论，国家法律是加以限制的，应视具体情形处以相应的行政或者刑事处罚。如某教师长时间在互联网上宣传“法轮功”邪教内容，表达对中央政府宣布“法轮功”组织为邪教的不满，并通过网络发送给学生等。这种网络言论明显超出了言论自由的范围，成为威胁国家安全和扰乱社会秩序的工具，已构成利用邪教组织破坏法律实施罪，为法律所禁止。

但是，要注意区分损害国家利益、社会公共利益的煽动性言论与一般批评性言论的界限。从主观上来说，一般批评性言论是指由于思想认识狭隘或者对现状不满而宣泄个人感情、发牢骚、抱怨，从而对现实社会、国家的某些政策持批评态度但不是彻底否定态度的言论。这些批评性言论虽然可能有失公允、不科学或者不准确，但是并不具有损害国家利益或者社会公共利益的故意，仅是认识问题。从客观上来说，一般批评性言论只是在个别场合或者小范围内进行的，是一种消极的言论，并没有煽风点火、鼓励或者号召不明真相的人实施损害国家利益或者社会公共利益的行为。

二、 不得侵犯他人的合法权利

不可否认，网络中不乏传播先进文化、弘扬社会正气、体现时代精神的信

息，但是网络本身所具有的虚拟性、隐蔽性、信息传播的匿名性以及监督机制的弱化等，使得言论自由的概念逐渐被泛化，成了一些教师道德失控和侵犯他人权利的工具。

教师在互联网上侵犯他人权利的现象主要表现在以下几个方面。

1. 侵犯公民的名誉权、隐私权

如果只注重保护网络言论自由而忽视对他人合法权益的保护，就会使社会秩序陷入不可预知的危险状态，人人都将随时受到网络的威胁，网络言论自由也就无从谈起。因此，《办法》第 5 条和《条例》第 14 条明确规定，不得利用互联网公然侮辱他人或者捏造事实诽谤他人。所谓侮辱，是指使用暴力或者其他方法，公然贬低他人人格，破坏他人名誉的行为；所谓诽谤，是指故意捏造并散布虚构的事实，足以贬损他人人格，破坏他人名誉的行为。本文前面提到的某中学女教师刘某，在网上发帖辱骂某校领导，就是一种侮辱行为。

如果网络言论的内容是基本真实的，没有侮辱或者诽谤他人人格的内容，那么只能被视为披露事实，不构成侵权。在特殊情况下，披露的事实尽管是真实的，但如果披露的事实属于别人的隐私，则属于非法披露，构成对别人隐私权的侵犯。因为隐私权是以事实不被公开为内容的权利，一旦公开就会发生侵权。

但是，要注意区分正当行使权利与侵犯国家工作人员名誉权的界限。出于保护教师言论自由权利和舆论监督的需要，教师在互联网上发表的针对在学校、教育行政部门中担任重要职务的领导干部的言论，只要内容涉及公共事务，没有主观恶意即诬告陷害，就不能认为侵犯了名誉权。也就是说，对这些领导干部名誉权的保护程度要比一般公民低。侵害领导干部名誉权的行为在主观上仅限于故意（主观恶意），过失不构成对领导干部名誉权的侵害；而侵害一般公民名誉权的行为在主观上并不限于故意，过失也可能构成对他人名誉权的侵害。做如此界定，是有法律依据的。《中华人民共和国宪法》（以下简称《宪法》）第 41 条第 1 款规定："中华人民共和国公民对于任何国家机关和国家工作人员，有提出批评和建议的权利；对于任何国家机关和国家工作人员的违法失职行为，有向有关国家机关提出申诉、控告或者检举的权利，但是不得捏造或者歪曲事实进行诬告陷害。"据此规定，公民有申诉、控告或者检举的权利，但是这种权利不得被故意地错误使用或者违法使用，任何公民都不得假借申诉、控告或者检举之名，捏造或者歪曲事实，对国家机关及其工作人员进行诬告陷害。申诉、控告或者检举有时可能和事实有出入，但不一定是有意诬告。诬告一定是有意捏造或者歪曲事实。《宪法》第 41 条第 1 款的规定突出了诬告陷害者的主观恶意。

基于《宪法》第 41 条之规定和上述分析，我们可以做如下判断：教师在互联网上因公共事务对国家工作人员发表的言论，只要不是出于主观恶意(诬告陷害)，就属于正当行使权利的范畴，而不能界定为侵犯名誉权的行为。因此，发表言论的教师即使有过失，国家工作人员也不能通过名誉权受侵犯的途径进行澄清，但可以通过其他途径予以澄清，比如，请求有关国家机关及时澄清事实，并在一定范围内公布。

2. 损害企业的名誉权

为了维护社会主义市场经济秩序和社会管理秩序，全国人大常委会《关于维护互联网安全的决定》规定，教师不得利用互联网损害他人商业信誉和商品声誉。如出于个人恩怨而在互联网上捏造并散布某企业的产品为假冒伪劣产品或某企业有欺诈行为，就构成诽谤，侵犯了企业的商业信誉和商品声誉。

在这里要注意区分对企业的正当舆论监督权与损害企业名誉的界限。如果从维护消费者权益的角度出发，在互联网上对某企业产品的性能、质量等问题进行探讨、质疑，告诫消费者不要盲从，以免上当受骗，那么这是公民行使舆论监督权的一种方式，不属于违法行为。在互联网上对某企业的产品进行评论时，有时某些结论和用语不当，对产品的声誉可能造成一些不良影响，但只要主观上出于诚意，其评论所依据的事实是真实的，且未超过正当舆论监督的度，就属于言论自由的范畴，不足以构成对企业名誉权的侵害。所以，不能因为教师在互联网上发布了评价某企业产品不足乃至某些潜在缺陷问题的言论，以及评价用语比较激烈，就认为其侵犯了企业的名誉权。

三、 不得损害国家机关的信誉

《办法》第 5 条第 8 项规定，不得利用国际互联网制作、复制、查阅和传播损害国家机关信誉的信息。据此规定，教师在互联网上不得发表损害国家机关信誉的言论。这里必须注意区分损害国家机关信誉的言论和一般批评性言论之间的界限。如果不管损害程度如何，只要言论有损国家机关信誉，就予以法律制裁，那么就会违背民主社会关于言论多元化的根本要求，导致一些政府部门借口维护国家机关信誉和社会稳定而随意禁止教师“乱说话”。如此一来，就与温家宝在 2010 年政府工作报告中关于“创造条件让人民批评政府、监督政府”的要求背道而驰，其危害正如中国古语所云：“防民之口，甚于防川，川壅必溃。”

那么，网络言论对国家机关信誉的损害必须达到何种程度才属于法律禁止的对象？具体说，就是只有当网络言论所造成的损害已经严重妨碍了国家机关的日常工作，或者虽然没有妨碍其工作，但是引发了社会动乱、影响了社会稳定，才属于法律禁止的损害国家机关信誉的言论，否则只能认定为一般批评性言论，即“有害但并非禁止”的言论。只有根据损害的程度，对有损国家机关信誉言论的内容做“禁止的”（损害国家机关信誉的言论）和“有害但并非禁止的”（一般批评性言论）的区分，才能既防止损害国家机关信誉言论的泛滥，又不破坏言论的多样性，为各级领导问政于民、问计于民，提供更加便捷、有效的渠道。

本文开头提到的某中学教师王某，因对教育局拖欠教师津贴不满，在一篇同样表达不满的帖子后跟帖，其中有骂“××教育局”的字句，最终教育局报案，王某被拘留。王某该不该被拘留，关键是看王某跟帖的内容是一般批评性言论还是损害国家机关信誉的言论。具体来说，如果王某跟帖的内容严重失实，已经严重妨碍了教育局的日常工作，或者虽然没有妨碍其工作，但是引发了社会动乱、影响了社会稳定，那么其言论就属于损害国家机关信誉的言论，属于法律禁止的对象，就可以视情节轻重，依法对王某施以法律处罚。相反，如果王某跟帖的内容既没有严重妨碍教育局的日常工作，也没有引发社会动乱、影响社会稳定，那么即使其跟帖的内容失实，甚至是侮辱性或诽谤性的，也不属于法律禁止的对象，不应当对王某施以行政拘留，或认为其损害了教育局的名誉而要求其承担民事侵权责任。

（本文作者系山东省高密市教育科学研究院研究员，山东升信律师事务所兼职律师）

中小学教师惩戒权的法律分析

初云宝

2009 年 8 月 12 日，教育部颁布了《中小学班主任工作规定》，明确规定："班主任在日常教育教学管理中，有采取适当方式对学生进行批评教育的权利。"这给班主任惩戒学生提供了明确的政策依据。但是，《中小学班主任工作规定》毕竟只是部门规章，其法律效力低于法律、法规；而且其规范的对象是班主任，至于其他教师是否拥有惩戒权、拥有哪些惩戒权、如何行使惩戒权等问题，还需要进一步探讨。

1. 教师惩戒权的法律依据

惩戒权是教师权利的重要组成部分，是教师顺利履行教育职责的必要权利。目前，很多国家都明确规定教师拥有惩戒权。例如：日本《学校教育法》总则第 11 条规定："校长和教员，根据教育上的需要，可以按主管部门的有关规定，对学生进行惩戒。但是不许体罚。"韩国教育人力资源部公布了一项名为"学校生活规定预示案"的方案，明文规定，教师可在规定范围内对违反学校规范的学生进行体罚，方案对体罚的对象、原因、部位、程度做了详细规定和严格限制。在美国，教师惩戒学生是被允许的，有 23 个州甚至规定学校可以对学生实施体罚。

我国现行的法律、法规并未明确规定教师是否具有惩戒权。认定我国教师拥有惩戒权，是通过其他法律条款推断出来的。《中华人民共和国教师法》第 7 条规定，教师享有"指导学生的学习和发展，评定学生的品行和学业成绩"的权利；《中华人民共和国教育法》第 28 条规定，学校及其他教育机构有"对教育者进行学籍管理，实施奖励或处分"的权利。这些法律条款明确了教师对于学生的管理指导权和学校对于学生的处分权，在一定程度上肯定了教师的惩戒权。《中华人民共和国义务教育法》第 29 条规定："教师应当尊重学生的人格，不得歧视学生，不得对学生实施体罚、变相体罚或者其他侮辱人格尊严的行为，不得侵犯学生合法权益。”这一规定，将体罚这种极端的惩戒形式单独提出，予以禁止，但并未禁止教师使用其他惩戒形式，因此，我们可以推定，教师拥有惩戒权。

2. 谁可以行使惩戒权

在学校中，由于所惩戒的行为不同，所以行使惩戒权的主体也不相同。一般说来，学校中行使惩戒权的主体可以分为两类：一是教师个体，惩戒对象是其管理下的学生，以教师个人的名义进行惩戒；二是教师集体，惩戒对象为全体学生，以校长或学校的名义进行惩戒。两类不同的惩戒主体，其惩戒权限也不同。教师个体往往只能实施轻微的、对学生影响不大的惩戒；而较为严重的惩戒，其行使权往往保留在校长或者学校的手中。非主体行使、跨主体行使惩戒权都是违法的。

3. 惩戒主体可以惩戒何种行为

对何种行为可以实施惩戒，不同的国家有不同的规定。一般说来，学生的行为必须具备以下几个要件，教师才可以实施惩戒：(1)违规性，这是确定惩戒对象的前提条件。(2)破坏性，这种破坏性或者表现为对一定的学习秩序、纪律的扰乱，影响正常的教育教学活动的继续进行；或者表现为长期、频繁的侵犯性行为及不道德行为，影响本人或他人的正常学习生活。(3)学生自身的过错与过失，其行为的产生必须是学生自身因素导致，而不应有别的外加行为因素的影响。(4)行为系学生个体所为，其有能力控制其行为的产生与发展。

4. 可以采取何种惩戒形式

教师的惩戒形式多种多样。从美国部分州和我国台湾地区所采用的惩戒形式来看，按照严厉程度，可以分为一般惩戒和重大违规事件的惩戒，这两种类型的惩戒都包含了多种具体形式。在美国，一般惩戒包括训诫、剥夺权利、留校和学业制裁等，重大违规事件的惩戒包括短期停学、长期停学、惩戒性转学、在家教育等。在我国台湾地区，一般惩戒包括劝导改正、口头纠正、取消学生参加课程表以外的活动的权利、调整座位、增加额外作业、扣减学生操行成绩、要求道歉、要求写悔过书等，重大违规事件的惩戒包括警告、记过、留校察看、转换班级、强制心理辅导、移送司法机关处理等。

我国的教师惩戒可分为纪律处分与事实惩戒措施两大类。前者是指以学校名义对违纪学生做出的有书面记录的惩戒措施，包括警告和记过等；后者主要是指教师个体在教育教学过程中自行做出的即行实施的惩戒措施，如批评、罚站、调整座位等，具体形式法律没有规定。教师可以视教学情境和学生所犯错误的严重程度，在考虑惩戒形式能否达到纠正学生行为的效果的基础上，决定采取何种合理的惩戒形式。判断某一个案所采取的惩戒形式是否合理，最需要考虑的是：学生所犯过错的严重程度，学生过去的行为和态度，惩戒的性质和严重性，学生的年龄和身体状况，是否可以采用效果相同但较不严厉的替代性惩戒形式。

5. 惩戒程序应正义

西方著名的法律格言“正义不仅应得到实现，而且要以人们看得见的方式加以实现”，就是在强调程序正义的独立价值。程序正义之所以如此重要，是因为程序正义可以减少主观情感等不确定性因素的影响，制止裁判的任意性，增强法的形式的统一性、客观性，以及司法审判的既判力、确定性。

在教师惩戒学生这一问题上，遵循正义的程序具有两方面的作用。(1)明确的程序以一种看得见的方式规范教师的惩戒行为，容易判断其合理性。如果教师未能按照规定的程序实行惩戒，学生则可以针对教师的惩戒行为提出申诉或者诉讼，从而在程序上阻止教师随意惩戒学生。1991 年美国的一个案例就说明了这个问题。小学五年级教师 Gwenn F. 是一个非常优秀的教师，制定了严格的班规，帮助学生提高学业成绩，形成良好的行为习惯。在他的班上，一名学生屡次违反纪律，经教师与家长多次教育之后仍然没有效果，于是教师在征求家长同意后，采取了打学生屁股的方式惩戒学生。Gwenn F. 记录了自己执行体罚的过程和原因，但是，没有遵照学校董事会的要求提供在场证人，所以被起诉，理由是虐待儿童。由此案例我们可以看出，执行严格的惩戒程序，可以避免教师随意运用惩戒权，保证教师的惩戒确实是出于教育学生的目的，而非因为个人对学生的主观情感。(2)如果教师惩戒学生需要遵循严格的程序，那么必然加大教师和学校的惩戒成本。这样，教师和学校在执行惩戒的过程中，就将有意识地考虑各种惩戒形式的严重程度，采用与学生违纪行为相当的惩戒。

惩戒学生一般要遵循以下程序：调查取证；通知学生及其监护人，告知学生被惩戒的事由和将要受到的惩戒；学生或者代理人申辩；教师做出惩戒决定，告知学生及其监护人惩戒的具体内容和形式，以及学生享有的申诉权；备案并向学校或其他相关部门报告。当然，这些程序要视惩戒的严重程度而定，一般来说，越是严厉的惩戒，所要求的程序越复杂，这样才能有效地限制教师滥用惩戒权，避免损害学生的合法权益。例如：在美国允许适度体罚的州，教师实行体罚时，至少需要遵循以下程序：(1)需要确定采取其他非体罚的替代性惩戒措施无效，不得以才采用体罚这种惩戒形式；(2)通知学生的监护人，与之商量是否实行体罚；(3)记录体罚的过程，并说明体罚的原因；(4)体罚时必须有证人在场。

就我国而言，目前人们已经对教师惩戒学生的合理性有了充分的认识，但是由于法律、法规对教师惩戒权没有做出明确的规定，因此很多教师在实施惩戒行为时往往容易走极端，要么畏首畏尾，出现类似“杨不管”事件；要么滥用惩戒权，严重侵犯学生的合法权益。因此笔者建议，在修订的《中华人民共和国教师法》中明确教师拥有惩戒权，并对惩戒权的实施主体、对象、形式、程序等做出规定。

（本文作者曾任仲恺农业工程学院教师）

民办学校教师权益现状的调查与思考

吴开华　张铁明

广东中山市民办教育现已基本形成了多层次、多类型和多元化的发展格局，民办教育总体发展态势健康、良好，政府规范管理，在广东打造了让民办中小学“办一所，成一所，旺一所”的成功经验。

在民办教育发展进程中，如何落实民办学校教师与公办学校教师的同等法律地位，构建民办学校教师的权益保障机制，稳定民办学校教师队伍，一直是民办学校发展的重中之重。为此，我们开展了“中山市民办学校(幼儿园)教师权益问卷调查”。

一、 调查对象与方法

调查对象为中山市民办中小学及幼儿园教师。调查对象通过分段随机抽样的方式产生，即在中山市随机抽取 5 个镇(区)，并在各镇(区)内随机抽取 2 所民办中学、2 所民办小学、1 所民办幼儿园，然后在每所民办中小学随机抽取 25 位教师，在每所幼儿园随机抽取 30 名教师。本项调查合计发放问卷 650 份，回收有效问卷 602 份，有效回收率为 92.62%。对调查获得的数据，运用 SPSS 软件进行分析。

二、 结果与分析

(一)民办学校教师的法律地位及权利

《中华人民共和国民办教育促进法》(以下简称《民办教育促进法》)明确规定，民办学校教师与公办学校教师享有同等的法律地位，民办学校教师在业务培训、职务聘任、教龄和工龄计算、表彰奖励、社会活动等方面享有与公办学校教师同等的权利。但调查结果显示，民办学校教师在业务培训、职务聘任、教龄和工龄计算、表彰奖励、课题与项目招标 5 个方面享有与公办学校教师同等的权利的总体比例分别为42.52%、32.06%、30.07%、42.19%和24.75%。有20.43%的受调查教师表示，在以上5个方面均未享有同等权利。可见，民办学校教师还未能充分享有与公办学校教师同等的权利。

在不同类型的民办学校，教师享有的权利也有所差别。如表1所示，转制(国有民办)学校和名校办民校的教师权利保障情况，要比纯民办学校和小区配套学校的教师好很多。

表1　中山市不同类型民办学校教师"同等法律地位"落实情况(%)

学校类型 享有同等权利	纯民办学校	小区配套学校	转制(国有民办)学校	名校办民校
业务培训	34.57	48.98	65.38	63.54
职务聘任	20.00	22.45	65.38	54.67
教龄和工龄计算	20.74	22.49	69.23	61.46
表彰奖励	33.33	34.69	84.62	68.75
课题与项目招标	16.30	22.49	7.70	3.13
均未享有	24.94	16.33	0	11.46

问卷还设置了一道开放式问答题："您认为与公办学校教师相比，民办学校教师权益保障中最需要改进的是什么?"被调查者提到最多的5项是：提高教师待遇，在当地可以考取教师资格证，免收外来人员社保调配费，多一些培训机会和学习机会，和公办教师享受同等的寒暑假期带薪休假权利。

(二)民办学校教师的工资和社会保险情况

民办学校教师工资的发放标准均由学校自定。从表2可以看出，有半数的民办学校教师的工资低于2000元，与公办学校相比，总体偏低。

表2　中山市民办学校教师工资的总体情况

月工资(元)	2000以下	2000～3000	3001～4000	4001～5000	5000以上	未填答
人数(人)	302	122	91	51	30	6
百分比(%)	50.17	20.27	15.12	8.47	4.98	0.99

从表3看，不同层次民办学校的教师的工资差距较大，幼儿园教师月工资均在3000元以下，高中教师月工资则均在3000元以上。

表 3　中山市不同层次民办学校教师的工资分布情况(%)

所在学校 月工资(元)	幼儿园	小学	初中	高中	完全中学	其他(9 年一贯制学校等)
2000 以下	84.94	45.50	20.00	0	6.67	48.80
2001～3000	15.06	30.63	12.95	0	3.33	19.05
3001～4000	0	15.32	34.11	12.50	30.00	21.44
4001～5000	0	8.10	15.29	37.50	30.00	9.52
5000 以上	0	0.45	17.65	50.00	30.00	1.19

我们还就中山市教育局计划统一制定全市民办学校教师最低工资标准的做法进行了调查。对此，有 75.31%的教师表示赞成，14.81%的教师表示无所谓，只有 4.94%的教师表示反对。可见，绝大部分教师对这一做法持肯定态度，这也反映了民办学校教师对通过政策保障提高工资水平的期待。

在社会保险方面，调查结果显示，有 9.80%的民办学校仍未给教师购买任何保险；为教师购买养老保险、医疗保险、工伤保险、失业保险和生育保险的比例分别为 65.78%、66.45%、29.90%、24.25% 和 8.80%。尽管《中山市民办学校管理办法(试行)》要求民办学校为教职工缴纳社会保险费，但实践中仍有不少民办学校没有或没有足额为教师缴纳社会保险费用。

(三)民办学校教师任用合同的签订情况

调查发现，有 45.02%的教师与学校签订的是聘任合同，有 52.66%的教师与学校签订的是劳动合同。聘任合同与劳动合同的交混使用，反映了民办学校与教师之间任用制度的不规范。从已经签订合同的情形看，还存在如下问题。

1. 合同期限普遍过短

在问及“您签订的合同期限是多长”时，回答“1 年”的占 57.31%，“2 年”的占 13.79%，“3 年”的占 20.93%，“4 年”的占 0.33%，“5 年”的占 1.99%，“5 年以上”的占 1.66%。半数以上教师的聘期仅为 1 年，这对稳定教师队伍，从而保证教育教学活动的稳定性和连续性是非常不利的。

2. 合同条款存在欠缺或不完善

在问及“您签订的合同内容包括(可多选)：(1)双方基本情况，(2)合同期限，(3)工作任务、岗位职责，(4)工资报酬，(5)工作纪律，(6)学校提供的工作条件，(7)合同变更、终止的条件，(8)违约责任，(9)学校与教师间有关争议的处理”时，选择(1)～(9)的比例依次为61.13%、91.36%、83.39%、75.08%、75.08%、59.14%、75.42%、71.93%、33.89%。我们可以看到，在合同涉及的9项基本内容中，每项内容都不同比例地存在欠缺，甚至有近1/4的合同未涉及教师的工资报酬。仅有33.89%的合同有有关争议的处理条款。这在一定程度上反映了对民办学校教师权益的保护和救济都存在不完善的地方。

3. 聘任合同和劳动合同由不同部门鉴证，缺乏统一监管

在中山市，聘任合同由中山市教育局进行鉴证，劳动合同则由中山市劳动和社会保障局进行鉴证。在调查中，有87.65%的受调查者对“统一制定全市民办学校教职工合同模式”持赞成态度。

(四)民办学校教师的进修培训与经费保障情况

《中小学教师继续教育规定》第13条规定，社会力量举办的中小学和其他教育机构教师的继续教育经费，由举办者自筹。而在实践中，民办学校教师的继续教育经费并不是完全由民办学校来解决，而是部分或全部转嫁给了民办学校教师，由参加进修培训的教师自己支付。调查结果显示，民办学校教师外出参加进修培训的经费(包括学费、差旅费)，由学校全额支付的占46.84%，由学校支付一半及其以上的占14.12%，完全由教师自己解决的占19.93%。在教师外出参加进修培训期间，学校全额发放工资的占65.78%，学校发放部分工资的占21.93%，学校停发工资的占12.29%。

(五)民办学校教师参与学校民主管理的情况

《民办教育促进法》第26条规定，民办学校依法通过以教师为主体的教职工代表大会等形式，保障教职工参与民主管理和监督。与工资福利待遇和在职进修这两项权利相比，民办学校教师参与学校民主管理的权利更难得到落实。在问及“关系教职工利益的重大决策，是否都经过教代会的讨论?”时，选择“从不”“很少”“有时”“时常”“常常”的比例分别为13.95%、10.13%、19.60%、16.11%和37.04%，有3.17%的被调查者没有做答。可见，民办学校教师通过教代会参与学校民主管理的程度仍不高。

(六)民办学校教师的权利救济情况

民办学校教师的权益受损时，可采取的救济手段有：(1)当事人协商解决，(2)调解，(3)向教育行政部门申诉，(4)向劳动部门申请劳动仲裁，(5)向人民法院提起诉讼。在问卷调查中，被调查教师选择这 5 种手段维护自身权益的比例分别为(可以多选)37.04%、24.75%、33.22%、36.54% 和 5.81%。通过诉讼维护自己合法权益的教师还是少数。在对教师申诉制度的作用进行调查时，有 46.68%的教师认为，教育行政部门在教师申诉中所起的作用很小，甚至不起作用。可见，教师申诉制度还未能真正发挥其实效。我们对教师工会在维护教师权益方面的作用进行调查时，有 33.72%的教师认为，学校工会起到比较重要或很重要的作用，还有 33.06%的教师认为，学校工会在维护教师权益方面没有作用或作用很小。教师工会在教师维权中的作用仍有待提高。

三、 成因与建议

(一)民办学校教师权益保障存在的问题及根源

通过调研我们发现，中山市民办学校教师的权益保障仍不充分，民办学校教师在实践中仍难以实现与公办学校教师的“同等法律地位”，且差距甚大，主要表现在：民办学校教师与公办学校教师相比，工资水平偏低且内部分化严重；民办学校教师与公办学校教师同等待遇的政策仍未完全得到落实；民办学校教师与学校的任用合同缺乏统一监管；部分民办学校内部机制不健全，教师的教学自主权受到不当干预，教师参与学校民主管理的权利尚未得到落实，教师权利救济途径仍不完善；不同类型的民办学校，教师享有的权利差别较大，内部分化较为明显。

应该说，我国对民办学校教师身份认识的偏差以及现行体制障碍，是导致民办学校教师在实践中仍难以实现与公办学校教师“同等法律地位”的最重要的原因。从目前来看，各级地方政府对民办教育的发展也还存在错误认识和观念歧视，“观念歧视，体制排挤，权力侵害，权益难以保障”的发展环境，还没有得到根本的改变。尽管民办学校教师与公办学校教师具有教师职业的共同特性，但一些地方政府更愿意将民办学校教师看成民办学校的工作人员，认为其工资和待遇理所应当由民办学校解决，而并未真正意识到政府在保障民办学校教师“同等法律地位”方面应承担的责任。

从现行的教师管理体制看，我国公办学校教师作为事业单位的工作人员，享有事业编制，国家在参照公务员有关规定的基础上，建立了一套包括教师人事、工资和福利待遇等在内的，带有典型的人事制度特征的管理制度。而民办学校在现行法律框架下被认定为民办非企业单位，正是这一模糊的法人定位，使民办学校教师的合法权益因身份不明而难以落实，民办学校教师无法享有事业编制而且无法纳入事业保险行列就成为现行体制下一个顺理成章的结果。由此也就不难理解，尽管《民办教育促进法》承认民办学校教师与公办学校教师的"同等法律地位"，但是有关民办学校教师的具体权利和义务的规定，地方政府很难做到全部贯彻落实。

（二）以地方政策创新构建民办学校教师权益保障机制的建议

以《〈中华人民共和国民办教育促进法〉实施条例》的出台为标志，管理、规范成为中央政府民办教育政策设计的主流，促进民办教育发展的主要推动力量已经从中央政府主导转变为地方政府主导。在这一背景下，以地方政策创新解决民办学校教师的权益保障问题，推动民办教育发展就显得尤为必要。

落实民办学校教师与公办学校教师的"同等法律地位"，关键在于保障民办学校教师能够享受到与公办学校教师相同的权利。这就要求地方政府在制定相关政策时做到：

第一，确保民办学校教师享受到作为专业人员的权利，如保障民办学校教师在业务培训、职务聘任、教龄和工龄计算、表彰奖励、专业发展上享有与公办学校教师同等的权利。民办学校教师由于同样必须具备《中华人民共和国教师法》（以下简称《教师法》）规定的教师资格和任职条件，因此具有了专业人员的法律地位，同样应享受《教师法》所赋予教师的权利，并履行《教师法》所规定的义务。对民办学校教师的身份问题，只有回到《教师法》才能找到一视同仁的依据。

第二，打破体制障碍，确保民办学校教师享受到作为民办事业单位工作人员的权利，如保障民办学校教师在户口、事业编制、养老保险、合理流动等方面享有与公办学校教师同等的权利。我国民办学校和公办学校的活动目的和性质是相同的，两者的区别仅在于举办主体和经费来源不同，因而《民办教育促进法》第3条规定："民办教育事业属于公益性事业，是社会主义教育事业的组成部分"，第5条又进一步明确"民办学校与公办学校具有同等的法律地位"。从这个意义上讲，民办学校实际上就是"民办事业单位"，在现行法律框架下将民办学校定性为"事业单位法人"是合适的。只有民办学校的"身份"问题解决了，上文所讨论的民办学校教师的身份、待遇等问题，才能找到同一出发基点，找到积极解决的路径。

第三，为民办学校教师提供财政资助，逐步缩小民办学校教师与公办学校教师的收入差距。"同等法律地位"并不意味着同等实际待遇，毕竟公办学校教师的工资主要由国家财政保障，民办学校教师的工资主要由学校保障，更何况即便是公办学校之间或者民办学校之间，教师收入也在分化。但在我国，民办学校提供的教育服务具有显著的公益性，相应地，民办学校的教师职业也具有极强的公共性。作为政府，关键是要基于教师职业的公共性，为民办学校教师提供财政资助，逐步缩减民办学校教师与公办学校教师的收入差距。

（本文第一作者系广东第二师范学院教育学院副院长；第二作者系广东第二师范学院民办教育研究中心主任）

第四篇

比较与借鉴

北欧中小学校园安全管理的特色及启示

卢晓宁

当前，中小学校园安全事件屡屡见诸报端。研究与借鉴相关成功经验，对我国中小学校园安全管理意义重大。芬兰、瑞典是校园安全事件发生概率最低的国家。2015 年年底，笔者有幸考察了两国部分中小学，发现其校园安全管理之道对我国提升学校安全管理水平具有较大参考价值。

一、 重点在防范

两国校园安全防范软硬件建设完备，在安防设施、安全演练、实验操作、心理干预等方面皆有独到之处。

1. 配备完善的安防设施和“避难室”

两国校园安全设施齐全，每所学校都根据相关安防配置标准，配备了灭火器、急救用品箱、报警器、监控系统等。每幢学校用房都有门禁系统。安防设备使用便捷，均安置在醒目、随手可取之处，而不是放置在上了锁的专用箱中。例如：灭火器、紧急撤离标识等，遍布在电梯口、楼道中央、教室、办公室、洗手间等地。

芬兰学校还备有“避难室”。例如：萨洛高中有两个“避难室”，可以容纳全校师生。每个避难室有两道钢门，室内的水、电、食品等必需品可以满足全校师生三天的需求。

2. 定期组织师生进行安防演练

两国中小学均定期组织学生进行消防、防暴、抗灾等应急演练。芬兰教育部制定了《学校应急预案纲要》，各学校结合实际需要，将修订完善的预案发给师生。师生对照预案就知道自己应采取的措施或行动。瑞典学校的每间房子、每条走廊的适当位置，甚至洗手间都张贴有应急处置计划示意图。学校根据应急预案或计划，每年安排二至四次演练。小学演练的次数多一些，高中相对少一些。例如：瑞典 Matteusskolan 小学每年演练四次，芬兰萨洛高中每年演练两次。瑞典学校的演练主要由学校组织，芬兰学校的演练有消防队、警察局等机构参与。

3. 对安全隐患大的实验室进行专业管理

学校实验室，尤其是物理、化学实验室，是安全隐患较大的区域。两国实验室均需经专门的实验员解锁后方可刷卡进入。实验室内除常规安防设备外，还有专门的喷淋系统、洗眼装置等专用应急设备。在芬兰萨洛高中的化学实验室内，除试管、手套、防护镜等用品陈列在开放的器材柜中，其他的化学试剂均被锁在专门的柜子里。据学校介绍，危险品实验必须在实验箱中进行，实验箱配备有通风、通气、防暴等保护系统；实验者进行实验时，必须穿上防护服、戴上防护镜等。

4. 配备专业的心理干预力量

学校把学生的心理健康列为日常教学管理的一部分，配备有专业的团队及机构。学校设有心理健康部，在每位学生入学时，就为其创建心理健康档案。芬兰萨洛市教育局规定：每校至少配备一名主治医生、一名护士和一名心理健康医生；护士要每天到校，心理健康医生每周到校一天，主治医生每月到校一天。他们根据学生的成绩单或师生反映，发现问题并及时干预。另外，学校还配备心理健康专业教师，开设丰富多样的心理健康课程，内容涉及青少年交友、压力控制、情绪调节等问题，学生可以根据需要选课。

二、 精髓在融合

将安全教育的内容融入学生的日常学习与生活，使学生养成健康的学习观、生活观与社会观，是保障学校安全的隐性因素。

1. 开展让学生懂规则、长本领的校外活动

让孩子在校外活动中认识社会，学习社会规范与规则，是瑞典义务教育阶段的重要课程。瑞典教育部规定：在学前教育及义务教育阶段，学校每周至少安排五小时带领学生进行校外活动，以培养学生亲近自然与社会的习惯。如中小学校通常会带学生到街上去学习交通规则、乘车规则、社交规矩等；还会带学生去森林等地远足，学习辨识方向与道路、识别物种、评估危险、自我救护等。真实的情境、真实的生活体验、现场的应对与处理，对孩子来说，这些无疑都是最好的教育内容。

2. 开设让学生从小识“欺负”、化矛盾的教育内容

两国学校均有许多来自不同国度的学生。学校倡导包容、和谐的校园文化，其中尊重他人、不欺负他人是学校教育的重要内容。例如：从小学一年级开始，教师就引导学生认识什么是“欺负”。首先，老师请学生说出什么行为属于欺负，然后把大家一致认为的欺负行为打印出来，人手一份。接下来，学生画出自己曾被某种行为欺负过并交给老师，老师会单独与相关学生谈话以化解矛盾，推动同学间的和谐相处。由此，学生被欺负的比例非常低，且随着年级增高，此类事件的发生率逐年下降。心理学研究表明，从小受到尊重和关爱、没有受到欺负的孩子，一般不会发生偏激行为。

3. 为学生提供必要的安全监管服务

芬兰践行均衡教育，让孩子就近入学，学生上学的路程基本控制在五千米以内。因此，步行或乘坐免费公交，是芬兰孩子最主要的上学方式。瑞典家长可以选择学校，但 12 岁以下的孩子必须由家长接送。学校放学时间早，家长没下班的，学生可以在学校上兴趣班，学校收取一定的监管费用。学生的乐学与学校提供的监管服务，有效降低了安全事故发生的概率。

三、　主体在社会

在危机防范、事故处理等方面，政府、家庭、社区等共同参与，是两国最令人称道的地方。

1. 专业部门的协同

政府部门对学校及学生安全给予诸多的保障。

其一，安防网络连接到学校。在芬兰，学校的安防网络与警察、消防等部门相连接。一旦有异常情况，这些部门就会通过安防网络获知，迅速指导学校做出应急反应，如学校的避难室就会在警察局的指示下及时启用。

其二，安全知识送到学校。对学生进行安全知识或技能培训是警察、消防、交通等专业部门的义务。培训的内容与方式由各部门负责，培训的时间由学校与各部门协商确定。所以，两国的中小学生几乎人人都会使用常用应急设备，开展常规的应急救护。

其三，安全检查服务于学校。两国学校的水、电、建筑物以及安防设备等，均由市级相关职能部门统一管理。学校向他们支付一定费用。这些部门定期上门检查，确保设施设备时时安全有用。

2. 家庭的协同

两国均在国家层面对家庭教育有明确要求。

其一，文明家教。在瑞典，法律禁止家长打骂孩子。若发生打骂行为，家长会受到法律惩处，监护权也会被暂时取消，孩子则由专门机构监管。芬兰实行全民阅读计划。家长被要求在家中营造阅读氛围。如今，41%的芬兰中学生最常做的休闲活动是阅读。

其二，热爱运动。让孩子至少爱上一项健康的体育运动，是家长的重要职责。放学后，家长把带孩子去运动作为首要任务。从幼儿起，家长就会让瑞典孩子尝试各种运动。到了初中，孩子会选择自己喜欢的运动坚持下去，渐渐地，这项运动就成为他的终身爱好。芬兰亦是如此，目前，芬兰约 2/3 的中小学生至少参加一个青年运动协会。文明的家庭氛围、健康的生活习惯，成为瑞典、芬兰家庭教育的主要形态。

3. 社会保障的协同

在芬兰和瑞典，中小学生免费入学、免费医疗、社会保险等社会保障体系健全。对于意外事件的处理，基本交由法律部门来解决。瑞典 Matteusskolan 小学校长说，出了意外，学校与家长之间一般不会有纠纷，因为警察局会公正处理。例如：在校园内发生学生运动受伤事件，由学校送学生至医院，通知家长，说明情况即可。关于赔偿，则由保险公司负责。在交通方面，交通部门为接送孩子的车辆发放“大手拉小手”标识，将接送时间标注在车上，车子便可优先通行。在饮食方面，政府为中小学生提供免费午餐。学校会为有饮食禁忌的学生专门配置菜单。家长在当地政府网站可以查看所有菜单，政府对食品安全监督力度大，民众对饮食健康非常放心。

芬兰、瑞典安全教育给我们带来很大启示。其一，我们应制定中小学校安防配置标准与应急预案纲要。教育行政等部门要根据规定予以落实，为学校配备各种设施并定期予以检修和更新。要联合公安、消防、卫生等专业部门，研究制定《学校应急预案纲要》，指导师生认识、防范及应对常见的人为伤害与意外伤害。要根据预案定期进行训练与演习。其二，不断完善学校教育、闲暇教育与家庭教育。要开放学校教育，关注学生心理健康，重视闲暇教育，提高家庭教育水平。其三，形成社会各方协同管理的保障机制。我们要广泛吸纳公安、医疗、志愿者协会等组织及相关机构共同参与。要明确校园安全参与主体的角色与责任。

（本文作者系浙江省金华市教育局教研室教研员）

中日校园暴力防治措施的比较研究

宋雁慧

对校园暴力的关注和研究始于 20 世纪 60 年代的美国，但最初的研究结果认为校园暴力问题还没有严重到必须加以注意的时候；到 1975 年，美国司法部青少年犯罪调查委员会公布了一份关于校园暴力的报告，最后的结论是：校园暴力行为已达到引发危机的程度，已经严重威胁到教育机构实现其重要功能。此后，关注校园暴力的国家逐渐增加，到 20 世纪末，校园暴力已经被认为是全球性的社会公害。中日两国校园暴力在数量和归因方面具有相似性，因此具有可比性。本文在对 5 所日本和中国的薄弱学校进行调查的基础上，对两国学校所采取的防治暴力的措施进行比较。

一、 校园暴力研究视角的转变： 关注学校因素

早期对校园暴力的研究主要集中在个体的生理和心理方面，比如，施暴者和受害者个体本能、染色体、荷尔蒙变化、人格特质与暴力行为之间的相关等。这种关注个体研究的视角很快受到了社会学研究者的批评。他们认为，个体所处的社会环境(包括经济地位差异、文化差异、阶层差异等)才是导致校园暴力发生的主要原因。比如：下层文化冲突理论认为，下层文化社会中的青少年在合法的社会秩序中很少有机会获得成功，只能在下层文化中追求个人的地位与满足。下层文化社会中的青少年的价值观和行为方式往往被中上阶层认为存在偏差或有犯罪倾向，他们通常以打架、对抗权威或社会正常体制来肯定自己，提高自己的社会地位。校园暴力研究从关注个体的生理、心理方面转向关注个体所处的环境方面，从个体研究转向群体研究，从生理学、心理学的研究转向社会学的研究，大大拓宽了研究视角。

20 世纪 90 年代以来，研究者们发现了“校园暴力丛生”的现象。1990 年美国学者发现，1/3 以上的校园暴力事件发生在 12%的学校；1997 年英国学者也

从调查中发现，将近一半的校园暴力事件发生在8%的学校；2000年美国教育部和国家教育统计中心进行的“美国校园犯罪与安全研究”发现，50%的暴力事件发生在7%的学校，75%的暴力事件发生在18%的学校。大量的统计结果表明，大量的校园暴力事件集中发生在一小部分学校。

社会学理论偏重于从同类群体的社会背景进行归因，按照这一思路，“校园暴力丛生”是因为“不良”学生群体在数量上的集中(这里的“不良”是指在主流社会中处于不利地位，主要表现在：学生父母的社会经济地位较低，家庭结构残缺，社会关系纽带不强，与主流文化存在差异和隔阂，学习成绩比较差等。根据社会学理论，这类群体比较容易发生暴力偏差行为)，即因为一些学校集中了大量的社会经济地位偏下、家庭教育功能较差的学生，这类学生属于“易发暴力”的群体，所以这些学校才会出现“暴力丛生”的现象。这种解释显然不尽符合实际，因此研究者们开始把视角转向学校层面，从学校的组织结构、人际关系、管理制度等方面来考察校园暴力产生的原因。

(一)学校的科层制组织结构

米歇尔·福柯指出，学校类似于监狱和军队，作为一种“规训社会”而存在。在学校中，“用等级来规定人在教育制度中的地位分配形式”，“纪律创造了既是建筑学上的，又具有使用功能的等级空间体系”。在一定程度上可以说，学校是由各种仪式、纪律、惩罚而支持的科层系统。学校，特别是义务教育阶段的学校，依据国家法律规定的教育目标对学生进行教育，以使他们成为符合社会规范的社会人。学校的这种固有特征导致其必然会采取严格、统一的管理制度，对个体差异的容忍度较低。在中国和日本，这种情况尤为明显。

正是学校的这种社会学意义上的结构，在一定程度上孕育了校园暴力行为。西方社会学家批评学校“虽然不完全是封闭的军事化的组织氛围，但却是一个以服从为主要特征的权威性机构，在这种氛围中发生学生之间的暴力行为是可以理解的”。

(二)支配型的人际关系

东方文化的传统是推崇“师道尊严”，师生关系在一定程度上表现为权力的支配与被支配的关系。在这种权力支配的师生关系中，学生必须服从学校规定的行为准则，这一要求不可避免地会遭到青春期学生的抵制甚至反抗。而维持纪律不仅是教师的任务，而且是评价教师的一个维度，教师会因为维持纪律不佳而被批评。在这种情况下，师生冲突在所难免。日本学者内藤认为，教师是被驱动着以暴力和威胁的手段来控制学生，学校的结构使得这一切合理化。

师生关系是学校中的一门隐性课程，教师对待和惩罚学生的方式通过“复印机效应”，被学生用来对付同伴，甚至教师，包括语言攻击、体罚、给他人贴标签等。无论是教师使用的暴力，还是学生使用的暴力，其实质都反映了学校中人际关系是依靠赤裸裸的权力准则而运行的。由此，内藤总结说，学生生活在学校的三种权力结构中，一是正式的学校规章制度，二是教师以维持纪律为名使用的暴力，三是学生间的暴力。

(三)管理制度与规则

分析中日两国的学校管理制度，有以下几个共同特征。

(1)整齐划一的要求。学校像一个标准化生产的大工厂，统一的着装、统一的姿势，这是对学生外在方面的要求。虽然近些年来个性化和主体性教育的呼声越来越高，但标准化和整齐化仍是占据统治地位的管理要求。

(2)集体管理。学校通常以班级为单位对学生进行管理，班主任对校长负责；而班级内则分成不同的小组，小组长对班主任负责。这种管理产生了一种连带责任，即集体内任何一人违反规则，整个集体成员都会受到惩罚。这种集体管理令“不良”学生处于众叛亲离的孤立状态，从而诱发同伴欺负，甚至是暴力行为的发生。另外，为了更好地控制学生，学生通常被固定在一个教室(关野将其称为“家室”)里度过大部分时间，学生的交往空间受到限制，这使学生感到压抑，也容易导致欺负和暴力行为的发生。

(3)没有学生的参与。学生对学校专制的管制方式非常不满，但是学校的管理制度中没有给学生表达观点、与教师谈判以及自我管理的空间。感到压抑和不满的学生，在群体中失去责任心，从而产生暴力行为。

(四)其他因素

很多研究者都提出，学生的学业压力过大是导致校园暴力发生的主要原因，但是也有学者指出，学生的学业压力和暴力行为之间没有直接联系，即校园暴力并不是学业压力的必然结果。数据统计的结果也显示，在一些师生都关注学业成绩的学校中，校园暴力发生的数量比较少。因此，学业压力和暴力行为之间有一个中介，即学校的理念。学校的理念可以调和压力之下学生的情绪，也可以刺激矛盾的发生，让压力转化为暴力行为。

学校分层也和校园暴力有明显的相关。无论在哪个国家，都有一部分学校由于历史、政策或管理等原因处于劣势地位，这些学校被称为薄弱学校。薄弱学校集中了大量的“差生”，学业压力自然比较大。再加上社会对学校的评价以学业成绩为主要参考系，使得薄弱学校不得不将所有的精力放在学生的学习方面，学校的这种做法使得一部分学生逐渐厌学，进而引发学生暴力行为。

二、 中日校园暴力防治措施的比较分析

(一)可比性的基础

校园暴力的表现形式基本相同，但是其背后的原因可能大相径庭，因此防治的方式也应当不同，否则可能出现背道而驰的结果。比如，在日本，学生被固定在一个教室容易导致暴力事件的发生，因此可以采取更换教室的方法来减少暴力；但在美国，校园暴力的发生却与更换教室的次数成正比。究其背后的原因，乃是美国的校园暴力通常发生在不认识的群体中，而日本的校园暴力一般发生在亲密的群体中，这才产生了统计学上的悖论。因此，比较研究的前提是两者具有可比性，即校园暴力发生的概率相近，发生的原因相似，采取的措施才有可比之处。

根据文部省的统计，1983 年日本初中校园暴力的数量为 3547 件，到 1986 年降低至 2148 件，随后开始缓慢增长，1996 年达到 8169 件；之后进入快速增长期，2000 年达到最高点 27293 件；然后出现了缓慢回落的趋势，2006 年又上升至 27540 件，涉及 36.1%的初中。中国没有对校园暴力事件的相关统计，但 2003 年司法部徐久生等人的调查表明，有 38.3%的初中学生承认自己在近半年内有过校园暴力行为。总体来说，在中国和日本，初中校园暴力问题不像美国那么严重，但也涉及 1/3 以上的学校和学生，属于中等严重程度。

从学校方面讲，中日两国具有相似性。这是因为两国同处于东亚文化圈，与西方教育体系相比，两国学校都比较追求统一性的教育，追求权威和教师中心，属于科层制的组织结构，学生读书升学的压力都很大。

为了考察两国学校防治校园暴力的具体措施，笔者选取了大阪市的 2 所市立初中和北京市朝阳区的 3 所初中作为研究对象，这 5 所学校均为薄弱学校，具有可比性。

(二)日本校园暴力的防治措施

笔者所调查的两所大阪的市立学校，1 所处于城乡接合部(A 校)，1 所位于市中心(B 校)。几年前这两所学校都属于“差校”，校园欺负和暴力现象较严重。新任校长上台以来采取了综合治理与专门治理相结合的措施，现在学校基

本恢复了正常的教育教学秩序。

1. 综合治理

学校从整体上采取措施，改善学校中的人际关系，构建信任、合作的氛围，提高学生的学习兴趣，培养学生的责任感，以预防校园暴力的发生。

(1)改善课堂。提高学生的学习兴趣，是解决校园暴力的最根本措施。A校坚持“不落下一个学生，不落下一节课”的理念，教师要保证学生每节课都能跟得上，让他们不会觉得上课无聊。B校采取分层上课的方式，让学生根据自己的水平选择不同的班级，这样教师在授课时就比较有针对性，能够照顾到所有的学生。这一措施也在一定程度上改变了“家室”的弊端，有效地减少了暴力行为的发生。

(2)形成共同体。学校认识到，校园暴力问题应当由整个学校的成员共同来解决。因此，一旦出现问题，学校动员所有的力量协助班主任，用全体的力量指导学生，形成一个共同的作用力。A校校长坚持“一个人走100步，不如100个人走一步”的理念，在所有的教师中形成对学校的共同理解，构建教师间相互信赖的关系。校长信任教师，教师才信任学生，学生才会信任教师和学校。师生间能够相互信任，能够共同面对问题，学校的气氛就很融洽了。

(3)提高学生的综合素质。学生从刚入校开始，就要接受基本的礼仪教育，要“学会打招呼”。在这两所学校里，学生兴趣班(或俱乐部)都会对学生进行基本的人际礼仪教育，培养学生的协作能力。除了礼仪，学校卫生也是综合治理的一部分。学校认为，干净漂亮的校园会使得学生更加爱惜学校，“学校扫除”成为学校师生共同参加的一件大事，学生会对自己的劳动成果倍加珍惜。此外，学校还开展了丰富多彩的课外活动，以丰富学生的课余生活。

(4)学生参与管理。强化学生会的职能，让学生来制定规范、制订计划、自我管理，也是缓和学校矛盾的一个重要手段。B校校长总结说：“在初中阶段，让女学生干部管男学生，比教师管的效果要好。”

(5)加强与外界的合作，共同保障校园安全。学校通过家访(通常每学期初进行一次)、家长教师联系会等与家长沟通，让家长知道学生在学校的情况，也掌握正确的家教方式。让警察进学校，是这两所学校都采取的一种综合治理方式，警察在处理一些紧急事件、协助沟通方面能起到重要作用。另外，地区的儿童相谈所、青少年指导机关也会协助学校辅导学生，为学校处理学生间的矛盾提供专业支持。

2. 专门治理

针对校园暴力的特点和类型，进行事前的行为干预和事后的处理。

(1)事前的行为干预。这两所学校采取的干预措施主要有"Peer Support"(同伴支持)和"CAP"(Child Assault Prevention，预防学生攻击)计划。这两个计划是大阪市教育委员会针对学校普遍存在的欺负和暴力问题而设计的。"Peer Support"是利用同辈群体的力量来帮助学生，鼓励不同年级学生的互动和交流。在这种同伴支持中，学生有些不愿意跟教师讲的话可以向高年级的同伴倾诉，同时也培养了高年级学生的关心美德。"CAP"计划，由对学生的计划和对教师的计划两部分组成，这两部分是一体化的、不可分割的。对学生的计划分为两个阶段，首先是权利意识和人权教育，然后是通过情境教育，教会学生在遇到暴力的时候如何保护自己，概括起来就是"no—go—tell"，即"要学会说不，在危险的时候离开，要告诉别人"。对教师的计划包括培训教师，能够早期识别学生的危险反应，创造让孩子把事情说出来的环境。

(2)事后的处理。校园暴力事件发生后，学校会视情况而决定是否叫警察，并且协助学生之间沟通。对暴力事件的当事人采取的处分措施包括训告(警告)、自宅学习/ 自宅谨慎、出席停止、停学、退学或转学几个等级。但是，在学生停学期间，学校会组织教师去学生家里给学生补课，以达到挽回、教育的目的。

经过学校师生的共同努力，目前这两所学校的暴力事件明显减少。

(三)中国校园暴力的防治措施

笔者所调查的 3 所初中是北京市朝阳区的薄弱学校，都位于城乡接合部，属于"师资弱、生源差、校园氛围不好"的学校，校园暴力现象比较多，但对学校来说首要的问题是学业成绩上不去。目前这些学校所采取的防治校园暴力的措施包括：

1. 严格的学校制度管理

为了预防学生在学校发生暴力行为，学校制定了严格的规章制度，包括校服制度、进出校门制度、门卫制度等，以保证学生的安全。课间休息时间班主任要巡逻，及时制止学生打闹等不良行为。其中有一所学校在教室、楼道和学校偏僻角落都安装了监视器，以随时掌握学生的动态，防止暴力事件的发生。

2. 强化班主任的作用

当学生出现暴力或其他偏差行为时，科任老师常常把这些学生送到班主任处。因此，班主任实际上担当了门诊医生的角色。学校设立了“优秀班主任奖金”，在校内树立一种“改造一个偏差生和培养一个优秀生一样”的理念，鼓励班主任了解学生，并用自己的言行去感化学生。3 所学校的管理者都举出了优秀班主任转化“差生”的案例。

3. 加强学校德育建设

加强师德建设是学校一直呼吁的，强调教师不能体罚学生，要敬业爱岗；德育主要通过主题班会的形式实施，通过教育培养学生的集体感、荣誉感，提倡助人为乐、关心他人等优秀品质。

4. 争取家长和警察的配合

虽然几所学校都反映学生家长的素质不高、教育方式不当，但是学校还是通过班主任尽量争取家长的配合，让家长督促学生，以帮助偏差学生改进。另外，每所学校都有一名法制副校长，由当地派出所的政委兼任，负责对学生开展法制教育；警校合作保护学校周边治安环境，减少社会不良青年的聚集。

5. 制定安全预案

2007 年新修订的《中华人民共和国未成年人保护法》第 23 条规定，学校应当制订突发事件的预案。根据这一要求，3 所学校都制定了相关的安全预案，并配有紧急疏散图和相应的演习。

6. 事后处理

一旦发生校园暴力事件，班主任首先要对施暴学生进行批评教育，并且对受害学生进行安抚；比较严重的校园暴力事件，会由学校德育处，甚至校长亲自协调处理。对于施暴的学生，学校的处分措施有警告、记过、记大过、转学等。因为这 3 所薄弱学校的生源分为本地生源和外地生源两种，所以学校的处理措施一般有所不同：对外地生源比较严厉，问题严重的就采取退学的处理方式；而本地生源因为不能退学，所以至多只能劝其转学，实在不转也没办法。一名校长透露出这么做的苦衷：“我们也不想这样，但是上级也好，社会也好，只向你要学习成绩，否则就认为学校不努力，校长不能胜任。学校不把这些学生消化掉，就很难顺利进行教学和管理；即使转化再多的‘差生’，花了再大的心血和精力都没有用。”

三、结　论

中日两国在防治校园暴力方面的共性表现在：(1)制定具体的学校规章制

度。(2)借助校外的力量。(3)注重培养学生的道德品质。日本学校通过礼仪教育、卫生教育等加强学生的品质培养，提升学生的荣誉感与责任感；中国学校主要通过思想政治教育、道德教育、班级建设，培养学生团结友爱、互帮互助的品质。

中日两国学校所采取的防治暴力措施也存在着明显的不同：(1)社会参与的力度不同。虽然两国都致力于对校园暴力的社会综合治理，但是在中国，综合治理只限于本校学生家长和学校所在社区的派出所，而日本还包括学校所在的社区、校外的青少年辅导机构、热心公益的民众组织等。(2)学生参与的力度不同。在中国薄弱学校的防治暴力措施中，学生是学校教育和管理的被动接受者，学生的参与度比较低；而在日本，学校管理者积极借助学生的力量，特别是学生会、学生干部的力量，让学生广泛参与到防治暴力的制度建设和实施过程中。(3)日本制定专门的干预措施。日本的教育行政部门组织实施了专门的干预计划，而中国目前还没有专门的干预措施。

总体而言，日本的校园暴力防治措施以“疏导”为主，中国以“压制”为主，两种措施都起到了一定的作用。但是，结合中日两国学校教育的历史文化背景，以“疏导”为主的方法预防校园暴力更为有效。虽然也有学者认为日本的校园暴力和校园欺负主要发生在关系密切的人群中，往往涉及整个班级，甚至整个学校，在这样的氛围中，日本学校采取的一些措施如同伴支持等很可能出现负面的影响，导致暴力的升级。但是，毕竟学校在积极探寻解决之道。而在中国，校园暴力问题还没有引起社会的广泛关注，已有的校园暴力防治措施大多基于学校管理者的经验，缺乏科学性、系统性。在这一点上，我们应当借鉴日本的经验。

虽然校园暴力不全是学校的责任，而是在大的社会背景下，学校结构、功能等与学生互动的结果，学校想独立改善暴力问题，可能会有困难，但学校却是关键性的机构。因此，学校还应该积极采取措施，将“疏导”和“压制”合理搭配，互为补充，防治校园暴力的发生，保护师生的安全。如何结合才能更好地遏制、消除校园暴力，仍然是中日两国共同面对的课题。

（本文作者系中国青年政治学院青少年工作系副教授）

美国如何加强校园安全管理

尹晓敏

一、 注重校园安全立法

美国高度重视学校安全，在立法上把建设安全的学校作为国家的教育目标。1994 年，国会通过了《美国 2000 年教育目标》，将国家教育目标增加为 8 项，其中第 7 项目标是“安全的学校”。

该项目标的主要内容是：美国的每一所学校都将没有毒品和暴力，不能出现未经授权的枪支和酒精；为学生提供一种秩序井然、有益的学习环境。1994 年，国会通过的《学校安全法》是专门为实现这项目标而制定的法律，这是联邦第一次拨专款用于地方学区以帮助学区实现更为安全的联邦计划。

国家对校园安全问题的关注，促使联邦、各州、各地区尽力完善解决校园安全问题的立法工作。联邦立法者通过制定各种具体法案并要求地方政府积极贯彻法案来保障校园安全。例如：为遏制校园暴力事件，美国国会于 1994 年制定了《校园禁枪法》。该法要求所有接受联邦教育基金的州通过《改善校园环境法案》，该法案规定，各校区如发现学生带枪入校，有权将其至少开除一年。任何州到 1995 年若仍没有类似《改善校园环境法案》的法规出台，将被取消领取联邦教育基金的资格。1995 年 10 月，全美 50 个州都颁布了相关法规，达到了《改善校园环境法案》的要求。为了创建安全无毒的学校和社会，1994 年，美国国会制定了《安全和禁止毒品学校社会法》，此法律为《美国校园法》修正案的一部分，它努力陈述校园暴力增长造成的危害，并为各种防止校园暴力的活动提供专项资金。

此外，2001 年，布什总统签署了《不让一个孩子掉队法案》，该法案要求学区对校园暴力事件进行详细的统计，并将结果公之于众。这项法案以德克萨斯州“所有学校必须通报暴力事件”的法规为蓝本，规定每个州必须对“长久处于危险境地的学校”做出说明和认定。这样即可保证学生对“长久处于危险境地的学校”有知情权，国家允许每个州对“长久处于危险境地的学校”制定不同的标准。

二、 校园安全管理的系统性

“维护学校安全，必须加强学校与相关政府机构、社会组织和社区的合作”，这是校园安全管理的基本原则。“学生在醒来时有 25% 的时间是在学校度过的，他们需要学校为他们提供服务，也需要其他力量的帮助。”由于学校各种安全事件的发生及其处理都会受到社会诸多因素的影响，因此，保证校园安全不能仅仅依靠学校，还需要教育行政部门、公安司法部门、社区组织、社会媒体、学生家长等多方面的支持。主要体现为：一是教育行政部门对学校安全管理的支持。美国的各级教育行政部门都将学校安全保障作为自己的一项重要职责，为学校在人力、物力、财力等方面提供较为充分的支持，帮助学校减少或避免各种事故。二是当地警方的支持。学校聘请当地的警察帮助学校制订适合其特点的校园安全计划，处理校园安全事故，组织对学生的安全教育和培训。“通过在校园授课，警察把警察局的各种观点、方法介绍给学生。一些警察甚至协助或负责组织课外运动及社会活动，使警察成为学校教职员中的一部分。”“在美国，学校和警察局合作已有多年，警察在校园里除了维护秩序外还负责督学工作。这种合作计划在处理多变的校园事件中被证明是非常成功的策略。”三是学校与法律实施机关，学区代理人和学习人员，检测鉴定部门，青少年案件负责部门，社会、健康、福利部门等形成联盟，签订有关校园安全管理的“参加力量协议”或“了解备忘录”。四是学校所在社区的支持。美国学校十分重视构建强大的社区安全网络，积极争取社区内的每一个人——学生、家长、教师、职员和管理者的支持。

三、 校园安全管理的有序性

美国学校的校园安全管理强调有序性，在解决校园安全问题时通常遵循“五步计划法”。

第一步，评估学校的实际安全需求。对学校的实际安全需求实施评估时，学校安全人员要考虑到影响校园安全的方方面面，要与相关的学生、教职工以及社区居民进行面对面的交流，倾听他们对校园安全问题的看法，以获取较深层次的安全信息。然后，安全人员对学校的安全措施及规章制度进行分析，检查校园的相关安全设备。如果可能，还可以参照其他学校或社区的情况进行对比分析。

第二步，争取社会各方的支持。学校应当积极争取政府部门、法律部门、市民团体、企业实体、社区以及家长的支持，集中进行商讨，就校园的安全问题达成协议，明确各方在事故预防和事故处理中应当承担的责任。

第三步，组建领导团队。为强化校园安全管理的有序性，学校都会组建防止事故的领导团队，负责整个校区的安全工作，制定学校安全目标和管理方案，制定校园安全管理的中长期及近期规划，落实安全管理运行机制，制定事故应急预案，强化事故危机管理和应急演练，提高校园安全意识等。

第四步，组织教育和培训。美国学校非常注重对师生员工的安全教育和培训。只有通过教育和培训活动，才能使师生员工真正理解与支持覆盖全校的校园安全计划。

第五步，评价校园安全计划。安全人员根据成本分析的原理对整个校园安全计划进行分析评价，查看哪些安全项目发挥了应有的作用，哪些项目耗费了资金却没有发挥作用，进而确定应当加强、保留或删除的项目。

四、 校园事故防范的主动性

美国各类学校普遍重视把握校园事故防范中的主动性，强调管理者应该采取积极主动的态度防范事故。

1. 学校注重采用安全措施及保证硬件配备

根据美国教育部的调查，美国学校中常采用安全措施的比例是：96％的公立学校要求来客登记，80％的公立学校实行封闭的教学环境管理，不允许学生在午餐时间外出；53％的公立学校对在校内设建筑物实行严格的限制。在硬件配备上，美国约有39％的城市学校配备金属探测装置，由于这类设备可以检查出一些金属器件，包括枪支和匕首等，因而备受校方的青睐。一些较大的学校还会安装一种名为SchoolLobby的高科技系统。该系统能够储存学校员工、学生的全部资料和相片，还可以为学生、员工以及来访者制作有一定权限的ID卡，每张卡上面都有一个磁条，以便学校对学生的行踪进行追踪。一些较小的学校则使用一种名为TIMEbadge的系统，这种系统仅为来访者制作相应的出入证件，这类证件有一定的时间限制，一旦来访者在学校停留的时间过长，该系统就会自动报警。随着高科技的发展，美国学校在安全硬件设施的配备上也日趋现代化。例如：2006年，美国的一些公立学校安装了价格约为

15000美元的虹膜识别仪安全系统，无论是教师、学生、家长或是访客，如果在校园的安全网络里存有虹膜记录，那么学校的大门就会自动开启，倘若没有记录，就只能和学校的保安部门联系。虹膜识别仪可以精确地识别来访者的身份，使校园更加安全。目前美国学校正努力凭借高科技手段建立和完善多功能的防火、防盗、交通安全、报警等监控严密的安全防范体系，使校园安全防范系统成为一个纵横交错、点面结合的严密网络。

2. 注重师生员工的安全训练

美国要求每一个学区和每一所学校都要制订师生员工的安全训练计划，学校行政人员、教师、职工、学生都需要定期在危急状态中进行训练和实践，以增强师生预防突发事故的意识，培养师生在突发安全事故中临危不乱、沉着自救的能力，同时也有利于评估和改善学校安全规划。注重师生员工的安全训练，取得了明显的成效。以美国学校的防火演习为例："当课堂上突然响起防火警报时，教师和学生会立即秩序井然地走出教室和校园，等待消防人员的到来。没有人会去顾及自己的东西，也没有人拥挤。"在美国学校中类似的安全训练还有军事演习、地震演习等。

3. 按时公布学校不安全境况

美国学校强调管理者要注意学校和学校附近的危险性人员，注意具有危险倾向的学生的转入或在学区内的就学情况。美国曾经发生过一位女孩(Megan-Kanka)被一个宣判有罪的住在附近的儿童骚扰后杀害的案件，女孩的惨死被大量媒体报道，并最终促使美国政府加速立法通过了"Megan's Law"。此后，联邦允许各州通过了支持学校公布具有违纪历史的学生信息的地方法规，"公布这种信息的目的不是给学生打上什么烙印，只是为了确保不对他人构成危害的督导和教育政策的运用"。

4. 聘请权威机构对学校进行安全评估

除了前述学校安全人员对学校安全需求的评估外，美国的学校还十分注重通过权威性机构如学校安全服务署对校园安全进行权威性的评估。学校安全服务署是美国著名的为学校提供安全咨询、相关培训、学校安全评估以及其他有关青少年安全服务的专门组织。学校安全评估主要是对申请这项服务的学校进行一对一的考察、评估，并提供一套经济、可行的建议。安全服务署评估的重心并非一味集中在关乎学校安全的硬件或人力配备上，而是力求使学校通过对现有资源的充分利用改善安全状况。评估的主要方面有：学校的防暴措施、校警的工作情况、安全规范和细则、技术性防范能力、安全教育和实训、预防和调停工作、内部安全以及与社区的合作程度等。在评估工作中，服务署更注重事实和数据：分析学校安全工作的政策及其实施的合理性，对师生进行学校安全方面的调研，对学校已往发生的犯罪和违纪事件进行分析，检测安全设备的运行情况，分析其他的公共资讯（如整个社会的犯罪率），采用专门的分析模型。

5. 向学生了解不安全因素

美国学校在防范安全事故时，注重保持与学生的接触。美国督导者曾做过这样的总结：当糟糕的事情要在学校发生时，学生总是说“我担心这种事情发生”。这表明，如果你知道了学生担心的事，就可能防止悲剧的发生。为此，美国要求学校管理者在学生中进行经常性的走访，与学生交谈，观察学生的生活，了解他们担忧的事情，并鼓励家长和教师也去做这些事情。“对于警方和学校而言，如果能够取得学生的支持，他们就可以获得大量可靠的信息。”

（本文作者系浙江树人大学基础部教授）

美国校车：构筑学生安全的坚固城墙

李海龙

在美国，橘黄色校车已经成为中小学生“特权”的象征，校车俨然成了安全的代名词。据权威机构统计，一个孩子坐在校车里，比坐在父母驾驶的汽车中安全13倍；比坐在一个近20岁的年轻人驾驶的汽车中安全44倍。这一让人艳羡的成绩是美国人在长达百年的漫长历程中，不断探索、总结、积累校车管理经验的结果。应该说，“校车车体的每一个细节、连接点，都经历了一次次立法的不断加固、加强”。

按照美国有关法律的规定，“校车”(school bus)是专门用于接送中学阶段以前的学生上学或运送他们参加与学校有关的活动，且设计乘坐人数超过10名(司机除外)的机动运输工具。为了强化对校车运输的科学化管理，美国无论在联邦的层面，还是在州的层面都制定了种类繁多、内容翔实的法律制度。尽管联邦政府制定的法律规范对各州来说并不具有强制性，但由于其本身具有权威性和科学性，所以各州在制定各自的相关法律规范时都将其作为重要的参考。联邦政府规范校车管理主要涉及两个重要的法律文件——《联邦机动车安全标准》与《中小学生交通安全》，以下将重点对其进行介绍。

一、 美国校车是最宝贵的“财富”

1970年美国国会通过的《全国交通与机动车安全法》赋予联邦政府针对在美国境内销售的机动车制定安全标准的重要职责。由美国公路安全局下设的美国公路交通安全管理局(以下简称“NHTSA”)负责制定具体的标准。该机构制定了《联邦机动车安全标准》(以下简称“FMVSS”)，其中最早生效的是1967年的第209号文件。4年之后，美国议会通过了《校车安全修正案》，将校车安全标准提高到了最高级别。在议员们看来，校车运输的是整个国家最宝贵的“货物”——代表未来的学生。随后，“NHTSA”也认为，应当尽最大可能保证校车的安全，于是在秉承《校车安全修正案》原则与要求的基础上，提高了原有的法定标准，其严格程度非普通的公共交通运输工具所能比拟。

另外，根据法律的规定，NHTSA应当制定“统一指南”，为各州制定详细的公路安全规程提供重要的参考蓝本。在NHTSA所发布的指导性文件中，与校车管理有关的是1992年12月2日生效的17号文件——《中小学生交通安全》。

包括上述两个重要法律规范在内的校车管理法规，为及时排除校车运行中存在的各种隐患、提高校车运行的安全性提供了法律保障。

二、 美国校车的分类及其配置

在美国，尽管所有的校车都属于单层设计结构，但是不同的型号，其配置不尽一致，按照法律的规定，可以分为以下四种基本类型。

1. A型车

这一类型是所有校车中最小的一种，因此，常被称作“小型校车”，同时，它也是设计“多功能学校活动车”(“MF SAB”)的基础。该车设计乘客标准人数为16～36人，根据“总体车重标准值”(以下简称“GVWR”)的不同，该车型又可划分为两种亚类型：A-1型车与A-2型车。

2. B型车

该车型设计的乘客标准人数为30～36人，根据GVWR的不同，该车型又可以分为两种亚类型：B-1型车和B-2型车。由于该车型的体积重量等与其他车型相比处在“不上不下”的中间形态，所以该车型的生产量已大不如前。

3. C型车

这一类型车是美国最常见的校车。因此，在凡是可以看到校车身影的电影、电视剧以及照片中，几乎清一色的都是这一车型，它几乎成了校车中的标杆。该车型设计的乘客标准人数为36～78人。

4. D型车

这一类型的校车与通常的大型长途汽车造型与功能非常相似，但其安全标准远远高于后者，与其他类型的校车要求几乎完全一致。这一类型的校车是乘客容量最大的，标准设计人数为54～90人。

三、 美国校车的特殊通行权与特殊装备

由于校车体积庞大，常存在诸多视线盲区，会给上下车的学生以及在其附

近的行人带来安全隐患，因此，法律针对校车的安全管理主要包括以下几方面的内容。

1. 通行优先权

从20世纪40年代中期开始，美国绝大多数州的交通法规都规定，当学生在上下校车的时候，附近的机动车司机应当停车，即所谓"通行优先权"。之所以这样规定，其正当性在于：首先，学生，尤其是那些年幼的学生，其智力能力并没有发育到足以理解穿越街道的危险后果的程度。其次，在很多情况下，学生下校车之后即使有成年人陪同他们，想避免他们擅自穿越公路的行车区域也是不切实际的。最后，在学生上下车的过程中，校车庞大的体积往往会限制学生以及其他汽车司机的视线。出于上述考虑，在美国，"校车拥有优先级最高的路权……通常状况，它的特权甚至优于救护车和消防车"。

2. 安全装备

(1)警示灯。大约从1946年开始，交通警示信号灯系统开始安装到弗吉尼亚州的校车上。这时的警示灯是一对类似汽车头灯的设备，分别装在汽车的前端与尾部。后来，警示灯的个数从原来的四个增加到八个：前后四个黄褐色信号灯用于提醒人们校车即将停车，四个红色信号灯表示校车正处于停车状态。

(2)停车信号旋臂。在20世纪50年代早期，美国有些州开始要求设置停车信号旋臂，在校车停下时，司机会将位于车身左侧的牌子旋开，以警告他人，校车正处在停车状态中。FMVSS对这一手臂做出了明确规定：必须是双面的标准八角形红色停止标牌，其宽度至少要达到17.7英寸①，同时嵌有白边以及白色大写字母"STOP"字样。该标牌必须是具有反向反射功能或者是具有交替闪烁功能的红色发光体。当然，也可以借助发光二极管，以大写的"STOP"字样闪烁的方式代替上述办法。此外，法律对这一旋臂的安装位置也做出了明确规定。它必须装在车体左侧，且与车身成直角。同时，标牌的上边沿应当与司机窗户后的第一位乘客所在的窗户框架的下边沿相互平行，前者水平切线与后者之间的距离应当控制在6英寸之内；标牌的垂直中心点距车体的距离不能超过9英寸。除此之外，法律还规定，应当在校车尾部安装另外一个大小、形状相同的旋臂，但其表面无须印有"STOP"字样。

(3)紧急出口。美国校车除了上车门之外，在车的尾部，至少留一个车门用于危急情形下乘客的疏散，这个门常被称作"安全门"。当然，车型不同，紧

---

① 1英寸=2.54厘米。

急出口的个数可能存在差异。通常而言，其他的安全门会安装在校车顶棚、车窗、车体一侧等位置。当出现紧急情况时，拉动紧急启动门闩，所有的紧急出口都会自动打开。

(4)回射标记。美国的诸多州都要求校车车身以及尾部张贴黄色回射线带，以表明车的长度、宽度及高度。在黑夜或恶劣天气，这一特殊材料做成的标记，借助其他车辆的灯光照射就会熠熠闪光，从而引起其他驾驶人员的警觉并为他们正确判断校车的尺寸及位置提供条件。此外，FMVSS 第 217 条要求校车的所有紧急出口处都设置回射标记(可以是黄色、白色或红色)，从而为救援人员在黑夜中迅速发现待救人员提供极大便利。

(5)横向手臂。由于校车车头巨大，而且较长，会遮挡司机的视线，因此，当行人、学生靠近校车前端的时候，极易发生危险。基于此，有的州的法律要求校车配备横向手臂。该手臂在学生上下车过程中从校车前端保险杠处伸出，这样就可以保证行人、学生与校车之间保持一定的安全距离。

3. 盲区应对

据统计，在离开校车之后因车祸死亡的美国学生中，有 2/3 恰恰是由该校自身车辆造成的。这主要是因为校车车身庞大留下的盲区隐患所致。为了减少盲区造成的伤害，精密、综合的反光镜系统逐渐被装备到校车上。同时，在其他方面也做了较大改进，例如：加大 C 型车与 D 型车挡风玻璃的尺寸，以最大限度减少司机的视线盲区。

四、 美国校车的整体构造与规定

机动车结构设计上的“软肋”是车身护板与其他部件的连接处，在车祸发生时，结合处常常发生断裂，撕裂后的尖锐物体极易造成乘客伤亡。基于此，美国 20 世纪 30 年代生产的校车开始采用长形钢材横档，竭力打造坚固的车体，以防止车体发生严重断裂。然而，实验证明，这一做法并没有有效排除上述问题，当车祸发生时，铆钉连接处仍旧会因碰撞、挤压呈现出尖锐状伤及乘客。为此，FMVSS 对整车结构做出了严格规定，绝大多数标准与要求在 1977 年 4 月 1 日在校车制造上适用，至今仍旧生效。其内容主要涵盖以下几点。

1. 第 217 条关于“紧急出口以及车窗设置与开启”的规定

该规定要求校车设置一定数量的车窗，以尽量减少车祸中人员的伤亡。同时，要求设置一定数量的方便乘客逃生的紧急出口。该条规定还要求校车配备连锁装置，在紧急出口锁闭之后，保证引擎不再启动；在引擎工作且紧急出口没有完全关闭的情况下，报警系统应当响起。

2. 第 220 条关于“校车翻车保护”的规定

当车祸发生时，校车常常会受到巨大的外力冲击，该条规定旨在保证校车车体结构具有承载外部重压的能力，从而减少人员的伤亡。

3. 第 221 条关于“校车车体连接强度”的规定

它对车体护板连接的牢度做出了规定，以尽可能减少车祸导致车体结构性断裂造成的人员伤亡。

4. 第 222 条关于“校车乘客座椅与碰撞保护”的规定

该规定对校车座椅以及控制挡板做出了具体要求，以防止校车在发生事故时或者因机动动作使乘客与车体接触造成伤害。修改后的 FMVSS 第 222 条要求从 2011 年 10 月起下线的 A 型校车配安全带(腿部、肩部的“三点式”安全带)。校车座椅的“区隔化”设计也是保证安全的一个重要措施，其重要举措就是采用高靠背垫椅，而且在设计时保证前后座椅之间的最大距离不超过 24 英寸。1967 年加州大学洛杉矶分校的一项实验表明，高靠背座椅是保证安全最重要的措施。

5. 第 301 条关于“校车燃油系统完整性”的规定

这一规定对机动车燃油系统的完整性做出了明确要求，即在发生事故时，尽最大可能排除燃油泄漏以及由此引发火灾的可能性。

五、 对美国校车管理经验的反思

我们不难发现，美国对校车的管理可谓事无巨细、面面俱到。这得益于联邦主管部门的统一指导以及各州对校车管理的灵活处理；也得益于参与校车改革的主体的多元性与广泛性。其一，从联邦主管机关的角度看，在 NHTSA 制定的 FMVSS 中出现“校车”字样的就达 26 处之多，而关于校车标准的规定也多达 11 项。其二，每隔几年召开一次的“学校交通全国会议”会及时指出校车管理中存在的问题，并提出科学的改革方案与建议，因此大大推动了美国校车管理制度的完善。其三，许多相关的专业化协会与组织，诸如“美国校车委员会”“美国校车安全联盟”“学生交通服务州联合组织”“全美学校交通协会”等自律性组织，对于促进美国校车安全运作、进行监督不无助益。

另外，美国政府以及其他机构在贯彻“学生至上”理念的决心与力度上以及该理念在大众中的认可程度上都达到了其他国家(地区)难以比肩的高度。在密西西比州的一次关于强化校车管理的立法会议上，一位学生家长发自肺腑地说："非常重要的是，我们应当记取的是，校车不是用来拉木材的，也不是用来拉面粉的。校车是用来拉最珍贵的财富——我们的孩子，我们的未来。"

（本文作者曾就读于浙江工业大学法学院）

室内空气品质管理：来自美国学校的经验与启示

李 莎

2015年，我国多个城市发布不同等级的大气重污染预警，各级中小学校或者停课，或者暂停学生户外活动。学校室内空气品质问题越来越受到人们关注。室内空气品质(Indoor Air Quality，IAQ)最初是指室内空气污染物的浓度指标，随后其内涵不断扩展为室内环境下对人的健康、舒适性和执行能力产生影响的空气特性，包括室内的温度、湿度、通风换气率、空气的污染程度等。

学校室内空气品质问题最早在欧美国家受到重视，指学校建筑设施内对学生和教师等人员的健康、舒适度、学习工作效率产生影响的空气特性。学校室内空气品质管理是学校管理工作的基本内容，关系教学环境的整体质量和师生的健康利益。本文将探讨美国从联邦到各州以及学区的学校室内空气品质管理的政策和措施，以期对我国学校室内空气品质管理有所启发。

一、 美国环保署： 制定学校室内空气品质管理标准

20世纪70年代，美国政府在国内实施能源节约政策，要求在建筑设计中加强建筑物的封闭性和绝缘性，但室内空气的污染指数因此提高。在师生密集的美国中小学校，室内空气品质问题引起了学生、教师、家长等越来越多的抱怨。1995年，美国联邦政府环保署对全美800多所学校进行调查，最终创建了一个学校室内空气品质工具箱项目(IAQ Tools for Schools program，以下简称 TfS program)，为全美中小学校提供免费指导，帮助学校来诊断、修正和预防室内空气品质问题。

TfS program 主要包括学校室内空气品质管理的活动流程和六项技术指标。

其一，暖通空调系统的维护。包括定期检查暖通空调设备；建立一项长期的空调维护计划；定期更换空调过滤器，确保空调冷凝水的排放功能及空气扩

散器、寄存器的运行；根据美国空调制冷学会的通风标准或州内的相关规定摄入户外新鲜空气，保证室内空气的流通与更换频率；保持空调通风装置的清洁且不被书籍等物品堵塞。

其二，空气湿度及霉菌的控制。包括对学校室内空气湿度进行常规检查；保持室内空气的相对湿度；制订霉菌预防和整治计划，及时处理室内潮湿问题。

其三，有害生物的综合治理。包括检查并监控学校室内环境中的有害生物；建立有害生物的综合治理计划；使用现场清除和诱饵毒杀的方法，解决室内的有害生物；适当使用杀虫剂。

其四，室内环境的清洁和保养。包括定期视察学校的室内环境；制订一套室内环境的清洁保持计划；对保洁人员和管理人员，进行相应的知识技能培训；确保室内的清洁用品及器材的使用安全；用湿布及除尘设备清除室内及地面上的灰尘。

其五，学校日常物品及材料的选择标准。包括制定详细的学校日常物品的使用清单；要求学校购买和使用环保产品；使用不含甲醛的材料及产品；使用低排放和低毒性的油漆、涂料及各种清洁用品；根据环保等级评定标准购置学校物品。

其六，空气污染源的控制。包括定期对学校的建筑物进行视察，必要时检测室内氡气的含量；执行危险材料(使用、储存、处理)管理计划和学校化学物品的管理和储藏计划；禁止在学校室内吸烟；禁止校园中出现汽车怠速的情况；在建筑物入口处铺设除尘垫。

TfS program 管理标准的制定为全美所有学校监管室内空气品质提供了有效指导。

二、 美国各州： 制定学校室内空气品质管理政策

美国环保署的 TfS program 得到了多数州的认可和参与，各州也制定了不同的学校室内空气品质管理的政策保障措施。

1. 对学校建筑设施进行视察与管理

美国有 21 个州在教育法规中，要求由地方教育局或学区对学校建筑设施的安全卫生情况进行视察，以确保学校环境符合该州的卫生安全标准。对学校室内空气品质的视察，包括学校建筑材料、屋顶门窗、管道、建筑室内的加热制冷系统、通风、教学设施等。在教育法规定下，州一级的教育行政部门(主

要是州教育厅)根据环保署的 TfS program 制定了规章条例、设施检查标准及检查工具(如检查表格),要求地方教育局、学区或第三方检查机构对学校的建筑设施进行检查,并将检查结果在规定期限内报告给州,州教育行政部门对学区的管理活动进行监督。

有很多州在卫生法中也规定了对州内公共场所及设施的卫生安全性进行视察与管理。在学校方面,州卫生法规定:学校的建筑设施应达到本州公共设施的卫生安全标准,州卫生部门需对学校的建筑设施进行检查,包括学校室内的温湿度、霉菌、通风率、暖通空调系统的维护与操作等。有相关规定的包括加州、德克萨斯州、俄亥俄州等 10 个州。

2. 建立学校室内空气品质管理计划

有些州的教育法中规定学区要建立学校室内空气品质管理计划,由州教育部门监督和管理学区的执行情况。如明尼苏达州的法律规定,学区实施学校室内空气品质管理计划,并给予财政拨款;纽约州的教育法规定,州教育委员会建立公立学校的建筑安全计划,并监督学校的执行。室内空气品质管理计划的内容主要包括选取一名协调员监督项目的执行,对学校的建筑设施进行检查,对学校室内的卫生状况、通风条件、暖通空调系统、有害生物等进行检查。

3. 对学校室内空气品质进行评估

美国有 26 个州在法律中规定,根据州的建筑卫生安全标准对学校室内空气品质进行评估。如缅因州的法律要求,州职业安全法规委员会对公立学校及其他公共场所的室内空气品质进行评估,授权州职业安全法规委员会制定严格的室内空气质量标准和通风标准;加州的劳动法授权州卫生局采用一项职业安全与卫生标准,并建立了对公共场所进行年度视察和评估的条例。

三、 美国学校室内空气品质管理政策的执行

以明尼苏达州为例。明尼苏达州几乎是美国执行学校室内空气品质管理政策最全面、最持久的州。1997 年,明尼苏达州新修订的教育法规定,州内学区要执行健康安全项目,学校室内空气品质管理项目是其中之一。同时,州的教育部门和卫生部门为确保法律效力而制定了活动的细节标准,并为学区提供广泛的技术援助和培训服务。学区在州的支持与监督下,参照环保署的 TfS program,有效地维护了学校室内空气品质。

1. 州政府的政策实施过程

(1)州政府部门之间的合作。2000 年,明尼苏达州获得了国家环保署的拨

款经费，实施学校室内空气品质管理项目。州卫生部和教育部合作执行学校室内空气品质管理活动。随后，州卫生部开始对学区进行学校室内空气品质管理的技术援助，为学区提供项目指导、咨询、人员培训等服务，支持和监督学区的活动进展。

(2)创制学校室内空气品质的管理模板。为监督和改善学校的室内空气品质，州卫生部和教育部联合创建了一个学校室内空气品质的管理模板，供学区参考使用。该模板主要以环保署的 TfS program 为参照。

(3)对学区活动的监督。自 2001 年起，州卫生部开始对学区的学校室内空气品质管理项目的进展状况进行书面式调查。为确保学区回复的可信度，州卫生部也进行了实地检查。

(4)技术援助。根据学校室内空气品质的管理模板，州卫生部为学区工作人员提供培训机会，如召开技术报告会，为学区工作人员提供课程培训及认证服务等。

2. 学区的执行过程

学区是学校室内空气品质管理项目的具体负责者，学区根据该州制定的学校室内空气品质管理模板执行相关管理活动。

(1)选派一名协调员，作为学区室内空气品质管理项目的领导者和联系人。协调员主要负责组建一支学校室内空气品质管理团队，组织对学校建筑设施的视察、评估、诊断工作，与师生、家长等进行相关的交流与沟通，组织项目的监督检查工作等。

(2)对学校建筑设施定期视察和评估，诊断学校存在的室内空气品质问题。视察和评估包括对学校室内的所有空间和设施进行检查，如地板、墙壁、天花板、家具、建筑入口处、屋顶等，并详细填写检查表。

(3)治理学校室内空气品质问题。管理团队将诊断出的问题报告给学区的协调员，协调员与管理团队召开会议，制定具体的问题解决方案。例如：按照问题的严重程度划分解决次序，优先解决一些关键且严重的问题，对一些紧急或简单的问题可直接提出解决措施，对一些需要持续关注的问题可制订管理计划。

(4)活动中的交流与沟通。学区的协调员除了负责项目活动，还要组织各种人员之间的交流。学校管理者、学校员工、学生家长、社区人员等之间的交流与沟通，能够有效地促进项目的开展。

(5)监督评估。学区需对学校建筑系统进行监督和走访调查，报告学校室内空气品质的问题，讨论问题的解决对策，并对学校室内空气品质的管理计划进行修订。

在广泛宣传及法律法规的强制约束下，明尼苏达州有越来越多的学区参与了该项目。截至2006年，该州共有298个学区(占总学区的68.0%)的1715所学校(占全州总学校的84.4%)达到了室内空气品质管理项目的标准，其中某些活动的达标率更高，且这些数字还在持续增长中。

四、 对我国开展学校室内空气品质管理的启示

1. 学校室内空气品质问题亟待关注

在我国，人们对学校室内空气品质问题的关注还很不够。根据我国《中小学校设计规范》(GB50099-2011)的规定，小学普通教室的人均面积应不低于1.36平方米，中学教室的人均面积应不低于1.39平方米。但是我国有很多中小学校都难以达到这一标准。一项对江苏省射阳县17所中小学教室环境卫生的监测显示，所监测的88间教室人均面积合格率为29.55%，小学教室48间，人均面积0.67～1.79平方米，仅合格6间，合格率为12.5%；中学教室40间，合格率为50.0%，教室人均面积明显不足。再如一项对北京市东城区中小学教室卫生现状的调查显示，尽管教室人均面积的达标率非常高，为97.14%，但是这些教室的CO_2浓度及教室温度的达标率仅为42.86%和35.71%。可见，即使在教室人均面积达标的情况下仍然存在室内空气品质不佳的状况。因此，我国政府及社会各界对学校室内空气品质的认识和关注有待加强，这样才能更好地推动学校教室的设计与管理，维护学校良好的室内空气品质。

2. 学校室内空气品质管理法制化势在必行

2003年3月1日，我国政府开始实施第一部适用于住宅和办公建筑的《室内空气质量标准》，规定了室内空气质量的标准参数及检验方法；2011年2月14日，我国卫生部审议通过了《公共场所卫生管理条例实施细则》(卫生部令第80号)，该法令规定对我国公共场所的卫生进行管理和监督，内容包括空气、微小气候、卫生设施的使用检查、集中空调通风系统的清洗消毒等。我国政府部门还应尽快制定学校室内空气品质的管理标准及政策保障措施，并将其纳入国家的法律法规中，确保学校室内空气品质管理有法可依。同时，我们可汲取美国实施TfS program的成功经验，促进我国学校室内空气品质管理活动的尽快开展。

(本文作者就读于南京师范大学教育科学学院)

中小学生言论自由权：基于美国的判例解析

程红艳　郭　竞　孙永敏

《儿童权利公约》认为儿童应享有与成人同样广泛的权利。在我国，言论自由是每个公民的基本权利，得到宪法的认可与保障。学生作为未来的公民，其言论自由权也应该得到保障。但是近年来，我国中小学生言论自由权与学校管理权之间的矛盾不断凸显。笔者解析美国自"Tinker 案"以来的一些有代表性的案例，结合中国学校的实际，探讨如何保障中小学生的言论自由权。

一、 中小学生言论自由权：一个充满争议的话题

学生的言论自由权是一种涉及范围非常广泛的权利，不仅涉及其语言表达，也涉及其个性表达及传播思想的行为方式，大至学校学生的集会、出版物中使用的语言，小至学生的着装发型等都被包括在内。

中小学生享有言论自由权，但这种权利是有限度的，学生不能因自身的言论而侵犯他人的利益。问题是评估言论产生的后果是很难的，加上学生身份特殊(系身心发展未成熟的公民)，所以学生的言论自由权也就成了最容易引起争议的话题。比如，学校是否可以强制留长发的男生把头发剪掉。20 世纪 60 年代，美国各级地方法院对此就有很多争议：有些法院认为，学生应享有宪法规定的权利，可以自由地决定发型，"如果公立学校的支柱因为几个留着长发的男生就被撼动了，那教育的结构也太脆弱了"；另一些法院则认为，学校有权规定学生头发的长度和样式，不需要为这些规定的正当性进行辩护。

信息社会中出现了很多新问题，如怎样评判虚拟和网络空间的言论自由问题等。2007 年，美国康涅狄格州的一个初中生因不满学校拒绝她使用大礼堂举办音乐会的申请，在自己的微博上用冒犯性的语言称校方要是取消整个活动，就应该让他们"屁滚尿流"地消失，并称校长为"杂种"。作为惩罚，校方禁止该女生竞选高中部学生会秘书。负责人声称，虽然学生言论没有对学校造成

实质性的影响，但学生发的是低俗和误导性的信息。在这个案例中，争论的焦点是网络言论属不属于学校管理学生言论的权限范围。

针对颇有争议的学生言论自由问题，有没有一劳永逸的解决方案呢？当然没有。法律具有滞后性，而现实不断地变化。但是法律法规后面隐藏的“法意”会有很强的适用性。本文试图检视美国自 Tinker 案以来的一些有代表性的案例，以反思和建构保障中国中小学生言论自由权并确立其限度的原则。

二、“后 Tinker 时代”美国中小学生言论自由权的实践演化

20 世纪初以来，霍姆斯大法官奠定了限定言论自由界限的“危险原则”。他认为：对异端进行迫害完全合乎逻辑，因为这是自己的思想战胜他人思想的表现。但是，他进一步主张，检验真理的最好办法是在市场竞争中让思想自身的力量赢得受众……除非某种观念将要造成的危险已经迫在眉睫，只有立刻加以控制方能拯救国家，否则就应当对加诸观念表达的控制始终保持警惕……第二次世界大战后，出于对“潜在的危险和阴谋”的恐慌，美国人认为，言论自由可以包括“讨论”的自由，但不包括“鼓吹”的自由，于是以维护民主为名进行言论钳制，压制共产党在美国的活动。直至 1957 年，美国联邦最高法院才宣称法律禁止的是“鼓吹采取具体行动”而非“鼓吹抽象的思想和原理”，公民有鼓吹推翻政府的权利，但不能公开地倡导具体行动。

1968 年，“廷克诉得梅因独立社区学区”(Tinker v. Monines)判例为美国中小学生争取到了更多的言论自由。事情的起因是得梅因学校惩罚了 3 名佩戴黑臂章上学以示反对越战的学生，校长们因此制定了一项政策，规定任何佩戴臂章上学的学生必须除去臂章，否则将被停学。学生不服，提起上诉，最终结果是联邦最高法院判定学生胜诉，并由此确定了一个重要原则，即“Tinker 原则”：公立学校中学生言说自由应得到宪法保障，当且仅当学生对学校纪律和学校工作产生实质性的重大破坏时，学生的言论自由才应受到限制。在这个原则下，取证是由教师和学校负责的，只有当教师和学校提供的证据能证明学生的言论对学校正常秩序构成了实质性的扰乱和破坏时，才能对其采取合法的限制措施。直至今天，“Tinker 原则”依然是美国处理有关学生言论自由权问题的首要原则，但美国联邦最高法院在涉及公立学校学生言论自由的问题上也在不断地做出调整和限制。

1.“后 Tinker 时代”的三个判例

(1) 贝瑟尔(Bethel)案(Bethel School District No. 403 v. Fraser，1986)。

该案的起因是贝瑟尔高中的学生弗雷泽(Fraser)，在一个有600多名高中生出席的会议上发表了含有性隐喻和夸大性能力的演讲。学校认为其使用不适当语言，严重扰乱了教育进程，因此给予其停学三天的处罚。弗雷泽不服，提起上诉。

(2)黑泽尔伍德(Hazelwood)案(Hazelwood School District v. Kuhlmeier, 1988)。该案的起因是黑泽尔伍德高中资助的学校报纸在出版时，被校方删掉了两篇文章，一篇涉及学生关于怀孕的体验，另一篇涉及有关离婚对学生的影响。学生编辑不服，提起上诉。

(3)莫尔斯(Morse)案(Morse v. Frederick, 2002)。盐湖城冬季奥运会火炬接力经过美国阿拉斯加州朱诺郡，沿途的Juneau-Douglas中学放假，允许老师和学生们前去观看。高中生弗雷德里克(Frederick)举着一面标有"BONG HiTS 4 JESUS"(给耶稣来点大麻)的旗帜，并被摄入镜头。学校校长因此让弗雷德里克停课十天，因为校长把这面旗帜解释为弗雷德里克支持毒品，认为其行为违反了校规。弗雷德里克提出抗议，他认为自己的言论是发生在校门之外的。

2. 学生言论自由权被慢慢侵蚀

在以上三个案例中，学生都败诉了。法庭表面上都表示承认"Tinker原则"，即只有当学生的言论对学校教育教学造成实质性的重大破坏时，学校才能干预学生言论。但是这三个案例都成功地绕过了这个原则，成了三个例外，因为校方在这三个案件中都不能提供充分的证据证明学生的言论会带来实质性危害。实际上，三个案例都在不断地重新定义和限制学生的言论自由权。

(1)在贝瑟尔案中，法院认为，"演讲中的性暗示对于那些年龄不适当的学生具有攻击性"，学生容易被这些观点"俘虏"。因此，学校可以根据受众的身心发展特点，以及言论是否与学校所代表的主流价值观相符，来限制学生发表粗俗言论的自由权。

(2)在黑泽尔伍德案中，法院认为，"学校对于由其主办的出版物、戏剧或是其他学生可以表达言论的媒体有控制的权利，对于会对学校或其他人产生不利影响的言论，学校有权对其进行制止和控制，这是在宪法保护之内的，并不与宪法第一修正案相悖"，由学校赞助的报纸不是完全的公共言论平台，学校有权限制学生发表在学校刊物上的言论。

(3)在莫尔斯案中，联邦最高法院明确判决，学校可以压制那些有理由认为鼓励使用非法毒品的学生言论。法官还把校门的含义延伸到了学校组织和支持的有师生共同参与的任何事件，在这些事件中，即使学生是在校外，其言论自由也可以受到学校的限制。同时，利用莫尔斯案，法庭开启了一个对暴力言论的零容忍政策——凡是威胁实施校园暴力的言论，不管是否符合"Tinker原则"，都会受到限制。在庞塞(Ponce)案(Ponce v. Socorro Independent School Distric)中，学生在虚构的日记中详细描述了他创立的一个伪纳粹组织，这个组织在未来几年准备实施类似哥伦拜恩(Columbine)中学枪击案的行动。法庭支持校方惩罚学生的举动，认为学校不应容忍暴力。

学生最初从廷克案中获得的言论自由，到贝瑟尔案中演讲受到限制，到黑泽尔伍德案中在由学校主办的报纸上发表文章受到限制，再到莫尔斯案中校外的言论也被限制，"学生的言论自由权被慢慢侵蚀。40年后，美国学生比在60年代拥有更少的言语表达自由"。有学者分析了美国最近40年各级法院对学生言论自由的判例，得出了这样一个结论："学生的言论自由权利变得比之前学者们承认的更脆弱。"

三、 美国中小学生言论自由空间的观念博弈

到底是应该给予和保障学生更多的言论自由，还是应该对学生在学校中的言论自由权进行更多的限制？两派观点都有，且针锋相对。

1. 不能将对学校的控制权交付给学生

这两种对立的观点也与两种对立的学校观有关。传统的学校观视学校为学生的"代理父母亲"或委托监护人，所以许可学校控制和约束学生的表达权。但自20世纪50年代以来，人们也逐渐视学生为国家公民，把学校看作国家政府机构的一部分，而且视公立学校为达成民主自治政府的工具。于是学校成了一个公共空间，这样，才有了关于学生言论自由权利的争论。

在所有支持学校惩罚学生的判例中，法庭都偏向于对美国宪法第一修正案中关于言论自由权的规定做出功利主义的解释："它的存在是为了使民主自治政府成为可能，而不是为了通过表达赋予个人以自然权利。"他们认为，中小学生心智道德不够成熟，当处于各种观点和价值中，他们还没有能力选择构建民主社会所必需的价值。"虽然第一修正案保护公立学校学生的表达权，但它只为那些法庭能证明其为公立学校在民主教育中的角色所必需的那些言论提供保护。"也即宪法对言论自由权的保护不是绝对的，而是有条件的，要考虑言论产生的背景，保护与社会主流价值相符和推进民主自治的言论。联邦法院大法官认为，在廷克案和贝瑟尔案中，学生言论之间有着本质差异，前者涉及的是政

治性言论，而这种政治性言论自由被视为第一修正案存在的核心原因；后者则是粗俗、充满“性比喻”的言语，对学校教授的“文明行为”造成威胁，不符合美国社会的核心价值。

有的论者主张：公立学校中学生的宪法权利不能和其他背景下的成人所拥有的广泛权利相提并论，因为学校环境有其特殊性，学校不应该是自由的地方，而应是服从的地方。例如在黑泽尔伍德案中，大法官就认为，“(1)学校控制着课程；(2)高中学生需要避开敏感的话题；(3)学校管理者有权利使自己与学生的表达保持距离”。

持保守态度的联邦大法官劳伦斯·托马斯在其任职的 20 年间始终认为：公立教育从其源头来看，就不保护学生在公立学校的言论自由，父母监护权和教师的教育权比学生权利更重要。他认为，“廷克原则”损害了公立学校教师维持秩序的传统权威。

2. 不要将公民权利关在校门之外

英国思想家密尔认为，在人类心灵发展的过程中，对真理了解的片面性是常规，为了更好地获取真理，需要有意见的分歧，当“人们只偏注一方的时候，错误就会硬化为偏见，而真理本身由于被夸大变成谬误也就不复具有真理的效用”。爱默生也指出：“一个社会的通常特征是趋于凝滞，有鉴于此，表达自由可被适当地视为一个催化的过程——加速社会的和政治的变化，使社会避免僵化和腐朽。”在现代权利启蒙和觉醒运动中，表达思想、个性的言论自由权利被认为是一项至关重要的自然权利，是防止“多数人暴虐”的利器和推动人类文明进步与发展的原动力。当然，密尔也认为，言论自由权不可逾越公平讨论的界限，谩骂、讽刺、人身攻击、扭曲事实和表现出情绪上的恶意等都是不道德的。这也成为讨论言论自由的一个基本共识。

尽管美国国内保守主义思想逐渐占据主流，强调考试和注重学生学业成绩的呼声高过对学生权利的重视，但仍有不少学者赞同不要将公民权利关在校门之外，认为言论自由是自然权利，有利于保护个性的自我实现。其代表性理由是：“在我们的体制中，公立学校不应该是极权主义的领地。学校官员没有拥有对学生的绝对权威。学生不管在校内校外，都是宪法下的完整的个体。他们拥有政府必须尊重的基本权利，就像他们对国家负有义务一样……在缺乏具体的合宪理由去管制他们的言论的情况下，学生享有发表自己观点的权利。”

四、 建构适用于我国中小学生言论自由权的原则

中国学校有自身的特殊性，我们不必完全照搬美国经验。结合我国学校的

实际情况，借鉴美国的司法判例，笔者认为，我们在处理学生言论自由问题时，有三条原则需要考虑。

1.“法无禁止不为过”原则

国际人权委员会提出，限制言论自由的理由必须要通过严格的测试，第一个测试就是：“如果法律没有做出具体规定，那么限制言论自由的国家行为是不可接受的。”“法无禁止不为过”原则要求在法律法规层面尽量清晰地规定中小学生言论自由包含哪些具体内容和禁区。参考上述美国案例，可以制定如下条款：(1)鼓吹烟草、性、酒精、毒品等言论应该被禁止；(2)鼓吹暴力、歧视等与人类文明和道德不相符合的言论应该被禁止；(3)人身攻击、诽谤等不尊重他人权利或名誉的言论应该被禁止；(4)对学习环境、教学秩序和学校安全产生明显和较大危害的言论应该被禁止。当学生的言论没有触犯上述禁区，则学生应该享有充分的言论自由。当学生触犯禁忌，对学生的惩罚也要合法、合理、合适，要考虑到学生的特殊性和对学生的教育性。

学校作为公共机构，必须在合法的范围内行使对学生的教育权和管理权。这意味着，学校剥夺学生的言论自由权和个性表达权，必须要有法可依。比如，当学校规定“女生严禁留长发”时，必须要论证是以哪条法律为依据来剥夺学生的自由权的。学校可以制定规范学生衣着和行为的学生守则，但是学校规章制度和校规的设计，必须以尊重学生的权利和义务为基础，且必须包含学生受到惩罚后的申诉程序。对于学生衣着、发型的限制，必须以健康、卫生、符合着装审美观和社会道德为标准，超过这些标准的要求，即为违反了学生个性表达的自由权。

2. 区分言论的公共性与非公共性原则

保障公民在社会中的言论自由，主要是保障其批评政府政策的言论自由，“只要他的积极言论是参与到有关公共政策的公共讨论和公共决定的言论，这些言论的自由就不应受到限制。这种自由是一个由公民投票决定公共事务的社会的基本信条”；学生对学校政策的异议和公民对政府政策的异议是同质的，也属于政治性言论，可以将这部分言论看作公共领域的言论。对于公共领域的言论，限制不妨宽松些。只要不涉及造谣、谩骂或人身攻击，即便对于事实的描述有些出入或夸大，学生的言论自由也应该受到保护和宽容。

学生如果在报纸、日记、博客、网络社区中将批评的矛头指向教师个人，但是批评的事由却涉及多人的利益(如质疑教师的教学能力)，那么也可以认为学生的言论是类似于公共性的，但不是完全公共性的，所以对其的要求应该更严格。学校不但要求其言论不涉及造谣、谩骂或人身攻击，而且还要求其批评必须是严格地以事实为依据的，没有夸大和歪曲事实。

另外，要保护学生在私人领域的隐私权。比如，学生在宿舍里的言论、在非正式的小群体之间的言论、在个人博客和网络社区中的言论，如果没有涉及歧视，没有引起学生之间的纠纷，那么教师不应干涉。学生在校外与学校教学活动无关的言论，学校也无权干预。

3.“无压迫”“无歧视性”原则

“无压迫原则”可以被视为“防止国家和其中的任何组织，使用教育来限制我们关于不同的什么是好生活和好社会的概念的理性思考。无压迫不是一种消极自由的原则，它保证自由免受干涉，仅限于禁止利用教育来限制理性沉思或对不同生活方式的思考”。歧视的结果是限制了某些群体参与决定什么是好生活的过程，相反地，非歧视原则变成了一个“非排除原则”，倾听所有人的声音，防止对少数群体成员的歧视。

当少数学生在课堂发言或作文中表达“钱是我的最爱”时，教育者该如何做？运用言论自由的“无压迫”“无歧视性”原则，教师不能将他们的观点视为异端而予以压迫、歧视或者斥责，而必须允许少数人表达自己的观点。“无压迫性原则”主要用于限制多数对少数行使的控制权，而不是说想说什么都可以随心所欲，不受限制。“无压迫”“无歧视性”原则不是让教师放弃价值干预和价值引领。教师当然可以进行价值干预，但这种干预是在师生理性对话、全班同学思想讨论或两难问题推理的基础上进行的，而不是直接的灌输。

（本文第一作者系华中师范大学教育学院教授）

后　记

“蓦然回首，那人却在，灯火阑珊处。”手抚四沓厚厚的书稿清样，不由心生感慨。两年前以为不可能完成的事情，即将成为现实，反倒觉得有些恍惚。

整理《中小学管理》创刊30年纪念文丛，对于本已超负荷运转的我们而言，无疑是一项十分艰难浩大的工程。这个工作是断续进行的，从2016年年初启动，到2017年年初开始真正着手筛选编辑，中间停停走走、一波三折。策划案从一本书到六本再回到四本，我们反复斟酌，最后确定了目前的样子。

我们期待能“回应当下”。我们最初希望本套丛书能呈现30年来《中小学管理》在各个时期的代表性探索。但我们也逐渐意识到，此书不应只是对教育往事的追忆，更应是对当下正在发生的热气腾腾的教育现实的回应。因此，我们最终敲定以期刊近五年所刊发文章为主进行编选，最大限度地让这些文字，仍对中小学管理者此时的工作具有现实指导意义。

我们期待能“坚守价值”。我们希望读者通过我们所编选的文章，能看到一种态度与追求。这个态度，就是我们始终以“助推中国本土教育理论创生、陪伴中小学管理者专业成长”为己任的办刊宗旨。这种追求，就是我们坚持做中国教育管理理论与实践的桥梁与纽带的责任和担当，就是我们对教育之真、人性之善与管理之美的永不疲倦的坚守与求索。所以，我们将丛书命名为“尔立”，取“三十而立”之谐音，期待“为尔而立、使尔挺立”的美好愿景。

我们期待能“留存经典”。对于一本期刊来说，30年是一代代编者、作者、读者共同叠加的人生旅途，是一个个区域、学校、个体蓬勃生长的行进历程。所以我们既关注“代表性人物、代表性机构的代表性作品”，也对新生代研究者、新生代管理者的新生代探索给予最深切的观照。当下中国基础教育管理研究和实践领域中，那些最有影响力的面孔和那些最有朝气的声音，会同时在这套丛书中相约出现。

我们期待能“力求完美”。“永远做最好”是中小学管理人的不二法则。“动作要快，姿势要帅”，当一群“不可救药”的完美主义者聚在一起，我们只需要等待和欣赏就足矣！从划定主题、筛选篇目，到重新修改审校，每篇文章至少经过了 11 审 7 校 2 通读。所有的工作，都是各书主编们在完成本职工作之外，占用个人的业余时间完成的。我们做了许多不必再做的“无用功”，但也正是这些“无用功”，彰显着我们的准则与敬意。

当下的中国教育改革，当下的学校管理实践，拥有无穷的机遇，也面临无限的挑战。每个人都是研究者，每个人都是探路者。一年间我们经历了大大小小若干事情，几度欲放下，几度又拾起。面对一字一句呕沥出的心血，我们不希望它仅仅尘封于岁月之间，更不忍让《中小学管理》的 30 岁生日在一片寂静中悄然划过。所以无论如何透支自己的体力和耐性，我们依然以最大的努力，将这几本册子，献于您的面前，若能得您一时之用，我们也就稍感宽慰了。

最后还要把最深沉的谢意，献给我的师长和伙伴们。感谢陶西平先生惠允担任本书总顾问。感谢杨公鼎、何劲松、杨志成等领导的鼎力支持。感谢高鸿源、褚宏启、张新平等导师的学术指引。感谢北京师范大学出版社陈佳宵、肖寒、郭翔等老师对书稿的打磨成全。感谢姬向群、张葳、沙培宁三位老同志的温暖回归。感谢柴纯青、谢凡、许丽艳、林清华、崔若峰、王淑清、谢建华、杨晓梦、韩冰等同伴的同舟共济。我们共同守护了《中小学管理》的成长，也在共同创造新的未来。

褚宏启教授在 2013 年发表的《什么样的教育管理知识最有价值?》中的一段话，今日读来依然令人热血沸腾。且恭录于此，与诸君共勉：

> 真正有价值的教育管理知识，应该有责任、有担当甚至有血性……管理的真正变革是非常艰难的，但我们所做的事情越是具有挑战性，越是艰难，就越有价值……人生的光荣与梦想、高贵与尊严，就体现在这种对艰难的征服中、对信念的坚守中。这种决绝的追求，虽败犹荣！

——是为记。

孙金鑫　执笔

2017 年 9 月 21 日，凌晨